dtv

W0041403

»Ich bin Sphere, und dies ist das Buch vom Leid, ein Buch der Zeit. Es handelt von der Irr-Realität und der Realität ...«

Spheres Geschichte ist die Geschichte des Autors Ross David Burke, eines paranoiden Schizophrenen, der nach Fertigstellung seines Buches Selbstmord beging. Sie handelt von »Sex and Drugs and Rock 'n' Roll«, von der Musik der 70er Jahre, von Saufgelagen und Hippies und von der kosmischen Liebe Spheres zu seiner Freundin Elysium Dream. Sie handelt aber auch von den dunklen Seiten der Schizophrenie: von Aufenthalten im Knast und in psychiatrischen Anstalten, von Angstzuständen und von dem Wahn, Erfinder des Rock 'n' Roll und Schöpfer des Universums zu sein. Eine unentrinnbare Spirale von Halluzinationen, Drogentrips und psychotischen Schüben treibt Sphere schließlich in die Verzweiflung, in der ihm der Freitod die einzige Lösung zu sein scheint.

Ross David Burkes faszinierender Lebensbericht ist ein Vermächtnis, das mit seiner Integrität und Intensität für Verständnis und Toleranz gegenüber psychisch Kranken wirbt. Die Herausgeber liefern ein fesselndes Porträt von Burkes Leben und informieren über den neuesten Stand der Schizophrenieforschung, erläutern Ursache, Symptome und Behandlungsmethoden.

Ross David Burke wurde 1953 in der Nähe von Sydney geboren. Erste Anzeichen einer Schizophrenie-Erkrankung machten sich im Alter von 19 Jahren bemerkbar. Es folgten Jahre in psychiatrischen Anstalten, Gefängnissen, dann wieder in Freiheit. Nach unzähligen erfolglosen Therapien verübte er im Alter von 32 Jahren Selbstmord.

Dr. Richard Gates, Professor für Neuropsychologie und Psychopathologie an der Universität von Neuengland in Armindale, Australien, war Ross David Burkes Lehrer.

Robin Hammond ist Historiker und lehrt an der Universität von Neuengland.

Ross David Burke

Wenn die Musik verstummt

Ein autobiographischer Roman

Herausgegeben und mit einem
Vor- und Nachwort versehen
von Richard Gates und Robin Hammond

Aus dem Englischen von
Clara Drechsler

Deutscher Taschenbuch Verlag

Ungekürzte Ausgabe
August 1999
Deutscher Taschenbuch Verlag GmbH & Co. KG, München
© 1994 Richard Gates und Robin Hammond
Titel der amerikanischen Originalausgabe:
When the Music's over
Basic Books, Harper Collins Publishers Inc., 1994
Zuerst erschienen 1993 bei
University of New England Press, Armindale,
New South Wales, Australien
© der deutschsprachigen Ausgabe:
1997 Verlag Kiepenheuer & Witsch, Köln
ISBN 3-462-02617-8
Umschlagkonzept: Balk & Brumshagen
Umschlagfoto: © Frank Burke
Satz: Kalle Giese Grafik, Overath
Druck und Bindung: C.H. Beck'sche Buchdruckerei
Nördlingen
Gedruckt auf säurefreiem, chlorfrei gebleichtem Papier
Printed in Germany · ISBN 3-423-36147-6

Inhalt

Vorwort

Dies ist ein beunruhigendes, komisches, trauriges, mutiges Buch. Ich verwende jedes dieser Adjektive ganz bewußt, und mir würde noch ein Dutzend weitere einfallen, weil ich von dem Strudel der Gefühle schreibe, den eine Geisteskrankheit mit sich bringt.

Ross David Burke, der Autor dieses Buchs, hatte den Mut und den zähen Willen, die Erfahrungen mit seiner Schizophrenie zu dokumentieren. Wenige haben das bisher mit solcher Farbigkeit und Intensität getan. Sicher, es gibt viele Menschen, die über Schizophrenie oder manisch-depressive Erkrankungen geschrieben haben, aber gewöhnlich stehen darin Passagen über bizarre Erfahrungen neben luziden Interpretationen oder Kommentaren. Ross hat sein Buch bewußt als Roman abgefaßt, und wir werden vom ersten Satz an ins Chaos der Psychose gerissen, das uns für den größten Teil der Geschichte gefangenhält. Es gibt weder Aufschub noch Entkommen – und für einige Menschen ist das der Status Quo. Wie für meinen eigenen Sohn Jonathan gab es für Ross kaum eine Atempause.

Seine Sprache ist oft metaphernreich und von scharfer Brillanz. Sie zeigt eine Welt, die vor Unerwartetem funkelt. Die Krankheit bringt eine Verwirrung und Überfülle der Erfahrungen hervor, und ich als Leser fühlte mich wie auf einer Achterbahnfahrt durch wechselnde Realitäten.

Ross' autobiographischer Roman ist Teilstück eines umfangreicheren Buchs, in dem Richard Gates und Robin Hammond das Wesen der Schizophrenie schildern und Hintergrundinformationen zu Ross' Leben geben. Die Autoren haben uns mit diesem Ansatz einen guten Dienst erwiesen, weil doch hier und da eine Interpretation erforderlich ist. Mit besserem Verständnis wird Ross' Geschichte noch farbiger und um so bewegender, wenn wir erfahren, daß Ross selbst in einer der verschiedenen Notizen, die er hinterließ, als er sich das Leben nahm, um diese Erläuterungen gebeten hatte.

Ich kann das Verständnis, die Hingabe und das Geschick, mit denen Richard Gates und Robin Hammond dieses Buch realisiert haben, nicht genug anerkennen. Und meine Hochachtung gilt Ross David Burke für seinen Mut, seinen Humor und seine beträchtliche schriftstellerische Gabe. Er hat uns ein gutes und unerschrockenes Vermächtnis hinterlassen.

Anne Deveson
Gründerin von *Schizophrenia Australis* und Autorin von »Tell Me I'm Here«.

Zu diesem Buch

»Der Wahrheitseffekt«, das Werk, das das Kernstück dieses Buches bildet, wurde von Ross David Burke geschrieben und ist die romanhafte Schilderung seiner letzten Lebensjahre. Als er 21 war, hatte man bei ihm Schizophrenie festgestellt, und diese Geschichte beruht auf seinen Erfahrungen mit der Krankheit. Kurz nach ihrer Fertigstellung nahm sich Ross im Alter von 32 Jahren das Leben.

Ross' Leben war kurz, aber außergewöhnlich schillernd. Er begann dieses Buch als ganz persönliche Therapie zu schreiben, während er im Gefängnis Long Bay eine Strafe wegen bewaffneten Raubüberfalls absaß, eine Tat, die er unter dem Einfluß seines schizophrenen Wahns begangen hatte. Als er seine Geschichte abgeschlossen hatte, begriff Ross, daß damit anderen geholfen werden könnte.

Ross war einem von uns (Richard) aus seiner Zeit an der University of New England in Armidale, New South Wales, bekannt, wo er von 1984-1985 u. a. Psychologie studierte. Während dieser Zeit besuchte er Richard regelmäßig, um über alles mögliche zu sprechen, aber meistens erörterte er die Schizophrenie und die Fragen, die sich daraus ergaben, daß er selbst an dieser Krankheit litt. Eines Morgens, im November 1985, wurde Richard aus dem Sekretariat der Universität telephonisch informiert, daß Ross sich in der vergangenen Nacht umgebracht hatte. Er hatte einen Brief hinterlassen, einen von mehreren, in dem er Richard bat, das Buch zu veröffentlichen, an dem er in seinen letzten Jahren geschrieben hatte: »Ich möchte, daß das Buch veröffentlicht wird. Ich würde mir eine unabhängige Realität neben meiner Phantasie wünschen, eine sachliche Bestandsaufnahme. Es liegt ganz bei dir. Danke. Ross.«

Wir wollten daher mit diesem Band nicht nur Ross' Geschichte zugänglich machen, sondern auch die objektive Einschätzung liefern, von der er in seinem Abschiedsbrief sprach. Sie ist auch ein Vermächtnis an uns, das uns helfen soll, die Krankheit Schizophrenie zu verstehen. Viele von uns haben Angst vor Menschen, die an Schizophrenie leiden, weil einige wenige von ihnen durch ihr auffälliges Verhalten negative Schlagzeilen machen. Die meisten Menschen, die an dieser Gehirnkrankheit leiden, sind jedoch keine Gefährdung für andere. Richard hatte das Privileg, Schizophrenie aus erster Hand zu erleben, und lernte von Ross, mit dieser Krankheit unverkrampft umzugehen. Ross hatte oft klare Momente und konnte seine Gefühle, Gedanken und Ideen über Schizophrenie in einer Weise mitteilen, die Richard einen sehr viel besseren Einblick vermittelte, als er den meisten anderen Menschen vergönnt ist.

Es ist uns, die wir nicht an dieser Krankheit leiden, zweifellos unmöglich, die Leiden zu begreifen, denen Schizophrene ausgesetzt sind. In seinenem Buch versuchte Ross, einige seiner Qualen zu schildern, indem er den Leser auf eine Reise in sein Bewußtsein mitnimmt, in seine Wahnvorstellungen, Halluzinationen und Phantasien. Sein Schreibstil ist unverblümt und gelegentlich schockierend, und obwohl das Resultat oft beunruhigend ist, verfügte Ross über einen trockenen Humor, mit dem er sich über vieles hinweghalf. Er scheute sich nicht, über sich selbst zu lachen. An vielen Stellen entschärft sein Humor den Grundton einer ansonsten tragischen Geschichte und macht sie um so bewegender. Sicher sehen wir uns, während wir die Geschichte lesen, oft außerstande, zwischen Realität und Einbildung zu unterscheiden – aber schließlich ist genau das die Lebenswirklichkeit eines schizophrenen Menschen.

»Schizophrenie« ist ein Sammelbegriff für verschiedene Erkrankungen des zentralen Nervensystems. Alle Indizien deuten mittlerweile darauf hin, daß Schizophrenie eine

Krankheit ist, die ihren Ursprung in schädigenden Einflüssen auf den Fötus im Mutterleib hat. Es ist keine Störung, die durch negative Kindheitserlebnisse oder Erziehungsfehler verursacht wird. Es ist an der Zeit, daß wir aufhören, den Familien die Schuld an der Schizophrenie ihrer Kinder zu geben, Zeit, uns von der Theorie zu verabschieden, daß die Ursachen für die Krankheit in der Familie liegen. Schizophrenie muß als Störung des zentralen Nervensystems mit einigen interessanten und oftmals komplexen Manifestationen angesehen werden. Kritische Lebenssituationen spielen sicherlich eine Rolle beim Ausbruch der Krankheit, sollten aber nicht als deren ursächliche Voraussetzung angesehen werden.

Ross hoffte, die Veröffentlichung seiner Geschichte könne anderen Schizophrenen eine Hilfe sein, mit ihrer Krankheit fertigzuwerden. In dem Brief, der bei seiner Leiche gefunden wurde, bat Ross darum, sich wegen seiner Fallgeschichte an seine Mutter zu wenden. Unglücklicherweise starb seine Mutter, ehe wir mit den Recherchen für das Buch beginnen konnten, und durch ihren Tod gingen viele wertvolle Informationen verloren. Das Manuskript selbst gab uns mehr Rätsel auf als es Antworten lieferte. Eine solche mehr oder weniger autobiographische Schilderung bedurfte natürlich sorgfältiger Nachprüfung, aber es tauchten zahlreiche unidentifizierbare Protagonisten darin auf. Offensichtlich aus dem Bedürfnis heraus, die Anonymität seiner engen Freunde und Bekannten zu wahren, hatte Ross ihnen allen Pseudonyme gegeben und keinerlei Hinweise auf ihre wahre Identität hinterlassen. Weil wir glaubten, viele der Episoden in seinem Buch seien Produkte seiner lebhaften Phantasie, mußten wir mit all diesen Leuten sprechen, sofern sie wirklich existierten, um seine Lebensgeschichte einigermaßen exakt zu rekonstruieren.

Unsere anschließende Suche führte uns von Armidale im

nördlichen Flachland von New South Wales zu Vorstädten nördlich, südlich, westlich und östlich von Sydney und auch ins Stadtzentrum selbst. Außerdem reisten wir nach Brisbane und zum Kerry Valley in Queensland, zu kleinen Ortschaften an der Nordküste von New South Wales, zum Gefängnis von Long Bay, nach Wisemans Ferry und zum Gefängniskrankenhaus von Morisset. Weil die Musik der 60er und 70er deutliche Spuren in Ross' Philosophie hinterlassen hatte, hörten wir uns die Doors und andere Bands dieser Ära an und lasen die Gedichte von Jim Morrison. Es gelang uns schließlich, alle im Buch erwähnten Personen (sofern sie noch lebten) aufzuspüren, von der Bewährungshelferin, in die Ross sich verliebte, und die er (optimistisch) »Surrender« – Hingabe – taufte, bis zum enigmatischen »Dr. Abraxas« und der geheimnisvollen »Elysium Dream«. Wir unterhielten uns lange mit diesen Menschen und mit Ross' verbliebenen Familienmitgliedern, die uns seine medizinischen und polizeilichen Unterlagen zur Verfügung stellten.

Weil ein großer Teil des Materials so sensibel ist, haben wir versprochen, die Identitäten von Ross' Protagonisten geheim zu halten. Niemand, mit dem wir sprachen, hatte seine Geschichte gelesen, daher waren ihre Erinnerungen in dieser Hinsicht vollkommen unvoreingenommen. Unsere Gespräche bestätigten uns nach und nach, daß die Ereignisse, über die er schrieb, tatsächlich wie beschrieben stattgefunden hatten. Obwohl er sich hier und da einige künstlerische Freiheiten leistete, waren sie auf ein Minimum beschränkt und verfälschten die Geschichte in keiner Weise.

Um dem Leser zu helfen, Ross' Geschichte im richtigen Licht zu sehen, haben wir die Informationen, die wir während unserer Nachforschungen erhielten, in einer Einleitung zusammengefaßt. Wir haben notwendigerweise auf viele mündliche Aussagen und Erinnerungen zurückgegriffen, die wir jedoch, wo immer möglich, durch unabhängige Bestätigung aus anderen Quellen ergänzten, durch behördliche, medizinische oder psychiatrische Unterlagen oder andere aussagekräftige Dokumente.

Wir hoffen, Ross' Geschichte damit gerecht geworden zu sein, und daß Sie in den folgenden Texten ein wenig mehr über diesen interessanten Mann und sein Leben erfahren und einen Einblick in die Funktionsweise des schizophrenen Bewußtseins gewinnen werden.

Einleitung

Ross David Burke wurde am 21. Juni 1953 als drittes von vier Kindern geboren. Sein Vater war Zollbeamter und seine Mutter Krankenschwester. Mr. Burke senior war in Tamworth in New South Wales geboren und lebte bei Ausbruch des Zweiten Weltkriegs in Sydney. Er ging zur Armee und diente im Nahen Osten, in Griechenland, Kreta, Neuguinea und Borneo als MG-Schütze. Im Heimaturlaub lernte er seine spätere Frau kennen und schrieb ihr regelmäßig, bis er nach Kriegsende nach Australien zurückkehrte. Mrs. Burke war aus dem Kerry Valley in der Nähe von Beaudesert in Queensland nach Sydney gezogen. Als intelligente, aktive und vielseitig interessierte Frau hatte sie sich das Ziel gesetzt, das Leben von allen Seiten kennenzulernen. Neben ihrer Arbeit als Krankenschwester führte sie einen regen Briefwechsel mit Soldaten in Übersee. Ihre Wochenenden verbrachte sie oft mit Buschwanderungen in den Blue Mountains, und bei einer dieser Gelegenheiten lernte sie ihren späteren Mann kennen. Sie heirateten zwei Monate nach seiner Heimkehr, und damals trat Mr. Burke in den Zolldienst ein, ein Beruf, den er beinahe vierzig Jahre lang ausübte.

Ross' Kindheit wäre für viele Kinder der Inbegriff des Idyllischen gewesen. 1950 hatten seine Eltern ein über 100 Jahre altes Farmhaus im heutigen Carlingford, das damals im Umland von Sydney lag, gekauft. Auf fünfzehn Acres mit Obstgarten, Kühen, Geflügel, Schweinen, Gänsen, einem Staudamm und vielen Sträuchern und Bäumen gelegen, war es das ideale Fleckchen für die Abenteuer kleiner Jungen. In ihrer Kindheit stromerten Ross und seine Brüder durchs angrenzende Buschland, ließen selbstgebaute Kanus auf dem Damm schippern, schlugen Phantasieschlachten gegen Jungen aus der Nachbarschaft und fingen im nahen Bach

Flußkrebse. Wenn sie in ihrem Versteck unter den Zweigen der Schneebeerenbüsche saßen und ihre gegrillten Flußkrebse aßen, müssen Ross und seine Brüder sich oft wie Könige in ihrer kleinen Welt gefühlt haben.

Gewissen Begebenheiten in seiner Kindheit maß Ross später große Bedeutung zu. Eine davon fand angeblich statt, als er wenige Monate alt war. Seiner Mutter zufolge war Ross immer ein fröhliches Baby gewesen, das selten schrie. Das änderte sich offenbar, als sie ihn eines Tages mit einem Babysitter alleine ließ und ihn bei ihrer Rückkehr hemmungslos schreiend vorfand. Mrs. Burke kam im Familienkreis oft auf diesen Vorfall zu sprechen, wollte jedoch auf Drängen nie mehr sagen, als daß das Mädchen »etwas mit Ross angestellt« haben müsse, weil er »nie wieder dasselbe fröhliche Baby« gewesen sei. Einige Familienmitglieder und Ross selbst betrachteten diesen Vorfall als Hauptursache für den Ausbruch seiner Schizophrenie. Es ist unklar, was genau, wenn überhaupt etwas, vorgefallen ist; Ross selbst glaubte offenbar, in irgendeiner Weise sexuell mißbraucht worden zu sein.

Bei einem zweiten einschneidenden Erlebnis im Vorschulalter trank Ross versehentlich ein Insektizid, mit dem sein Vater die Obstbäume spritzte; möglicherweise atmete er auch die Dämpfe ein. Ross kam ins Krankenhaus und lag kurzfristig auf der Intensivstation, wo er an eine Eiserne Lunge angeschlossen wurde, erholte sich aber vollständig. Er und seine Eltern hatten immer den Verdacht, daß diese Vergiftung – obwohl es wenig wahrscheinlich ist – eine der unmittelbaren Ursachen für den Ausbruch der Krankheit war.

Ross war ein sehr sensibler Mensch und stand seiner Mutter sehr nahe. Er vertraute sich ihr an und sie sich ihm, daher ist es bedauerlich, daß ihre Erinnerungen für uns verloren sind. Immerhin festigten unsere Interviews mit den überlebenden Familienmitgliedern den Eindruck, daß sie offensichtlich eine wichtige Bezugsperson in seinem Leben war, ihn mit ganzem Herzen liebte, beschützte und während seiner Krankheit betreute. Die folgende Aussage eines Familienmitglieds ist repräsentativ für alles, was wir über sie hörten: »Seine Mutter liebte Ross innig und war ängstlich um ihn besorgt ... egal, was Ross tat, sie versuchte immer, ihn aufzubauen und mit Lob zu ermutigen ... ich glaube, sie war eine sehr gute Mutter ... diese Rolle nahm sie sehr wichtig.«

Aber in der Ehe von Ross' Eltern kriselte es. Während seine Brüder und er ein aktives Leben in der freien Natur führten und ihr Vater tagsüber zur Arbeit in der Stadt war, blieb es Mrs. Burke überlassen, Haus, Farm und Familie zusammenzuhalten. Das Haus brach buchstäblich über ihrem Kopf zusammen: von Termiten zernagt, eiskalt im Winter, undichtes Dach, keinerlei moderner Komfort und unzureichender bis gar kein Bodenbelag. Die Lebensbedingungen waren zeitweilig fast untragbar. Zusätzlich zu ihren Pflichten im Haushalt hatte Mrs. Burke noch die Kühe zu melken, die Hühner, Gänse und Schweine zu füttern und den Großteil der Arbeiten im Obstgarten zu erledigen. Unter solchen Bedingungen vier lebhafte Kinder großzuziehen, mit einem Ehemann, der die meisten Stunden des Tages außer Haus arbeitete und, was erschwerend hinzukam, ohne Auto oder Telefon, überstieg schließlich ihre Kräfte. Sie verließ das Haus mindestens einmal für einen längeren Zeitraum und schlug sich als Schwesternhelferin in einem Pflegeheim durch.

Dann allerdings verbesserten sich die Lebensumstände der Familie erheblich, als die Farm Anfang der 60er Jahre in Parzellen aufgeteilt und verkauft wurde, wobei die Familie einen Block behielt, auf dem sie ein modernes Ziegelhaus mit allem Komfort errichtete. Mrs. Burke hatte endlich ein angenehmes Wohn- und Arbeitsumfeld, und ohne Zweifel profitierten die Jungen von den verbesserten Lebensbedingungen. Für alle materiellen Bedürfnisse war bestens gesorgt. Zumindest einer der Brüder spricht von deutlich verbesserten Schulnoten nach dem Umzug. Die Überschüsse aus dem Verkauf wurden in weitere Grundstücke investiert, und Mr. Burke und seine Söhne lernten den Luxus häufiger Urlaube in Übersee und den Nachbarstaaten kennen. Mrs. Burke besuchte bei diesen Gelegenheiten zumeist ihre Familie in Queensland, denn obwohl sie wieder bei der Familie lebte, führten ihr Mann und sie für den Rest ihrer Ehe getrennte Leben im gemeinsamen Haus.

Ross war während seiner Schulzeit allem Anschein nach ein passabler Schüler; aus heute nicht mehr zu klärenden Gründen ließ man ihn die zweite Klasse der katholischen Schule, die er besuchte, wiederholen. Offensichtlich traf ihn das tief, denn in seiner Geschichte kommt es oft zur Sprache, es wird bei mehreren Gelegenheiten in den Abschriften seiner Gespräche in den Krankenblättern erwähnt, und fast jeder aus seiner Familie erwähnte es uns gegenüber in Interviews.

Davon abgesehen verlief seine Schulzeit offenbar ereignislos, mit Ausnahme eines Vorfalls im Jahr 1971, als man ihn vom Unterricht suspendierte, bis er sich die Haare geschnitten hätte. Ross und einige seiner Freunde hatten sich während der Weihnachtsferien die Haare nach neuester Mode wachsen lassen. Tatsächlich ging Ross mit einer Kurzhaarperücke wieder zur Schule, aber die Schulleitung ließ sich nicht täuschen und schickte alle Jungen mit langem Haar nach Hause. Als er sich weigerte, klein beizugeben, wurde er statt dessen an der staatlichen High School am Ort angemeldet, wo er 1972 mit neunzehn Jahren seinen Abschluß machte.

Zu diesem Zeitpunkt scheinen viele von Ross' Problemen ihren Anfang genommen zu haben, da er den widersprüchlichen Erwartungen seiner Eltern gerecht zu werden versuchte.

17

Seine Mutter war hochintelligent und hatte eine umfangreiche Bibliothek. Ihre eigenen schriftstellerischen Ambitionen hatten sich nicht erfüllt, aber sie tat alles, um ihre Söhne in dieser Richtung zu ermutigen. Ross war der einzige, der ihrem Beispiel folgte und Songs, Gedichte, Kurzgeschichten und schließlich dieses Buch schrieb, das seine Mutter zu einem großen Teil nach seinem handschriftlichen Manuskript abtippte. Seine Mutter stärkte ihm immer den Rücken und ermutigte ihn, Musikinstrumente – Schlagzeug, Gitarre, Harmonika – spielen zu lernen, zu malen und viel zu lesen. Er fing an Platten zu sammeln und entwickelte eine brennende Leidenschaft für Rockmusik, besonders für die Doors, Frank Zappa, die Beatles, Grateful Dead und Jefferson Starship. Mit Freunden schrieb er Songs, die sie in ihrer gemeinsamen Band bei sich zu Hause spielten.

Mitte der 60er war Mrs. Burke, nachdem sie jahrelang nicht praktiziert hatte, zum katholischen Glauben zurückgekehrt. Sie war immer bestrebt gewesen, ihren Söhnen feste christliche Prinzipien mitzugeben, und sie waren regelmäßige Kirchgänger. Das Christentum war Ross sehr wichtig, besonders in den Jahren während und nach seiner Haft.

Der Anteil seines Vaters an der Erziehung beschränkte sich dagegen völlig auf das Praktische, er versuchte, Ross' berufliche Laufbahn zu lenken. Mr. Burke war selbst im öffentlichen Dienst und betrachtete das als idealen Beruf für einen Jungen wie Ross. Ross' ältere Brüder waren beide längst aus der Schule; einer war zur Air Force gegangen, und der andere arbeitete und ging aufs College. Auf Ross lastete der Druck, es wie sein Vater und seine Brüder »zu etwas zu bringen«. Mr. Burke redete Ross ein, er brauche ein Ziel, müsse den Ehrgeiz entwickeln, viel Geld zu verdienen, »etwas aus sich zu machen«. Ross folgte dem Vorschlag seines Vaters und fing 1973 als Büroangestellter beim Post-Master General's Department an. Gleichzeitig zog er zu

Hause aus, nahm sich mit zwei Schulfreunden eine Wohnung in Mosman, einem Vorort von Sydney, und belegte einen Abendkurs in Buchführung an der Fachschule. Dort setzt seine Geschichte ein.

Ross hatte damals schon mit Drogen experimentiert: Von einer Reise in den Himalaya um 1969 hatte er eine Menge Haschisch und Buddha-Sticks mitgebracht, die er unter seinen Freunden verteilte; wie viele junge Leute rauchte er seit einigen Jahren bei geselligen Anlässen Marihuana. In seinem letzten Schuljahr hatte er einen neuen Freund kennengelernt, dem es nicht schwerfiel, ihn zum Schwänzen zu überreden. Sie verbrachten viel Zeit mit Anbau und Pflege einer kleinen Marihuanapflanzung vor einem Schuppen, den sie sich im Busch in der Nähe seiner Wohnung gebaut hatten, und den sie über Strickleitern über eine Klippe erreichten.

Die beiden Freunde, mit denen er in Mosman zusammenzog, waren Vettern: in seiner Geschichte Uncle Cane Toad und Baron Wasteland. Damals hatten alle drei Wohnungsgenossen feste Jobs, Uncle Cane Toad als Beamter beim Finanzamt und Baron Wasteland als Postbote. Sie begannen regelmäßige Wochenendausflüge nach Wisemans Ferry zu unternehmen, wo es Weiden gab, auf denen halluzinogene Pilze wuchsen. Bis zu dieser Zeit haben Familie und Freunde Ross als fröhlichen, freundlichen, witzigen Menschen in Erinnerung, angenehm im Umgang, liebevoll und loyal. Gleichzeitig betrachteten ihn einige seiner Freunde als eine Art Außenseiter in der Gruppe. Uncle Cane Toad erzählte uns, seit Ende der 60er seien er und Ross einige Jahre lang die besten Freunde gewesen, hätten sich beide für Musik interessiert und viel gemeinsam unternommen. Trotzdem fiel ihm mit der Zeit auf, daß Ross ein wenig »komisch« und undurchschaubar wurde und sich immer häufiger mit Alkohol, Marihuana und Halluzinogenen der Realität entziehen mußte.

Anfang 1974 lernte Ross Elysium Dream kennen, die ihm von ihrer Kusine, Magic Star Flower, vorgestellt wurde. Elysium Dream erzählte uns, sie habe sich von Ross angezogen gefühlt, weil sie fand, er sei »wirklich süß ... intellektuell ziemlich interessant und anregend ... (und er habe) ein bißchen mehr Tiefgang gehabt«. Er bewies mehr politisches Interesse als die anderen in der Gruppe und machte sich mehr Gedanken über das, was in der Welt vor sich ging. Ihre Beziehung hielt allerdings nur einige Wochen. Elysium Dream hatte Bedenken gegen eine dauerhafte Beziehung mit Ross, der, je länger die Beziehung dauerte, zunehmend besitzergreifender und besessener in seiner Liebe zu Elysium wurde. Sie erzählte uns:

> Ross hat mir wirklich angst gemacht. Er war unglaublich intensiv. Ich hatte einfach das Gefühl, wenn ich Ross erstmal in mein Leben gelassen hätte, würde es sehr schwierig werden, ihn wieder herauszubekommen ... Nachher schrieb er mir jahrelang Briefe. Ich habe sie nicht beantwortet, weil er mir tatsächlich angst machte ... Ich glaube nicht, daß ich für Ross sehr viel übrig hatte. Die Tatsache, daß er mir einen Platz zum Wohnen anbot und sich dann in mich verliebte – soweit es mich anging, war das sein Fehler, nicht meiner. Ich sagte ihm nur, er würde sich sehr dumm benehmen.

Elysium trennte sich von Ross und kehrte zu ihrem früheren Partner zurück, ohne zu wissen, daß sie damals von Ross schwanger war.

Auch Uncle Cane Toad kamen einige Bedenken, als er eines Abends nach Hause kam und Ross auf dem Boden liegen sah; er faselte davon, der Antichrist zu sein, und hatte sich die Ohren mit Watte verstopft und den Plattenspieler sehr leise gedreht. Ross hatte zwölf Monate zuvor einen seltsamen »Anfall« in einem Friseurstuhl gehabt, den sie den Nachwirkungen der halluzinogenen Pilze zuschrieben, die er gegessen hatte, aber es war offensichtlich, daß noch etwas sehr viel Besorgniserregenderes vor sich ging. Mr. Burke wurde gerufen, und Ross wurde nach Hause zur Familie geholt.

Ross gab daraufhin seinen Job auf und bezog Krankengeld, während er versuchte, wieder zu sich zu finden. Er hatte den Buchführungskurs nach nur einem Jahr aufgegeben und statt dessen Kurse in Landwirtschaft belegt. Die gab er ebenfalls nach einem Jahr auf und zog nach Brisbane um, wo er sich niederließ, um an einem Songbuch zu arbeiten. Etwa in dieser Zeit begann er, sich für den Erfinder des Rock and Roll zu halten. In den medizinischen Unterlagen wird erwähnt, daß er in Brisbane zu einem Psychiater gegangen war, nähere Hinweise finden sich jedoch nicht.

Rastlos und von Gedanken an Elysium Dream und die Geburt ihres gemeinsamen Babys verfolgt, kehrte er nach Sydney zurück, wo er erfuhr, daß seine Tochter am 27. Dezember 1974 geboren worden war. Elysium weigerte sich allerdings, ihn als Vater anzuerkennen, und Ross litt viele Jahre lang sehr an seiner Liebe zu Elysium und seinem Wunsch, Vater zu sein. Die Geburt seiner Tochter gewann große symbolische Bedeutung für ihn; er beschrieb sie mehrmals als »die Geburt von Disco«, als den Grund für den Zusammenbruch der Tasman Bridge (Schauplatz eines schweren Tankerunglücks auf der Insel Tasmanien im Jahre 1975) und als den Auslöser des Zyklons Tracy, der zwei Tage vor ihrer Geburt die Stadt Darwin verwüstet hatte. Er entschuldigte sich sogar bei einigen seiner Freunde, den Zyklon heraufbeschworen zu haben.

Über die nächsten zwei Jahre liegen nur wenige Informationen vor. Wir wissen, daß er im Februar 1975 mit seinen Freunden einen Trip in die Snowy Mountains im Südwesten von New South Wales unternahm. Sie wurden von der Polizei durchsucht, wegen Besitz und Konsum von indischem Hanf angeklagt und am nächsten Tag vor dem Gericht von Cooma in einem Schnellverfahren abgeurteilt. Ross wurde zu einer Geldstrafe von 140 Dollar verurteilt. Kurz darauf zog er mit Baron Wasteland in eine Wohnung in Paddington, einem Vorort von Sydney, und unternahm im November 1975 mit Uncle Cane Toad eine Reise nach Bali, wo sie mit dem Motorrad herumfuhren, Sehenswürdigkeiten besichtigten, Marihuana rauchten und die heimischen Pilze antesteten. Im März 1976 erschien er vor Gericht und wurde mit einer Geldstrafe von 60 Dollar belegt, weil er ohne Bahnfahrkarte erwischt worden war und einen Schaffner tätlich angegriffen hatte. Dann reiste er nach Melbourne, wo er krank und völlig verarmt einige Monate in einer schäbigen Wohnung zubrachte.

Ross kehrte Ende 1976 zu seiner Familie zurück und versuchte, ein geregeltes Leben zu führen. Seine Brüder lebten alle in guten finanziellen Verhältnissen, und seine Eltern investierten weiterhin erfolgreich in Grundstücksspekulationen. Sein Vater drängte ihn ständig, sein Leben in die Hand zu nehmen und »etwas aus sich zu machen«. Tatsächlich spielte Geld für jeden in der Familie, außer für Ross, eine wichtige Rolle. In unseren Interviews erwähnte einer von ihnen, jedes Gespräch über Geld oder Investitionen sei eine Garantie dafür gewesen, die Familie an einen Tisch zu bekommen. Ein Bruder war immer noch Pilot bei der Air Force, ein anderer war Bergbauingenieur, und der dritte hatte ein gutes Auskommen als Elektriker – kein Wunder, daß Ross Schwierigkeiten hatte, sich einzufügen. Er hatte wenig Interesse an Geld, materiellem Besitz oder Kleidung. Selbst als er als Postangestellter arbeitete, schmiß er seine ungeöffneten Lohntüten in seine Kommodenschublade und vergaß sie dort. Es blieb seiner Mutter überlassen, Monate später das Geld an sich zu nehmen und ein Konto für ihn zu eröffnen.

Den Job als Postangestellter behielt er drei Monate. Danach arbeitete Ross zwei Monate in Ermington als Hilfsarbeiter, ehe er entlassen wurde. Warum beide Jobs von so kurzer Dauer waren, ist unklar, aber seine zunehmende geistige Instabilität mag dabei eine entscheidende Rolle gespielt haben.

Ross ging im August 1977 freiwillig ins St. John of God Hospital in Richmond. Das Krankenhaus war ursprünglich ein hübsches altes Herrenhaus gewesen, das 1892 von Philip Charley erbaut worden war. Es hat sich viel von seinem früheren Charme bewahrt, und seine herrliche Lage auf dem Richmond Hill, von dem aus man auf den Hawkesbury River und das umliegende Farmland blickt, machte es für ihn zum idealen Ort, um sein inneres Gleichgewicht wiederzufinden. Dort verbrachte er freiwillig vier Monate, um seine fortschreitende mentale Instabilität zu überwinden. Ross war zu der Überzeugung gekommen, seine Gedanken würden von Ameisen, den zukünftigen Beherrschern der Erde, gelesen, und war außerstande, mit anderen als seiner Mutter zu kommunizieren. Auf Frauen reagierte er seiner Schüchternheit wegen schrecklich nervös. Er sagte, er »lebe in einer Phantasiewelt«, die er dem »wirklichen Leben« vorzöge.

Ross lernte hier einen der Psychiater kennen, die er Dr. Abraxas nennt, der bei ihm paranoide Schizophrenie diagnostizierte. Ross erzählte ihm, daß er sich für den Antichrist hielt und seit seinem fünften Lebensjahr »die römisch-katholische Kirche stürzen« wollte. In diesem Stadium sagte er, er würde gerne Farmer werden, und äußerte den Wunsch, auf der Farm seines Onkels zu arbeiten oder sich eine eigene zu kaufen. Er behauptete, er hätte Drogen genommen, um nicht in den Krieg zu müssen, gab aber gleichzeitig an, er würde sich, obwohl seine Freunde sich regelmäßig Drogen spritzten, auf Haschisch beschränken, das er allerdings exzessiv konsumierte. Er ließ sich überreden, sich an den Veranstaltungen im Krankenhaus zu beteiligen, spielte Squash, Kricket, Volleyball und Tischtennis, nahm an Busausflügen teil und ging zur Gruppentherapie. Dort sprach er über seine Schuldgefühle, weil er Elysium Dream im Stich gelassen hatte, als sie schwanger war, und ihr LSD gegeben hatte, weil er hoffte, sie würde das Kind verlieren. Er gab zu, daß ihm die Motivation für ein arbeitsames Leben fehlte, und sah schließlich ein, daß sein Wunsch, Farmer zu werden, dem Irrglauben entsprungen war, er könne die meiste Zeit »mit dem Motorrad rumfahren und schwimmen gehen«.

Ross wurde Stelazin verschrieben, das anschließend durch das Neuroleptikum Melleril ersetzt wurde; dann bekam er Modecate, ein anderes Neuroleptikum. Außerdem erhielt er Cogentinol, um die motorischen Nebenwirkungen der anderen Medikamente zu lindern. Neulactil, das oft bei schweren Angst- und Erregungszuständen von psychotischen Patienten gegeben wird, bekam er, um besser einschlafen zu können, da er extrem unruhig war. Mit Hilfe der Medikamente, der Gespräche und der guten professionellen Betreuung fühlte sich Ross im November 1977 wieder stark genug, es mit der Welt aufzunehmen. Er wurde in die Obhut seiner Familie entlassen und bezog eine Invalidenrente.

Im Januar 1978 lebte Ross in einer Wohnung in Bondi Beach mit Baron Wasteland und Uncle Cane Toad zusammen, der jetzt exzessiv Amphetamine nahm und in Sydney als Taxifahrer arbeitete. In diesem Jahr wurde Uncle Cane Toad mit schwerer Amphetaminpsychose in die Psychiatrie eingewiesen. Was Ross angeht, ist über den Rest des Jahres nur wenig bekannt, obwohl wir wissen, daß er sechs Monate in einer Druckerei in Ryde, einem Vorort von Sydney, an der Kollationierungsmaschine arbeitete. Damals hatte Ross seine Medikamente abgesetzt und litt unter wiederholten

Wahnvorstellungen. Er glaubte immer noch, der Erfinder des Rock and Roll, der Heilige Geist und der Antichrist in einem zu sein. Er glaubte, die »Supermächte« hätten in einen seiner Zähne einen Transmitter implantiert, durch den sie ihm Botschaften sendeten. Außerdem »empfing« er Botschaften von Fernsehkommentatoren und Nachrichtensprechern. Im November wollte er sich einer Vasektomie unterziehen, die ihm verweigert wurde. Es ist nicht ganz klar, warum er sich dieser Prozedur unterziehen wollte, aber vielleicht besteht ein Zusammenhang zu seinen Handlungen Anfang des folgenden Jahres, 1979.

Es sollte alles in allem ein ereignisreiches Jahr werden. Ross versuchte mehrmals in seinem Leben, sich zu kastrieren; einmal auch Anfang 1979, als seine Mutter ihn blutüberströmt und mit einer Rasierklinge in der Hand in seinem Schlafzimmer fand. Etwa um diese Zeit hatte Ross begonnen, sich für den neuen Messias zu halten, und suchte einen Jünger in einem seiner kleinen Neffen. Einige Familienmitglieder waren besorgt über seine radikale Persönlichkeitsveränderung. Er war launisch und unberechenbar, und sein Verhalten war oft bizarr. Eine angeheiratete Verwandte erzählte uns:

Es machte mir angst, wie er redete ... Wir hörten viel Beatles, und er gab mir seine Interpretation ihrer Songs, daß Gott ihm sagen würde, wie sein Leben weitergehen solle, daß er der neue Messias sei ... er machte mir wirklich angst. Er sagte, wenn er den Leuten ihr Geld nehmen könnte, würde er ihnen die Macht nehmen, und dann würde er sie führen, indem sie sich die Songs anhörten, weil er seine Botschaften durch Stimmen erhielt ... Er bekam Anweisungen von Gott, besonders durch die Musik der Beatles ... Als ich Ross kennenlernte, machte es Spaß, mit ihm zusammen zu sein, er war interessant, unterhaltsam, attraktiv, er war einfach bezaubernd. Als ich ihn das nächste Mal sah, konnte ich es kaum glauben. Er war wie ein alter, alter Mann, sehr düster, sehr, sehr introvertiert, sehr schwarz, wirklich.

Ross wurde im Februar 1979, mit 25, erneut ins St. John of God eingewiesen. Bei der Aufnahme gab Ross an, neun Monate zuvor seine Medikamente abgesetzt und exzessiv getrunken und Zigaretten und Marihuana geraucht zu haben. Er sprach von seiner Überzeugung, daß er mit etwa dreißig Jahren »in der Wüste sterben« würde. Sein Krankenblatt vermerkt, daß er bei der Aufnahme »extrem wahnhaft« gewesen sei und angegeben habe, er sei auf der Suche nach »Zuflucht, Ruhe und Frieden« gekommen. Er wurde mit Melleril, Stelazin und Cogentinol behandelt, nahm sie jedoch nur widerwillig und verließ nach nur fünf Tagen gegen ärztlichen Rat die Klinik, ohne seine Medikamente mitzunehmen. Im Juli brachte Mrs. Burke Ross in dem verzweifelten Versuch, Heilung für seine Krankheit zu finden, zu einem Naturheilkundler, der Schizophrenie auf eine »toxische Verdauungsinsuffizienz als Folge einer Lebensmittelallergie« zurückführte. Er verschrieb Vitaminpräparate und eine Spezialdiät, wenn auch (wenig überraschend) ohne Erfolg.

Ross und seine Freunde hatten bis Mitte 1979 seit geraumer Zeit harte Drogen genommen. Ross gab an, in den Jahren nach seinem Schulabgang neben Marihuana und den Pilzen LSD, Kokain, Amphetamine und Heroin genommen zu haben. Um ihre Sucht zu befriedigen, planten einige seiner Freunde einen bewaffneten Überfall, um in einer Apotheke in der Nähe Medikamente zu stehlen. Ross wollte nicht mitmachen und versuchte gemeinsam mit Uncle Cane Toad, sie davon abzubringen. Der Raub fand trotzdem statt, und die Drogen wurden in Ross' Wohnung geschafft und dort konsumiert, und am folgenden Tag wurde die Gruppe festgenommen. Ross konnte seine Unschuld beweisen, aber Uncle Cane Toad und der Rest seiner Freunde kamen in Haft.

Aus ungeklärten Gründen raubte Ross später selbst eine Bank aus. Um das Geld ging es ihm ganz gewiß nicht. Er gab später an, Brian Bury, eine bekannte Fernsehpersönlichkeit, hätte ihm über den Transmitter in seinem Zahn eine »geheime Botschaft« zukommen lassen, die ihm befahl, den Überfall zu begehen. Bei seiner ersten Vernehmung durch die Polizei sagte er, daß er »in die Zeitung kommen wollte, um ein Held zu sein«. Ihm gefiel die Vorstellung, »ein Robin Hood des 20. Jahrhunderts« zu sein. In seinem Buch heißt es schlicht, er habe »beschlossen, Baron Wasteland im Knast Gesellschaft zu leisten«. Aus welchen Gründen auch immer, am Morgen des 14. September 1979 holte er sich das Gewehr seines Bruders aus dem Haus seiner Eltern, allerdings ohne den Bolzen, der getrennt versteckt war. Er wickelte das Gewehr in einen Sarong und fuhr im Auto seiner Mutter nach Kingsford. Ehe er losfuhr, war er noch so vorausschauend, das Autokennzeichen mit einem schwarzen Edding zu ändern. Nachdem er an einer Bushaltestelle geparkt hatte, betrat er die Bank und befahl den Kassierern, seinen Beutel mit Zwanzig- und Fünfzigdollarscheinen zu füllen und »die Einer und Zweier zu vergessen«. Einer der Kassierer löste, während er seine Kasse leerte, den Alarm aus, der auch die Überwachungskamera aktivierte.

Beim Verlassen der Bank stand Ross plötzlich einem Polizisten gegenüber, der von einem Bankkunden alarmiert worden war. Ross richtete das Gewehr auf ihn und stieg wieder in sein Auto. Der Polizist sagte später vor Gericht aus, Ross habe »einen irren Blick« gehabt. Dann fuhr Ross durch die Straßen von Kingsford und Randwick und schmiß im Fahren mit vollen Händen Geld aus dem Fenster. Für etliche Umstehende muß es ein Glückstag gewesen sein: Von den geraubten 16 304 Dollar bekam die Bank letztendlich nur 5 200 Dollar zurück. Tatsächlich wurden viele Leute beobachtet, die Bündel von Banknoten an sich raffend hastig den Ort des Geschehens verließen.

Die anschließende Verfolgungsjagd mit der Polizei endete schließlich in einer Sackgasse in Randwick. Ross stieg aus dem Auto und ging mit ausgestreckten Armen auf den Polizisten zu. Der Polizist hielt seine Waffe auf ihn gerichtet und befahl ihm stehenzubleiben, aber er ging weiter. Weil er den Eindruck hatte, Ross wolle auf ihn losgehen, schlug der Polizist Ross mit dem Griff seiner Pistole nieder, legte ihm Handschellen an und nahm ihn fest. Ross erklärte seine Handlungsweise damit, daß er Selbstmord habe begehen wollen; er war sicher, daß er erschossen werden würde, wenn er weiterginge, und hatte keine böse Absicht. Des Bankraubs und tätlichen Angriffs auf einen Bankangestellten angeklagt, blieb er in Untersuchungshaft. Kaution wurde nicht gewährt.

Ross saß im Gefängnis von Long Bay drei Monate in Untersuchungshaft, ehe sein Fall vor Gericht kam. Zwei Wochen nach seiner Verhaftung wurde er vom Gefängnispsychologen untersucht, dem er unter anderem mitteilte, er sei Gott und »der Mittelpunkt des Universums, weil ich den Rock and Roll erfunden habe«. Ross behauptete, die Welt nähme Einfluß auf ihn, weil er der »Nukleus« der Welt sei. Er wurde für geisteskrank und unzurechnungsfähig erklärt. Einen Monat nach seiner Festnahme schlug er einen Vollzugsbeamten nieder, der in seine Zelle gekommen war, um ihn zu wecken, und wurde wegen tätlichen Angriffs zu sechzig Tagen verurteilt.

Im Bezirksgericht von Sydney bekannte sich Ross schuldig zur Anklage wegen Bankraubs und tätlichen Angriffs auf den Bankangestellten und wurde am 12. Dezember 1979 zu vier Jahren verurteilt. Diese Strafe mag angesichts seines Geisteszustands und der Tatsache, daß das ungeladene Gewehr ohne Bolzen offensichtlich nie hatte abgefeuert werden sollen, etwas hart erscheinen. Trotzdem sorgte ein ungnädiger Richter dafür, daß Ross mindestens zwei Jahre einsitzen mußte. In der Urteilsbegründung berücksichtigte der Richter Ross' verwirrten Geisteszustand zur Zeit des Überfalls, hielt die Strafe jedoch für angemessen milde. Eine psychiatrische Behandlung wurde angeordnet. Ross' Familie war zwar betroffen, aber generell der Meinung, das Gefängnis »würde ihm nicht schaden« und dort sei er auf jeden Fall sicher untergebracht.

Am Abend nach der Urteilsverkündung unternahm Ross jedoch einen Selbstmordversuch, indem er sich an den Venen an Armen und Füßen zehn Schnittwunden beibrachte. Er drohte seinem Zellengenossen, ihn umzubringen, falls er um Hilfe rufen sollte, hielt sich etwa eine Stunde lang aufrecht und ging in der Zelle auf und ab, während das Blut floß, und legte sich dann zum Sterben auf seine Pritsche. Sein verängstigter Zellengenosse hämmerte gegen die Tür, und Ross wurde halb bewußtlos ins Gefängniskrankenhaus verlegt. Er hatte sehr viel Blut verloren. Seine Wunden wurden genäht, und er kam an einen intravenösen Tropf, um den Flüssigkeitsverlust auszugleichen. Am folgenden Tag zog er sich den Tropf heraus, kratzte sich absichtlich die Nähte auf und lief im Zimmer herum. Am Nachmittag tat er es wieder. Später sagte er, er habe »in der Hölle gelebt und sterben wollen, um in den Himmel zu kommen«. Zwei Wochen später riß er sich die fast verheilten Schnitte an seinen Füßen auf. Bei dieser Gelegenheit bestätigte der Gefängnispsychologe die Diagnose paranoide Schizophrenie. Ross erhielt immer noch »Botschaften« über den »Transmitter in seinem Zahn« und behauptete, fähig zu sein, Botschaften um die ganze Welt zu senden. Am 4. Februar 1980 waren seine Wunden endlich verheilt, und er wurde ins Gefängniskrankenhaus Morisset überstellt, nachdem er vom Gefängnispsychologen für unzurechnungsfähig erklärt worden war.

Morisset liegt inmitten schönen Buschlands am Ufer des Lake Macquarie in der Nähe von Newcastle. Ross war jedoch zweifellos nicht in der Lage, die Naturschönheit zu würdigen, da er im Hochsicherheitstrakt untergebracht war. Der Block, in dem er seine Zeit absaß, ist heute stillgelegt, aber die abweisenden Gebäude stehen noch, umgeben von einer hohen, baufälligen Ziegelmauer.

Ross wurde zunächst mit einem antipsychotischen Medikament, Largactil (Chlorpromazin) behandelt, zeigte jedoch keine Besserung und dachte wieder an Selbstmord. Er wurde zusätzlich mit einem Antidepressivum (Amitryptylin) behandelt, und sein Zustand besserte sich allmählich; im April 1980 wurde er für zurechnungsfähig erklärt, bekam aber weiterhin Medikamente. Seine Entlassungsbeurteilung vom 9. Mai bestätigt prinzipiell die Diagnose Schizophrenie: Schizo-affektiver Typus, depressive Phase. Der leichte Wandel in der Form der Schizophrenie spiegelt zweifellos den ausgesprochen depressiven Zustand, in dem Ross sich in diesem Stadium befand.

Ross kam wieder ins Gefängnis Long Bay und wurde zur Arbeit in der Gefängnisbücherei eingeteilt. Außerdem bekam er eine Einzelzelle. Medizinisch wurde ihm von Gefängnispsychologen eine »deutliche Besserung« bescheinigt, und er nahm seine Medikamente weiterhin regelmäßig. Im September des Jahres begann er in der Wäscherei zu arbeiten, wo er für den Rest seiner Haftzeit blieb. Im November 1980 beurteilte der Gefängnispsychologe Ross als völlig frei von psychotischen Symptomen. Im Großen und Ganzen wurde ihm während seines Gefängnisaufenthalts gute Führung bescheinigt, und er wurde als »stiller, aber effektiver Arbeiter« beurteilt, der keinen Ärger machte. Er nahm an Bibelkursen und religiösen Veranstaltungen teil und engagierte sich außerdem bei GROW, einer weltweiten Selbsthilfegruppe für Menschen mit Geisteskrankheiten, die 1950 in Sydney als Nebenorganisation der Anonymen Alkoholiker gegründet worden war. All diese Aktivitäten hielten ihn während seines Gefängnisaufenthalts aufrecht.

Am 12. Dezember 1981 wurde Ross aus der Haft entlassen und traf sich mit seiner Bewährungshelferin, die er in seiner Geschichte »Surrender« nennt. Ross' Vater hatte schon vorher an den Gefängnispsychologen geschrieben und ihn gefragt, wie seinem Sohn nach der Entlassung am besten zu helfen sei. Mr. Burke wurde geraten, Ross solle weiterhin ständig unter ärztlicher Beobachtung bleiben und so bald wie möglich einen Arzt aufsuchen, um die Medikamentenbehandlung fortzusetzen. Ross zog wieder zu seinen Eltern. Obwohl sein Zustand bei seiner Entlassung als medizinisch stabil beschrieben wurde, erinnern sich seine Freunde, daß seine Persönlichkeit sich verändert habe: Er war aggressiver und ließ einen uncharakteristischen »gewalttätigen« Zug erkennen. Einer seiner Freunde beschrieb ihn als »völlig von der Rolle«. Nicht lange nach seiner Entlassung setzte Ross seine Medikamente ab, weil sie angeblich seine Erinnerung beeinträchtigten, seinen Antrieb lähmten und ihn daran hinderten, »sich über seine persönlichen Probleme klarzuwerden und sie zu lösen«. Er rutschte wieder ab. Trotzdem versuchte er noch immer, sein Problem zu verstehen und sein Leben in den Griff zu bekommen. Er nahm an wöchentlichen GROW-Sitzungen teil, schloß sich einer Selbsthilfegruppe an und arbeitete als ehrenamtlicher Helfer. Er ging eine lockere Beziehung mit einer der Frauen aus der Gruppe ein.

Auf das wiederholte Drängen seines Vaters plante Ross, sich noch einmal für einen Job im Öffentlichen Dienst zu bewerben. Im Februar bestand er einen Eignungstest für einen Job als Verwaltungsangestellter und wurde auch zu einem Vorstellungsgespräch eingeladen, das einen Monat später stattfand. Seine Motivation flaute jedoch bald ab. Er hatte im Gefängnis angefangen, sein Buch zu schreiben, und arbeitete tagelang eingeschlossen in seinem Schlafzimmer. Wie er sagte, schrieb er es hauptsächlich für Elysium Dream. Seine Mutter begann, das Manuskript für ihn abzutippen. Mittlerweile waren beide Eltern sehr besorgt über seinen Mangel an Initiative, seine Introvertiertheit, seine Weigerung, Verantwortung zu übernehmen, und sein geringes Selbstwertgefühl. Außerdem machten sie sich Sorgen wegen seiner Selbstmordneigung. Ross selbst erzählte Surrender, er würde noch einmal darüber nachdenken, die Medikamente wieder zu nehmen, da er einige »groteske« Alpträume gehabt habe, aber er scheint sich nicht daran gehalten zu haben. Ross begann täglich zur Messe zu gehen und sich ganz in Weiß zu kleiden. Er unternahm Fußmärsche von acht Kilometern, besuchte Freunde in Morisset und las und schrieb ständig. Durch ständige Aktivität versuchte er, die Psychose abzuwehren, die wieder drohte.

Anfang April 1982 starb sein guter Freund Baron Wasteland. Baron Wasteland war wegen Drogenbesitz verhaftet worden und war in sehr schlechter körperlicher Verfassung, mit wunden Stellen am ganzen Körper, als Ross ihn wiedersah. Ross brachte ihn ins Krankenhaus, wo sich sein Zustand besserte. Baron Wasteland verließ dann das Krankenhaus und nahm die Medikamente, die er verschrieben bekommen hatte, mit; davon nahm er eine Überdosis. Ross war tief betroffen vom Tod seines Freundes und hatte das Gefühl, in seinen Bemühungen, ihm zu helfen, gescheitert zu sein.

Mitte April 1982 ging es Ross wieder schlechter. Er versäumte seine GROW-Meetings, kicherte oft vor sich hin, hatte häufig sexuelle Wahnvorstellungen und hielt sich hin und wieder für Gott. Er glaubte, sich in einem psychologischen Krieg mit Fernsehen und Radio zu befinden und »in ihrem Magnetfeld festzuhängen« und daß er ein Prophet sei. Ross war klar, daß er wieder ins Krankenhaus mußte, aber als Surrender auf seinen Wunsch hin alles arrangierte, änderte er seine Meinung. Ross hatte damals fast täglich Sitzungen bei Surrender, in denen sie ihn zu überreden versuchte, seine Medikamente wieder einzunehmen. Er tat es wegen der Nebenwirkungen nur ungern, war aber schließlich bereit, seine Tabletten in etwas geringerer Dosis wieder zu nehmen. Für etwa eine Woche war er recht stabil und wirkte viel gelöster, aber dann setzte er seine Medikamente wieder ab.

Ende April nahm Surrender einen längeren Urlaub und wurde von einem männlichen Bewährungshelfer, N.W., abgelöst. Das war ein entsetzlicher Schlag für Ross, der eine tiefe Zuneigung zu Surrender gefaßt hatte. Er »verschwand« plötzlich für eine Woche und berichtete, nachdem er wieder aufgetaucht war, er sei fünf Tage und Nächte durch den Busch bei Dubbo gelaufen, in der Absicht, »sich zu Tode zu fasten« und so ein »glorreiches Ende« zu finden. Interessant ist dieser Vorfall im Hinblick auf seine Voraussage im Jahr 1979, er würde mit Dreißig in der Wüste sterben; er gab an, das sei eine Generalprobe für dieses Ereignis gewesen. Bei seinem ersten Besuch bei N.W. nach diesem Vorfall beschuldigte er seinen neuen Bewährungshelfer, Surrender umgebracht zu haben, und konnte sich gerade noch bremsen, ihn mit einem Aschenbecher brutal anzugreifen. N.W. erinnert sich, Ross anschließend gedrängt zu haben, wieder ins St. John of God zu gehen, da andernfalls seine Bewährung auf dem Spiel stand. Ross erwähnte, daß ihm ein Job beim Finanzamt angeboten worden war, den er jedoch abgelehnt hatte, weil er das Gefühl hatte, einen Vollzeitjob nicht verkraften zu können.

Ross' Zustand verschlechterte sich immer mehr. Ende Juni 1982 lebte er laut N.W. »in einer völligen Phantasiewelt« und behauptete, daß Sphären, »wie eine Masse weißen Lichts«, seit seiner Kindheit ununterbrochen in seinem Kopf herumgerollt seien, die ihm keine Ruhe ließen. Ross hatte einen weiteren gewalttätigen Ausbruch, als er bei einem Streit seinen Vater angriff (einer von mehreren solchen Angriffen) und seine Mutter beschimpfte. Nachdem er versucht hatte, seinem Vater eine Flasche über den Kopf zu schlagen, nahm er das Familienauto und verschwand für zwei Tage. Bei seiner Rückkehr konnte seine Mutter ihn ohne Schwierigkeiten überreden, sich wieder ins St. John of God einweisen zu lassen.

Dabei machte er auf das Personal einen geistig extrem verwirrten Eindruck. Er bezeichnete sich als den dritten Messias und behauptete, Rockstars telepathische Botschaften schicken zu können. Er hatte der katholischen Kirche abgeschworen und den Pfingstglauben angenommen und brachte sich in seinem Kopf irgendwie mit Moses, Jesus und Gott in Verbindung. Ross blieb damals drei Monate im Krankenhaus, wo sein Zustand stabilisiert wurde, er ging zur Gruppentherapie, hatte Einzelsitzungen und besuchte das Arbeitstraining im Mount Wilga Rehabilitation Centre. Er bekam zum ersten Mal Serenace (Haloperidol) verschrieben, ein Neuroleptikum, das bei Psychosen zur Kontrolle der Aggressivität eingesetzt wird. Er scheint auf diese Medikation gut angesprochen zu haben, und seine Krankenberichte vermerken, daß er innerhalb kurzer Zeit wesentlich realistischer und rationaler wurde. Sein Psychiater wurde zitiert: »Verrückt bleiben wird er immer, aber eine deutliche Besserung ist möglich.« Die Besserung von Ross' Zustand ist offenbar eher den Medikamenten als einem Abklingen der Krankheit zuzuschreiben.

Als Ross Ende 1982 entlassen wurde, beschloß er, statt ins Haus seiner Eltern in eine psychiatrisch betreute Wohngruppe zu ziehen. Die Beziehungen innerhalb der Familie waren gespannt, und ihm war bewußt, daß seine Anwesenheit für alle eine echte Zerreißprobe werden würde. Über die nächsten fünfzehn Monate wechselte er viermal seine Adresse, zog von einer der diversen betreuten Wohngruppen in den Vororten Richmond und Petersham in die andere (aus zweien wurde er wegen seines schlechten Benehmens rausgeschmissen), verbrachte die Wochenenden bei seinen Eltern und ging während fünf Monaten in diesem Zeitraum ins Queen Elizabeth II Rehabilitation Centre. Außerdem bewarb sich Ross wieder für eine Stelle im öffentlichen Dienst, wurde diesmal jedoch abgelehnt, möglicherweise aus medizinischen Gründen. Seine schlechten Berufsaussichten, seine katastrophale finanzielle Situation und der Tod eines Freundes aus einer der Wohngruppen (Sneak in seiner Geschichte), der sich ertränkt hatte, stürzten ihn in tiefe Depressionen. Schließlich schlug sein Vater vor, Ross solle »ewiger Student« werden, damit er »guten Gewissens faulenzen« könne.

Im Februar 1984 schrieb Ross sich an der University of New England in Armidale ein. Sein Entlassungsbericht vom Queen Elisabeth II Rehabilitation Centre gibt zu verstehen, daß die Chancen für einen Abschluß des Studiums trotz der Aufnahme an der Universität für ein Studium an der philosophischen Fakultät »fraglich« seien. Ross zog ins Wohnheim des Wright College und schrieb sich im ersten Jahr für Philosophie, Psychologie und Soziologie ein. Seine Universitätswahl war möglicherweise auch von der Entdeckung beeinflußt, daß Elysium Dream jetzt in Glen Innes bei Armidale lebte. Ross hatte in den Jahren seit ihrer Trennung oft an Elysium Dream geschrieben. Sie war damals nach Adelaide gezogen, um die Verbindung abzubrechen, sie wollte die Beziehung weder fortführen noch erneuern. Aber 1984 war ihre gemeinsame Tochter zehn Jahre alt, und Ross hatte prophezeit, daß sich ihre Wege zehn Jahre nach ihrer Geburt wieder kreuzen würden. Irgendwann in diesem Jahr hatte er sich zu zwei Besuchen bei ihnen aufgerafft, wobei er einmal auch seine Mutter mitnahm. Er machte seine Tochter in der Schule ausfindig, arrangierte ein Treffen und ein Wiedersehen mit Elysium Dream. Die Treffen waren nicht sehr erfolgreich. Elysium war erschüttert, ihn so verändert zu sehen; er hatte stark zugenommen und sprach davon, sterben zu wollen und daß er das Sorgerecht für seine Tochter beantragen wolle. Elysium sagte:

> Er erzählte mir von einem Spielchen, das er beim Autofahren spielte, riskante Spurwechsel auf gut Glück, hauptsächlich, weil er sterben wollte. Es war diese totale Rücksichtslosigkeit gegenüber anderen Menschen, die durch seinen Tod in Mitleidenschaft gezogen werden würden, die mich schockierte, und das war ausschlaggebend für meinen Entschluß, Abstand zu halten und ihn meiner Tochter nicht als ihren Vater vorzustellen. Er war gefährlich.

Von seinem Benehmen geängstigt, verweigerte sie ihm jeden weiteren Zugang, und nach dem zweiten Treffen sah Ross seine Tochter nie wieder.

Gleich vom Beginn seines ersten Jahres an der Universität an zog Ross die Aufmerksamkeit auf sich. Beim Dekan des Colleges beschwerten sich Studenten, Ross würde Auseinandersetzungen provozieren, indem er behauptete, der Erfinder des Rock and Roll zu sein. Der Dekan hat ihn als »auffälligen Typ mit eindrucksvoller Statur und dichtem, schwarzem Bart« in Erinnerung, der sich schnell erregte, wenn seine Ansprüche in Frage gestellt wurden. Ross versuchte, Konfrontationen mit den anderen Studenten zu vermeiden, aber während seines ganzen ersten Jahres trat er gegenüber Studenten und Lehrkörper weiterhin streitsüchtig und provozierend auf. Am Ende des Jahres hatte er sich alle Sympathien am College verscherzt und wurde gebeten, sich eine andere Unterkunft zu suchen.

Ross kam am 2. November 1984 akut selbstmordgefähr-
det ins Armidale and New England Hospital, nachdem es
Berichte gegeben hatte, er habe dem Hauspersonal im College unsittliche Anträge gemacht und einer Person seine Unterhose geschenkt. Er hatte sein Erstsemesterexamen in
Soziologie gemacht, war aber nicht in der Lage, die Examen
des zweiten Semesters abzulegen und beantragte, sie zu
einem späteren Zeitpunkt nachzuholen. Ross blieb zwei Tage
im Krankenhaus, verließ es dann auf eigenen Wunsch und
wurde zwei Tage später wieder eingeliefert, nachdem sich sein
Zustand verschlechtert hatte. Diesmal blieb er drei Wochen,
in denen seine Medikation neu eingestellt wurde. Er bekam
Serenace (der Markenname für Haloperidol, ein Neuroleptikum), Largactil, Modecate und Cogentinol, außerdem Tofra-
nil gegen seine Depression. Während seines Krankenhausauf-
enthalts äußerte er häufig den Wunsch, zu sterben, und daß
sein Kopf »voll mit Rock-and-Roll-Typen« sei. Bei seiner Entlassung hatte sich sein Zustand gebessert und stabilisiert, und
er konnte mit Modecate-Injektionen auskommen. Er zog in
die universitätseigenen Wohnungen. Im Januar machte er
seine Psychologie- und Philosophiescheine, fiel jedoch im
Soziologiekurs seines ersten Jahres durch.

Ross fand 1985, in seinem zweiten Jahr an der Universität
und dem letzten seines Lebens, einige gute Freunde. Dabei
sind besonders die Studenten aus Bangladesh, mit denen er
seine Wohnung teilte, und ein Mädchen, das er Star Ship
nannte (Kapitel 57), hervorzuheben. Ross belegte zwei Psy-
chologiekurse sowie Soziologie und den Erstsemester-Psy-
chologiekurs, in dem er durchgefallen war. Star Ship, die
ebenfalls Psychologie studierte, erinnert sich an ihn liebevoll
als:

unglaublich zerzaust, mit aus der Hose hängenden Flanell-
hemden, äußerlich ein ganz schön chaotischer Typ, und in

vieler Hinsicht innerlich auch ganz schön chaotisch ...
spielte ständig auf irgendeinen Song an oder zitierte Jim
Morrison ... jede Menge echt harten Doors-Kram ...
ziemlich buschige Brauen, mit der Brille vorne auf der
Nasenspitze, und immer einen sehr traumverlorenen
Blick, als wäre er in einer Phantasiewelt ... Er mochte die
Welt nicht besonders und sprach oft über die Dunkelheit
und Schwärze und die Hölle, durch die er ging.

Ross hatte ihr zwar gesagt, daß er schizophren war, aber Star
Ship war erst zweiundzwanzig und hatte wenig Erfahrung
mit solchen Menschen. Trotzdem besänftigte sie ihn mit
zahllosen Tassen Tee, wenn er aufgeregt war, und hörte ihm
zu, wenn er redete und redete – über seine Vergangenheit,
seine Liebe zu Elysium Dream, seine Tochter, daß er, anders
als seine Brüder, nie den Erwartungen seines Vaters gerecht
werden konnte. Ross trank viel und versuchte oft, in regel-
rechten Saufgelagen seinen Symptomen zu entkommen;
dann saß er wieder tagelang in seinem Zimmer und hörte
laute Rockmusik. Einmal schluckte er eine große Menge
Antidepressiva und landete völlig orientierungslos und benommen auf der Polizeiwache. Was ihn in dieser Zeit am
meisten frustrierte, war sein Sexualleben. Obwohl sein Trieb
so stark war wie immer, beeinträchtigten die Medikamente
den sexuellen Akt schwer. Star Ship erinnert sich an seine
Depressionen, und daß er sich weigerte, seine Medikamente
regelmäßig zu nehmen. Ross verarztete sich lieber selbst mit
Alkohol und Marihuana.
    Sechs Monate vor seinem Tod reiste Ross in den Semester-
ferien nach Sydney und ging wieder ins St. John of God, wo
er über Depressionen, Schlaflosigkeit, Übergewicht, Selbstmordgedanken und hemmungslosen Alkohol- und Zigaret-
tenkonsum klagte. Er trank sechs Halbe Bier und rauchte
sechzig Zigaretten am Tag, und er wog hundert Kilo, nach-

dem er seit seinem Krankenhausaufenthalt 1982 fast fünfundvierzig Pfund zugenommen hatte. Er führte lange Gespräche mit Dr. Abraxas, in denen er seine Kindheit als »eine Kreuzung aus Alptraum und wunderschön« beschrieb. Er erinnerte sich, es genossen zu haben, alleine sein und träumen zu können, und erwähnte andererseits wieder, wie verstört er gewesen war, als er in der Schule die zweite Klasse hatte wiederholen müssen. Er gab an, halluzinogene Pilze gegessen zu haben, um »sein Bewußtsein zu erweitern«. Das war in den 60ern und 70ern gängige Praxis gewesen, auf die Ross wahrscheinlich durch Lektüre von Büchern wie Huxleys »Die Pforten der Wahrnehmung« gekommen war. Seine große Sehnsucht, sagte er, sei, geliebt zu werden. In seinen Unterlagen steht, er schiene ein gutes Verhältnis zu seinen drei Brüdern und seiner Mutter gehabt zu haben, obwohl die Beziehung zu seinem Vater wegen »unterschiedlicher Wertvorstellungen« immer etwas gespannt gewesen war.

Ross wollte sich medikamentös einstellen lassen und verlangte eine Atempause, um sich auszuruhen und nachzudenken und sein Selbstwertgefühl aufzubauen. Er sagte Abraxas, daß er in einem Jahr Selbstmord begehen wolle, wenn er sein Buch beendet habe, und daß er die Psychose der Normalität vorziehe, die er »langweilig« fände. Damals wurde er mit den Medikamenten Tryptanol, einem Antidepressivum, und Modecate, einem Neuroleptikum, behandelt. Ross ging nach zwei Wochen, physisch erholt, aber ohne daß sich sein Geisteszustand wesentlich gebessert hätte, und kehrte ins College zurück. Aus den Krankenhausunterlagen wird deutlich, daß er sich im St. John of God wohlfühlte und es als Zuflucht vor den Zwängen der Welt betrachtete.

Ross' Beziehung zu Star Ship kühlte sich während der letzten sechs Monate seines Lebens ab, auch wenn sie Freunde blieben. Er hatte immer Schwierigkeiten gehabt, Frauen kennenzulernen und feste Beziehungen aufzubauen, eine weitere Ursache für seine Depressionen. Er hatte sich mit seinen Wohnungsgenossen aus Bangladesh angefreundet, aber sie sollten Australien Ende des Jahres verlassen. Er informierte enge Freunde, daß er plane, sein Buch zu Ende zu bringen und sich dann das Leben zu nehmen, aber wahrscheinlich nahmen sie ihn nicht ernst. Wie sich zeigen sollte, tat er genau das.

Einige Tage vor seinem Tod reiste Ross übers Wochenende nach Sydney, um seine Familie zu besuchen. Er ließ durch nichts erkennen, was er im Sinn hatte, aber am Tag, als er nach Armidale abreiste, stand er früh auf, machte sein Bett und zog seinen besten Anzug und eine Krawatte an. Das war so uncharakteristisch für Ross, daß seine Familie damals Witze darüber machte. Einige Tage später, als sie die Nachricht von seinem Tod erhielten, wurde ihnen klar, daß er so seiner Mutter in Erinnerung hatte bleiben wollen.

Ross kehrte nach Armidale zurück und suchte in seinen letzten Tagen das Gespräch mit seinen Freunden, ohne dabei seine Absichten zu enthüllen. Am Abend des 26. November 1985 aß er mit einem Mitbewohner zu abend, sah fern und ging dann auf sein Zimmer, um an seinem Buch zu arbeiten. Man hörte ihn bis tief in die Nacht tippen. Irgendwann zwischen halb zwölf an diesem Abend und halb zehn am folgenden Abend schrieb Ross mehrere Abschiedsbriefe und schluckte eine starke Überdosis Medikamente, »beträchtlich mehr als die als tödlich erachtete Dosis«, wie es im anschließenden Bericht des Leichenbeschauers heißt. Er legte eine seiner Lieblingsplatten auf, *Blues for Allah* von den Grateful Dead, und legte sich dann hin, um zu sterben. Sein fertiges Manuskript lag neben ihm, und auf der Rückseite eines Umschlags, der seine Abschiedsbriefe enthielt, hatte Ross seine letzten Worte geschrieben: »P. S. Tut mir leid, Gott.«

Es scheint klar zu sein, daß Ross, nachdem sein Buch einmal fertiggestellt war, keinen Grund mehr sah, weiterzuleben. Sein endgültiger Selbstmord war so sorgfältig geplant, daß er nicht fehlschlagen konnte. Mit einem den unaufhörlichen Qualen der Schizophrenie hilflos ausgelieferten Bewußtsein war sein Leben, wie er oft betonte, »eine Hölle auf Erden«. Seine Familie und seine Freunde bewahren Ross in liebevollem und zärtlichem Andenken. Denen, die ihn kannten, wird er wegen der Kraft, Farbigkeit und Tiefe seiner Persönlichkeit unvergessen bleiben. Man kann ihn kaum besser beschreiben als seine Freundin Star Ship, die uns sagte:

Er kann gar nicht tot sein ... obwohl er körperlich nicht mehr bei uns ist, ist er es nicht, weil so viel von ihm in seinem Buch weiterlebt. Er hatte eine sehr starke physische Präsenz, aber was Ross wirklich ausmachte, war seine Sicht der Dinge ... Nachdem er einmal sein Buch geschrieben hatte, war es damit getan, er hatte alles gesagt, er hatte alles erklärt, und er wußte, daß seine Zeit gekommen war. Er war nur hier, um das zu tun, was er tun wollte ... versuchen, zu verstehen, warum ausgerechnet er das alles durchmachen mußte.

Der Wahrheitseffekt

Ross David Burke

WARNUNG

Dieses Buch sollte man nicht
beim Musikhören lesen.

WARNUNG

Dieses Buch schrieb ein drogenkranker,
psychopathischer, manisch-depressiver,
paranoid-schizophrener Alkoholiker
mit Schlafstörungen, Klaustrophobie und
einer großen Schwäche für Sex,
der nicht nur an der Wahrheit
seine Zweifel hat.

Die schizophrene Seele ist nicht nur unerlöst, sondern auch sehr schwer erkrankt. Die Krankheit des Schizophrenen besteht in dem Unvermögen, sich vor der inneren und äußeren Wirklichkeit (so wie das der geistig Gesunde im allgemeinen tut) in die selbst erschaffene Welt der Vernunft zu flüchten – in die menschlich abgegrenzte Welt mit ihren nützlichen Begriffen, gemeinsamen Symbolen und allgemein anerkannten Konventionen. Der Schizophrene gleicht einem Menschen, der dauernd unter dem Einfluß von Meskalin steht und daher nicht imstande ist, das Erleben einer Wirklichkeit auszuschalten, mit der zu leben er nicht heilig genug ist, die er nicht wegerklären kann, denn sie ist die unumstößlichste aller Tatsachen, und die ihm, weil sie es ihm nie erlaubt, die Welt allein mit menschlichen Augen anzusehen, einen solchen Schrecken einjagt, daß er ihre nie endende Fremdartigkeit, die brennende Intensität als Manifestation menschlicher oder sogar kosmischer Böswilligkeit auslegt, welche die verzweifeltsten Gegenmaßnahmen fordert, angefangen von mörderischer Gewalttätigkeit bis zur Katatonie oder zum psychischen Selbstmord. Und befände man sich erst einmal auf dieser abwärtsführenden, auf dieser Höllenstraße, dann wäre man nicht mehr imstande, haltzumachen.

Aldous Huxley, *Die Pforten der Wahrnehmung*

1

**Ein Mann, der sich selbst untreu wird,
ist ein gefährlicher Mann.** *Sphere*

Es war einmal unser Held, im folgenden Sphere genannt, der
die ungestellte Frage beantwortete. Warum antworte ich
überhaupt, wenn die Antwort doch klar auf der Hand liegt?
Ich antworte, weil ich ein wenig bekanntes Geheimnis bin,
das bald zum weithin bekannten Geheimnis werden wird.
Ich antworte, weil ich bin. Und damit beginnt meine Geschichte.

»Aber was *ist*?« fragte Baron Wasteland.

»Ich bin Gegenstand der Ewigkeit«, gab ich zur Antwort.
»Ich komme vom Testgelände.«

»Bla, bla, bla! Was ist die ungestellte Frage?«

»Die ungestellte Frage wurde eben gestellt, also werde ich
schweigen.«

»So'n geistiger Dünnschiß«, sagte Wasteland.

Uncle Cane Toad beugte sich im Stuhl vor und piekte mir
in die Rippen.

»Philosophen spinnen«, sagte er.

Rainbow Moonfire flüsterte Wasteland etwas zu.

Elysium lächelte nur.

Magic Star Flower runzelte die Stirn, aber ich lachte. Ja, ich
lachte. Ich hatte mich nicht in der Gewalt, verlor mich in meiner konfusen Welt. Ich merkte, daß ich nicht mehr logisch
denken konnte. Ich quatschte schon wieder Scheiße. Meine
Gedanken hüpften. [1]

Ich möchte mich erneut vorstellen. Ich bin Sphere, und dies ist das Buch vom Leid, ein Buch der Zeit. Es ist ein Buch der Macht, und hier liegt seine Stärke. Es handelt von Irr-Realität und Realität und Träumen und Natur und Wahrheit.

I am not normal.
I am not a woman.
I am a man.
Yes I am.

Ich lebe in einer Nervenklinik[2], also werde ich euch Lügen erzählen, wenn ihr die Wahrheit wollt. Die Gesellschaft plant meinen Tod, und schon haben meine Gedanken begonnen, über diesen Ort zu halluzinieren. Ich werde euch zu meinen eigenen pekuniären Zwecken mißbrauchen. Ja, ich werde euch verwirren, so daß ihr die Wahrheit meines zerbrechlichen Traums nicht erkennt. Mein Traum wird euch in eine feingesponnene, empfindliche Welt entführen. In meiner Psychose werde ich euch auf einen kleinen Trip ins Chaos schicken. Eine Reise in den Irrsinn. Ich suche nach Schönheit. Schönheit ist der Kern aller Dinge.

Ich löste mich von den Worten, die meine Gedanken gebildet hatten, und reise weiter, während ich den magischen Pilz tanzen ließ. Wir waren unterwegs zum Hotel am Platze, um das pekuniäre System unserem septischen System einzuverleiben. Mit anderen Worten, wir waren high bis zum Umfallen von halluzinogenen Pilzen und unterwegs zum Pub, um uns zu betrinken und unsere Sexprobleme zu vergessen. Es ist in Oz[3] altehrwürdige Tradition, sich nach einem langen, heißen Tag mit eiskaltem Aussie-Bier zu betrinken. Der reine, klare Geschmack von Hopfen und Malz ist, Gott erhalt's, ein würdiger Abschied von der Langeweile eines feuchtheißen Tags.

»Ran ans Bier, Männer!«

Der VW-Bus wurde geparkt. Meine Kumpane waren Rainbow Moonfire, Magic Star Flower, Uncle Cane Toad, Baron Wasteland, und meine Frau, Elysium Dream. Ich bin Sphere.

Baron kämmte sich sorgfältig die Haare, überprüfte seinen Kippenvorrat, öffnete, als er mit dem ganzen Ritual durch war, die Seitentür, und wir kletterten raus. Die Gruppe schlenderte zum Biergarten hinter dem Pub. Ein Schrei erhob sich. »Hey! Wenn das nicht unsere Drogenwracks sind!«

»Hi, Leute«, antwortete Moonfire.

Ich plumpste in einen leeren Stuhl und bestellte ein großes Glas Orangensaft. Die anderen bestellten das gleiche.

»Alles klar, Leute?« Wir schauten hoch und sahen Bandit.

Elysium lächelte und antwortete: »Ich bin topfit, sobald sich mein Biorhythmus wieder einkriegt. Heute morgen hab ich mein Tarot gelegt, und wenn's nach den Karten geht, bin ich in einer Woche tot.«

»Ist nur ihr übliches psychotisches Gequassel«, sagte Wasteland.

Der Trip kam über mich, und ich brauchte ein Bier, um runterzukommen. Ich bestellte eins zur zweiten Runde. Das Wunder des Kosmos tat sich vor mir auf. Das Hotel, meine zweite Heimat, wurde zur Augenweide. Ich lächelte und hatte nur noch Augen und Ohren für ein Kaleidoskop der Ekstase. Ich weiß alles, sehe alles, bin alles. Ich kratzte mich am Sack.

Mein Bewußtsein riß sich von der Offenbarung kosmischer Schönheit los, und ich hörte dem Gespräch zu. Es war davon die Rede, eine neue Rockband zu gründen, die The Sadists heißen sollte. Ich bekam die ehrenvolle Aufgabe, als Oberfreak auf der Bühne rumzulungern. Ich malte mir meine Begrüßungsworte aus: »Damen und Deppen – hier ist der nichtsnutzige, arbeitsscheue, ausgebrannte, hirnverbrannte

Sphere.« Zuviel Klischeemüll, Alter. Die Band hat kein Talent, aber für ein paar vulgäre Songs im Biergarten und bei anderen Besäufnissen reicht es. Baron sang gerne: *»Good old fungus fanny, loved by few but fucked by many.«*

Wir kippten noch fünf Kannen, und es ging mit den schmutzigen Witzen los. Baron Wasteland fing an:

»Am ersten April kommt ein junger Vater ins Krankenhaus, um seinen neugeborenen Sohn zu sehen. Der Vater steht hinter der gläsernen Trennscheibe, während die Schwester auf sein Baby zeigt. Die Schwester hebt lächelnd das Baby aus dem Bettchen. Dann geht sie zum Wickeltisch und knallt den Kopf des Babys auf die Holzplatte. Dem Vater stehen die Haare zu Berge, er preßt die Hände gegen die Scheibe. Die Schwester lächelt ihm zu, hält das Baby an Penis und Skrotum und schwingt es herum. Der Vater hämmert mittlerweile wie rasend gegen die Trennscheibe. Die Schwester läßt das Baby los, das mit einem scheußlichen Klatschen gegen die Wand prallt. Alles voll Blut und Gedärm. Der Vater nimmt Anlauf und rennt auf die Scheibe zu. Als er in einem Regen von Glassplittern durch die Trennwand geflogen kommt, reißt die Schwester dem Baby gerade die Arme aus. Mit Schaum vorm Mund stürzt der Vater sich auf die Schwester. Da sagt die: ›April, April, er war schon tot!‹«

»Das ist krank«, sagte Elysium Dream und schüttelte sich.

Jemand schlug vor, zum Kings Cross zu fahren und sich Pornos anzusehen. »Ich find's toll, wenn Mädchen ihre Sachen ausziehen und ihre pelzigen Löcher kreisen lassen.«

»Krieg dich wieder ein, Bandit!« explodierte Rainbow.

»Ihr Mädchen seid also nicht für's Cross?« sagte Cane Toad.

»Dann fahren wir doch alle zum Spukhaus in Castle Hill, wie wär's?« Auf das Spukhaus konnten sich alle einigen, und nach vier weiteren Kannen sammelten wir den abgefuckten Haufen und brachen zu den Wagen auf. Ich stritt mich mit anderen Besoffenen um den richtigen Weg, bis alles geregelt war. Wir gaben Gas und schossen davon in die Dunkelheit.

Wasteland schürte die Spannung. »Erzähl ihnen die Geschichte vom Spukhaus, Cane Toad.«

»Also – das Spukhaus«, sagte Cane Toad. »In der Zeitung stand mal ein Artikel über große australische Spukhäuser. Als Sträflinge vor Jahren dieses Haus bauten, wurde einer der Sträflinge zu Tode gepeitscht, aber ehe er starb, verfluchte er die Aufseher und das Haus. Und jetzt geht die Mär, daß man seinen Geist manchmal mit einer blutigen Peitsche in der Hand unter Ächzen und Stöhnen auf dem Gelände des Hauses herumwandern sehen kann, auf der Suche nach seinen Peinigern. Zwei Besitzer des Hauses haben sich umgebracht, und die Frau des einen soll, wie man sich erzählt, unter den Fundamenten begraben liegen. Es ist ein irres Höllenhaus, und das ist seine tragische Geschichte.«

Niemand zweifelte an seinen Worten. Ich konnte ihr Grinsen in der Dunkelheit beinahe spüren.

»Heute nacht werdet ihr alle Nerven aus Stahl brauchen, besonders, wenn ihr in der Gruft des Grauens allein bleibt«, fügte Wasteland hinzu. Härchen sträubten sich auf nackter Haut. Wir waren begeistert, besonders Magic Star Flower, die es richtig gepackt hatte.

Wir blieben schliddernd stehen, und das Haus erhob sich dunkel und geheimnisvoll neben der einsamen Straße und spottete bösartig dem Tod. Wasteland öffnete die Seitentür, und wir kletterten hinaus. Zwei andere Wagen trafen ein, und die Scheinwerfer erloschen.

»Tja, da wären wir«, sagte Wasteland.

»Spukhaus, von wegen«, sagte Rainbow abfällig.

»Quatsch«, antwortete Wasteland. »Du hast anscheinend nicht zugehört, was für einen bösen Ruf es hat. Erzähl's ihr nochmal, Cane Toad.«

»Und wie es hier spukt, bis runter auf die kaputten Grund-mauern. Da spukt es weiß Gott.«

»Wollen wir die ganze Nacht lang hier draußen warten oder gehen wir rein?« fragte Rainbow.

Wir kletterten über den Stacheldrahtzaun und traten in die Dunkelheit. Wir zündeten Streichhölzer an, und in der Ein-gangshalle wurden alte, morsche Möbel und ein baufälliger offener Kamin sichtbar. Meine Sinne begannen im halluzino-genen Trip zu wirbeln und Schauergeschichten zu flüstern. Ich packte Elysiums zitternden Arm. Magics Zähne klapper-ten in der nächtlichen Stille.

Die Räume im Untergeschoß des Hauses wurden er-forscht, bis es das äußerste Grauen zu überwinden galt: die Reise zu den Räumen im Obergeschoß. Wir näherten uns der geschwungenen Treppe und traten die Reise nach oben an. Jede Stufe wurde vorsichtig erprobt, während das zit-ternde Grüppchen zum oberen Absatz aufstieg. Elysium preßte meine schwitzende Hand und flüsterte heiser: »Das Haus atmet.« Das Haus begann vor Leben zu pulsieren, als sie noch einmal flüsterte: »Bring mich hier raus, Sphere.«

»Nicht die Nerven verlieren«, bibberte ich zurück. Ich dachte: *Herr Jesus, dieses gräßliche Haus ist ein Hort des Bösen.* Wir hielten unser gleichmäßiges Tempo, bis wir den Kopf der Treppe erreicht hatten. Wir Plünderer von Raum und Zeit drängten uns in einer Gruppe geweiteter Pupillen zusammen.

»Hier hat der Hausbesitzer sich aufgehängt«, flüsterte Cane Toad.

»Was für ein Witz von Spukhaus!« platzte Rainbow heraus.

Plötzlich kreischte Elysium auf. Sie kreischte wieder, als ein Schatten durch den Raum fegte. Säufer und Tripfreaks wurden von Verwirrung und Panik gepackt. Das Haar stand zu Berge. Der erste Schrecken legte sich. Die Freaks standen stockstill.

»Hast du das gesehen?« kreischte Elysium. »Es war ein Geist!«

»Geister, Geister«, stimmte Cane Toad zu.

»Ich hab's gesehen, und es war eine Ratte«, klärte Wasteland auf.

»Es war ein Scheiß-Geist!« sagte ich.

»Nichts wie raus hier«, bettelte Rainbow Moonfire.

»Ja, raus hier, dieser Ort lebt!«

Die Truppen traten den ungeordneten Rückzug über die knarrenden Stufen an, rannten durch die Eingangshalle und sprinteten aus dem Haus.

Draußen in Sicherheit, schüttelte sich Cane Toad. »Was für ein irres, wahnwitziges Horrorhaus.« Wir krabbelten in den VW-Bus und schossen mit quietschenden Reifen in die Nacht davon. Im Bus herrschte Schweigen.

»Diese Ratte hat mich zu Tode erschreckt«, sagte Elysium mit reuigem Lächeln.

»Du hast uns alle zu Tode erschreckt, du Wahnsinnsweib.«

»Mir hängen noch immer die Augen aus dem Kopf«, sagte Magic Star.

»Jeder Trottel weiß, daß es keine Geister gibt, nur Spinner«, sagte Wasteland hämisch. »Wie wär's jetzt mit dem Cross?«

»Nein«, kam es von den Mädchen zurück.

»Was haltet ihr dann vom Lunapark?« schlug Wasteland vor.

»Na schön, Alter«, antwortete Rainbow. »Bringen wir diesen Trip in Fahrt.«

Wasteland hupte, ließ das Steuer los und rülpste dann. »Auf geht's Leute, auf in den Acid-Sumpf ...«

2

Ich kenne nicht mal mich selbst. Ich wechsele ständig das Bewußtsein. *Uncle Cane Toad*

Es war Anfang der 70er, und ich trieb mich in Pubs rum, lebte mit Elysium und hielt mich mit meinem Ersparten über Wasser, als ich mein Interesse den Steinen von Wisemans Ferry zuwandte. Ich rief Cane Toad, den alten Fuchs, an (er ist senil, aber skrupellos) und faßte einen Plan: Elysium, Cane Toad und ich würden nach Wisemans Ferry fahren.

»Aber was ist mit Wasteland, Magic Star Flower und Rainbow Moonfire?«

»Vergiß sie«, sagte ich.

Wir fuhren runter zur Ferry, und alles war wie immer, während die Captain-Beefheart-Kassette lief. Wir freuten uns auf das, was kommen sollte. Vorbei am Polizeirevier zu unserer Rechten, vorbei an der Schule zu unserer Linken und auf zu unseren geheimen Feldern, wo Himmel und Hölle warteten.

In Wisemans Ferry stromerten wir über die Koppel und begannen aufs Geratewohl Pilze zu sammeln. Schon bald strömten die Pilze durch unsere Adern, und auf der Rückfahrt war der Trip wieder über uns gekommen.

»Könnten wir beim Friseur in Castle Hill halten?« fragte ich. »Ich muß mir die Haare schneiden lassen. Es ist drei Jahre her, seit ich mich das letztemal mit einem Friseur gezankt hab, und ich will mir die Spitzen schneiden lassen. Heute abend bin ich der coolste Freak der Stadt.«

Ich spürte keine unangenehmen Nebenwirkungen und nahm im Friseurstuhl Platz, und während ich wartete und mich selbst betrachtete, begannen die Kugeln wieder zu rollen[4]. *Deine Träume treiben dich in den Wahnsinn, dachte ich. Ohne deine Gedanken wärst du zwar bei Verstand, aber du hättest kein Bewußtsein, keine Seele. Vielleicht war ein Wahnsinniger das fehlende Glied in der Menschheitsentwicklung. Vielleicht sind die Traumparabeln mathematisch vorgegeben, um das nächste große Symbol zu schützen. Eine geometrische Progression.*

»Was, wer sagt das!?« Die Stimme titschte aus meinen blutunterlaufenen Augen und wurde vom Spiegel reflektiert.

»Haben Sie was gesagt, Sir?« fragte der Friseur.

»Keinen Spießerpottschnitt, danke, nicht mit mir, Freund. Nur schön dezent die Spitzen kappen.« *Vielleicht sind Träume letzten Endes eine Zeitverschwendung, die das Vergnügen oder Unbehagen nicht wert ist, das man dafür aufbringt. Die Stimmen des Wahnsinns. Das Wiedererkennen meiner selbst in dem Wirbel von Wolken, Wasser, Sonne und Blitz, der ich keine Ruhe gefunden habe und danach schreie gehört, geliebt, gemacht, beschrieben zu werden.* Ich stürzte an den Worten vorbei tiefer hinab.

Der Friseur schnitt mein Haar, und ich fing ein Gespräch mit ihm an.

»Ich sage Ihnen, was zu tun, zu denken, zu fühlen, zu ändern, zu folgern und zu erwecken ist. Glück ist besser als Vergnügen, Frieden besser als Krieg, Kraft besser als Schwäche und Sinn besser als Wahnsinn. Jetzt werde ich Ihnen die Wahrheit sagen über mich, der ich die Welt einfange und um ihre Achse wirbeln lasse, bis ich zu wirr bin, die Wahrheit zu erkennen. Ich bin der Bullshitersatz. Ich erinnere mich ans Vergangene, ich bringe Zweideutigkeit, ich bin für die Jungen, Unerfahrenen, ich schmähe die Wahrheit, und es besteht kein Grund, in Ihrem Kopf mit meinen Fehlern herumzuexperimentieren. Ich bin das verlogene Arschloch.« Ich stand abrupt auf. Der Friseur sprang zur Seite und blieb stocksteif stehen, mit aufgesperrtem Mund. Ich schrie: »Das hier ist eine gottverdammte Todesfalle.«

Blitzende Kugeln tauchten auf und verschwanden. Der Adrenalinspiegel stieg. Der Friseur und die Kunden gerieten in Panik. Meine Sinne waren der sirrende, flirrende Scheitel- punkt einer schwarz und rot wirbelnden Panikattacke. Von meinem Rätsel geblendet, sackte mein Körper in den Friseur- stuhl. Ich schämte mich der Unvollkommenheiten in mir, als der Spiegel psychedelisch wurde. Mein Spiegelbild zersprang in quadratische Felder, und mein Bewußtsein zerstob, wäh- rend ich auswärts in die Felder meines Bewußtseins flog. Total verstört sank ich im Stuhl zusammen.[5]

Das angstvolle Rütteln des Friseurs brachte mich wieder zu mir. »Ist es vorbei?« murmelte ich.

»Nein, sie haben irres Zeug geredet, und dann sind Sie weggetreten. Bitte stellen Sie sich ans Fenster.«

»Kein Problem, Kumpel.« Cane Toad und Elysium halfen mir zum Fenster. Das Fenster hatte ein ekstatisch-quadrati- sches Muster.

»Drogensüchtiger!« rief einer der Kunden.

Ich war zu ausgeflippt und erschöpft, um mehr zu tun, als auf den Beinen zu bleiben und auf den kühlen, friedlichen Park mit seinen schattigen Bäumen hinauszublicken. Er war eine Zuflucht vor dem Wahnsinn. Schweißgebadet hielt ich mich an mir selbst fest, bis der Schub vorüber war, und mit vorquellenden Augen und heraushängender Zunge wurde ich zum Stuhl zurückgeführt, wo der Friseur mein Haar zu Ende schnitt. Wie in Trance bezahlte ich an der Kasse. Ich war so schnell runtergekommen, wie ich draufgekommen war.

Als wir glücklich draußen waren, kicherten Cane Toad, Elysium und ich. »Freund, deinetwegen hätten sie uns fast kassiert«, platzte Cane Toad heraus. »Bei deiner Zirkusnum- mer da drin ist mir fast das Herz stehengeblieben. Ich hab schon auf einen markerschütternden Schrei gewartet, und dein Körper schießt durch die Luft und packt den Friseur an der Kehle.«

»Ich hatte Angst um dich«, sagte Elysium.

»Hey, Mädchen«, kicherte ich amüsiert, »du verstehst nicht, was Sache ist. Wenn ich stoned und durcheinander bin und ins Faseln komme, wird mir schwarz vor Augen vor lauter Erkenntnis.«

»Ist ja heavy. Ich versteh's nicht, aber es klingt heavy«, dachte Cane Toad laut.

»Ich bin sehr empfänglich für die kosmischen Sonnenscheinvibes. Der Friseur ist 'ne komische Figur. Ich konnte sein Karma spüren, und es war grundschlecht. Ein schwerer Fall von Sadismus, wenn ich die Vibes richtig deute. Mir paßte die Art nicht, wie er mir die Haare schnitt. Es war mir übrigens ernst mit dem, was ich sagte, als ich im Stuhl saß. Ich find das nicht mehr komisch. Pilze bringen mich um. Leute machen mir eine Scheißangst. Leute sehen mich mit telepathischen Augäpfeln an. Hast du dir seine Augäpfel gut angesehen? Er war ein Kobold, da bin ich sicher. Er hatte 'ne Schraube locker. Er lebt in einem Traum und versucht seine Erinnerung auszulöschen. Er tickt so falsch wie 'ne Zweidollaruhr. Ja, ich finde, er war ein schwerer Fall.«

»Eher ein Dummschwätzer, der zuviel redet«, sagte Cane Toad.

Elysium lächelte und sagte: »Du kannst Augen auch nicht leiden, Sphere.«

»Ja«, antwortete ich. »Sie erinnern mich an die Kugeln.«

»Kugeln?« fragte Cane Toad.

Elysium und ich blieben stumm, und dann antwortete ich: »Von ihnen komme ich.«

3

Ich bin ein Mann. Was bist du?   *Baron Wasteland*

Auf dem knarrenden Kai hatte ich nichts Böses ahnend ein paar Joints mit erstklassigen Aussieheads geraucht, und ich war in Hochform, meine Stimmung war so leicht wie das Herbstlaub, das im nahegelegenen Park sanft zu Boden schwebte. Fische flitzten durch das aufgewirbelte Wasser unter mir. Das Meer war dunkelgrün. Frische, salzige Seebrisen umwehten mich, und die Hafenwellen klatschten an die gefühllosen Felsen, rollten dann zu Christus, meinem Fels, zurück. Die Möwen kreischten, während die Menschen den bewegten Horizont anstarrten. Die Fähren kamen und gingen. Wie tief reichen meine Gedanken, wenn ich stoned an deinen Ufern sitze und deinem unaufhörlichen, rastlosen Rhythmus zusehe. Oh Gott, es ist schön, hier zu sein. Man freut sich des Lebens.

Ich hatte meinen alten gelben Sweater, grüne Turnschuhe und Jeans an, die Angelschnur zwischen meinen zarten Fingern, die Sonne lächelte in morgendlicher Pracht auf mich herab. Die rohen Garnelen und Sardinen neben mir erfüllten die Luft mit ihrem ganz speziellen, stechenden Geruch. Auf den Kai gekauert, ließ ich die Schnur in das salzige Wasser baumeln. Unser blutrünstiger Angler hatte bereits drei Sardinen das Lebenslicht ausgeblasen und angelte immer noch weiter. Heute abend würden wir stilvoll dinieren.

Ich seufzte vor mich hin und wartete, daß der Ölfilm davontänzelte. »Wo sind denn meine Fischlein? Hier, Fischlein«, rief ich leise, während freßgierige Fische um den lockenden Köder tanzten, um dann vielleicht mit einem winzigen Häppchen roher Garnele für ihre Mühen in tieferes Wasser zu verschwinden. Ahnungslos tanzten die Fische mit dem Sensenmann.

Unruhig reckte ich meine knirschenden Knochen. Na gut, alles Schöne hat ein Ende. So ist das im Leben. Ich warf die rohen Garnelen und Sardinen ins Hafenbecken und schlenderte nach Haus, wobei ich über die unverantwortliche Brutalität des Jagdsports nachsann. Ich lebte jetzt in Hafennähe, und während ich so die Straße entlangsumpfte, die zu meiner Wohnung führte, holten mich flüchtige Gedanken aus der Vergangenheit ein.

Cane Toad, Wasteland, Elysium, Rainbow Moonfire und Magic Star Flower waren da, als ich zu Hause eintraf, und sie wollten wegen ein paar Pilzen nach Wisemans Ferry. Ich war einverstanden. Also kriegten wir's auf die Reihe, hüpften in unseren VW-Bus und fuhren los in Krishnas buntes Malbuch-Paradies. Wir kamen spät nachts an der Ferry an, und ehe wir uns aufs Ohr hauten, genehmigten wir uns ein paar Bongs mit erbärmlichem Weed und richteten uns auf einen unbequemen Nachtschlaf ein.

Bald dämmerte der Tag. *Wo zum Teufel bin ich?* Mit der Zunge über die trockenen Lippen fahren, den trockenen Hals befeuchten und mit den verquollenen Augen blinzeln. Wisemans Ferry. Zähne glänzten im Morgenlicht. Ich fühlte mich gräßlich. *Na schön, wer hat mir Federn in die Nase gestopft?*

»Okay, Elysium, ich steh auf und begrüße den freundlichen Tag. Schöner Tag für 'ne Dröhnung.« Mit knirschenden Knochen pißte ich aus dem Fenster.

Wir sammelten die Pilze. Ein hübsches Portiönchen. Wir brachten sie in einem schwarz angelaufenen Kochgeschirr mit Wasser zum Kochen und ließen sie weitere fünf Minuten ziehen, dann hatten wir einen ausgezeichneten Pilztee.

Ein paar freakig aussehende Typen kreuzten auf, und wir luden sie ein, unsere Ernte zu teilen. Wir tauschten Grüße von wegen Peace, Mann; ihr cool; wir cool; woher hast du die Turnschuhe? Sie waren mit uns einig, daß der Tee erstklassig sei.

Als guter Gastgeber zündete ich ein paar Bomben mit gutem, starkem Weed an und ließ sie unter der versammelten Schar rundgehen. Es war gut, bekifft zu sein, ehe der Trip losging. Ein Gefühl der Entfremdung von allen irdischen Göttern umgab uns.

Die Träume kamen und gingen. Der Trip findet nur in der Phantasie statt, und dieser lief langsam an, aber es sah aus, als sei er noch steigerungsfähig. Cane Toad war weiß wie ein Gespenst und wiegte sich auf einem knorrigen Gummibaumklotz vor und zurück. Ich war sicher, daß er ins Feuer kippen würde. Paß auf, Kumpel! Mehrmals war er kurz davor zu fallen, richtete sich aber in letzter Sekunde wieder auf. Als mir gerade schummerig wurde, veränderte sich die Welt um mich. Cane Toads Hund, Psychedelic Dog, hatte die Reste der gekochten Pilze gefressen und rannte nach seinem Schwanz schnappend herum. Kurze Zeit später eierte er weg und klappte am Flußufer zusammen. Die Stille des Trips senkte sich herab. Der Stoff, aus dem Kristallträume sind. Das ist schwerste Psychose. Das geht wieder los, Alter. Es ist wieder soweit.

Die faszinierende Wärme des Feuers hielt meinen wirbelnden Geist gefangen.

Köstliche Stimmungswechsel tanzten in den Farben der Flammen.

Ich stand auf und ging weg.

Das unablässige Feuer hatte eine Illusion in mein Gehirn gebrannt: *Das ist also der Trip. Ist es real oder nur Täuschung? Bin ich in etwas gefangen, das ich nicht kontrollieren kann?* Die Zeitbombe des Trips tickte. Ich sah auf meine Uhr, von meiner Phantasie gefesselt. Versunken in die Zeit, atmete ich tief durch und hielt einen Augenblick lang die Welt an, eingefrorene Zeit. Die Musiker hatten recht, als sie sangen, es sei *all too beautiful* an diesem friedlichen Ort. Wisemans Rock. Das Ende des Regenbogens. Gottes Spielwiese im Licht der goldenen Sonne, die unser unschuldiges innerstes Wesen wärmt.

Ich drehte mich plötzlich um und mußte sehen, wie einer der Freaks Psychedelic Dog hochhielt, der gequält aufjaulte und mit Schwung in den Fluß geschmissen wurde. Der Hund schien instinktiv zu wissen, was er zu tun hatte. Er schwamm zum Ufer, krabbelte an Land, schüttelte sich trocken und fiel dann in der heißen, grellen Sonne ins Koma. Der Hund hatte es echt hinter sich, Mann. Er war total weggetreten. Wobei mir einfiel, daß ich total weggetreten war, und die Vibes, die von diesen Freaks ausgingen, brachten meinen Stoffwechsel durcheinander. Das waren echt unangenehme Schwachköpfe. Trugen schwer am Brett vorm Kopf. Laßt mich bloß mit denen in Ruhe. Ihr fetten Pimmelfressern, laßt eure Aggressionen und Konflikte nicht an mir aus, Freunde. Ich muß mich vorsehen, mit wem ich auf Trip gehe.

Aus dem Traum hochschreckend, sah ich mir das alte Farmhaus im Hintergrund, das Bambuswäldchen zu meiner Rechten und Bäume und den Hawkesbury River vor mir an. *Das ist der richtige Ausblick auf diese umwerfende Landschaft*, flüsterte ich bei mir. *So muß der Himmel sein*. Ich sah und bestaunte die komplizierten Entwürfe der Natur. Diese Miniaturwelt zu meinen Füßen war faszinierend, während ich wegtrippte.

Mein glasklares Bewußtsein war zerbrechlich. Nach Äonen der Evolution war mein Bewußtsein in der Natur gefangen. Es war bereit, vor der kleinsten Belastung panisch Flucht zu ergreifen. Ich zog meinen Geist zurück. Es war wundervoll, zu diesem Fleckchen Erde zu gehören. Mein Geist flitschte zurück in die Halbrealität.

»Hey, Cane Toad, hier drüben ist ein Wunder, eine echte Offenbarung kosmischen Entzückens.« Er kam mit einem vertraut seltsamen, trippend leeren Blick in den Augen rübergedackelt. Er hockte sich neben mich. »Das ist das Highlight des Trips. Es ist das Wunder der Natur. Sieh genau in das Gras zu meinen Füßen, und sag mir, was du siehst.« Ich konnte hören, wie sich sein Herz für die Schönheit der Natur erwärmte, als er einen tiefen Blick in die Natur tat. Hypnotisiert starrte er für ein oder zwei Sekunden auf Mutter Erde, dann stand er mit einem Funkeln der Erleuchtung in den Augen auf.

»Also, was in Dreiteufelsnamen hast du gesehen?«

»Dreck.« Er lächelte. »Dreck, aus dem Unkraut wächst. Alles Dreck.« Er begann zu tanzen. »Dreck, Dreck, Dreck«, sang er und tanzte. Dann wanderte er mit melancholischem Blick von dannen, um allein zu sein.

Ich dachte mir, *Vorsicht jetzt, stör diesen armen Irren nicht in seinem Trip. Nimm Rücksicht, Junge, laß ihm reichlich Platz. Muß irgendeine seltsame Kraft dieses Trips sein, die Altersschwachsinn begünstigt. Was für ein Kauz! Aber das sag ich ihm nicht, solange er auf Trip ist. Daß er 'nen Knall hat, sage ich ihm später.*

Der Traum kam. Ich bin der Wächter dieses schimmernden Landes. Es ist ein Wunder, der Natur zu gehören. Ich brüllte: »Beweg deinen Arsch hier rüber, Cane Toad.«

Uncle Cane Toad kam zurückgetrabt, bis er zwei Zentimeter vor meinem Gesicht stand, und sagte: »Ich halte nichts von deinen Hirngespinsten.«

»Hört, hört, eine Stimme!« rief ich laut. »Hast du was gesagt, Cane Toad?«

»Ja, es ist eine Offenbarung«, antwortete er. »Ich habe das Geheimnis des Drecks entdeckt.« Er rollte mit den Augen, während er sich niederbeugte, seine Fingernägel in die Erde grub und eine Handvoll Dreck zusammenkratzte. Er hielt die Erde über seinen Kopf, wo sie wie olympisches Feuer erstrahlte.

»Gott hat das Geheimnis des Lebens entdeckt.« Er senkte seine Hand und warf die funkelnden Brillanten auf den Boden. Er drehte sich zu mir um und sprach feierlich: »Die Natur ist tot.«

Sie lebt, offenbarte ich mir selbst nachdenklich.

Er stand auf und trollte sich.

»Such dir deinen eigenen Trip, Uncle Cane Toad.«

Er drehte sich um und lächelte. »Bleib cool, Mann.«

Der Trip flackerte wieder auf. Ich folge Elysium hinein ins Universum eines anderen Universums. Sie saß im Bambushain. Ich ging auf sie zu, und sie lächelte. Ihr Gesicht wirkte leer und ausdruckslos. »Himmel«, sagte ich. »Der Himmel ist der Grund, daß wir hier sind. Wir haben ein Programm. Wir tragen die Programmierung des Universums in unseren Körpern.« Wir würden folgen, bis wir die Sterne erreichten. Den Ursprungs- und Wohnort Gottes.

»Unterbrich mich nicht, Sphere«, antwortete sie, »ich will ich selbst sein. Ich bin eine Frau, Sphere. Ich bin eine wahre Frau. Laß mich in Ruhe. Das verstehst du nicht.«

Ich warf mit einer raschen Bewegung mein Haar zurück und ging weg. Ich machte ein Foto von der Szene. Elysium und Cane Toad entschwebten meinem Gedächtnis.

Ich bin Gott.

Cane Toad ging rüber, um Magic Star Flower zu beruhigen, die an einen Baum gelehnt hockte und zitterte wie Espenlaub. Elysium Dream begann sie zu wiegen, während Uncle Cane Toad ihre Hand hielt. Alptraumhölle. Sie schrie auf.

Ich starrte mit überirdischer Seelenruhe über den Fluß hin zur Stadt. Ich verstand, was meine Generation bewegte. In Zukunft würde ich mit Erklärungen aller Art versuchen, die

Harmonie der Natur beim Reparieren des verblendeten Acidbewußtseins zu kopieren. Kopfschüttelnd dachte ich: *Ärsche und Freaks. Ich muß runter von diesem Trip. Es ist zu irre.* Ich wusch meine Hände im Fluß, um mich zu reinigen. *Finde das Unmögliche,* sagte mein Geist. *Das Testgelände.*

»Abgefahren«, sagte Cane Toad. »Guck mal, Magic.«

Ein Freak rannte rum und ruderte mit Armen und Händen. Er rief: »Seht mal, ich kann fliegen. Seht mal, ich kann fliegen.« Er rannte an mir vorbei und stürzte sich in den Fluß. Mann, habe ich gelacht. Magic schloß ihre Augen und ging in Elysium auf.

Ich schlenderte zum Farmhaus rüber und ging rein. Wasteland und Rainbow Moonfire fickten auf dem Fußboden. »Tschuldigung, Leute«, murmelte ich und verzog mich wieder.

Im Acidnebel konnte man Träume machen, und genau das geschieht hier, in dieser schweren Psychose fliehender Gedanken, denn jenseits des Flusses, in den Klippen und dem struppigen Buschland lag die Vergangenheit. Hier war der Urahn des Menschen, der einst ein Reptil gewesen war. Dort lebte er. Der Eidechsenmann besaß Intelligenz und setzte sie ein, um zu überleben. Der Eidechsenmann wollte nichts weiter als fressen und in der Sonne liegen. Er war arm, aber glücklich. Er existierte und pflanzte sich fort, und das ist alles, was er vom Traum wußte. Er war traumlos.

Rockmusik kam vom Kassettenrekorder. Magic Star Flower heulte und schniefte immer noch. Meine Gefühle wuchsen mit der Musik und Magics Weinen. Ich ging zu Cane Toad.

»Cane Toad, ich muß mit jemand reden. Findest du, ich sehe irgendwie anders aus?«

Er antwortete: »Ein bißchen blaß um die Nase, aber sonst ganz in Ordnung. Brich den Trip ab, wenn er nicht gut ist. Mach dir keinen Kopf, wenn es doch keine Antworten gibt.«

Cane Toad schwieg einen Moment. »Ich sah meinen Tod in der Natur, also habe ich den Trip abgebrochen.«

Ich setzte mich und marterte den Kopf eines irren Swami. Träume sind real.

Meine Gedanken holten die Realität wieder ein, und ich erinnerte mich plötzlich, daß Wahltag war. Durch einen Traum irrend, bündelte ich die Dimension des Trips, und eine Reise von tausend Schritten begann mit einem Seufzer und einem Einbruch der Realität.

»Juu-huu, Toad, Magic, Elysium! Ich störe euch nur ungern, aber wir müssen die illustren Führer unseres Heimatlandes wählen. Stimmt für die Esel, ihr Schweine. Zu den Wahlurnen, Männer.«

»Geh voran, du Demokrat«, antwortete Cane Toad. »Wir sagen lieber Wasteland und Rainbow Bescheid.«

Ich rief ins Farmhaus: »Baron Wasteland und Rainbow! Macht hin. Wir gehen zur Wahl.«

Der Trupp zockelte zum Stacheldrahtzaun. Elysium kam nach, Magics Hand haltend. Wir kletterten in der Nähe des »DURCHGANG VERBOTEN«-Schilds über den Zaun und gingen die Straße runter zur Gemeinde Wisemans Ferry.

»Siehst du die Wolke da, Tripfreak? Sieht aus wie eine Pusteblume, die durch einen blauen Ozean von Sumpf schwebt. Alter, ich bin ein Dichter«, sagte Baron Wasteland. »Hier oben leben keine Tiere, nur Stare und Boeings. Es sind wundervoll spirituelle Zeiten, in denen wir leben, Cane Toad.«

»Hey, Gang«, rief Rainbow Moonfire, »versuchen wir doch in die Zeitung zu kommen, indem wir behaupten, wir wären von einer Fliegenden Untertasse entführt worden.«

»Und uns unseren Trip versauen?« sagte Wasteland. »Nicht mit mir, Mädchen.«

»Die stecken mich wieder in die Klapsmühle«, sagte ich.

»Warum verblüffen wir die Welt nicht mit der Geschichte, haarige Gorillamänner aus dem All hätten uns gefangengehalten? Ja, los, stürmen wir in die Stadt.«

»Nicht mein Ding, Rainbow. Ich kenne 'nen Kerl, der 'ne Fliegende Untertasse gesehen hat, aber der war nicht ganz dicht.«

»Sie sperren uns ein, Rainbow.«

»Jetzt mal vernünftig«, sagte Magic Star Flower. »Die Hippies sind tot; vergeßt sie, ihr Trottel.«

»Das hätte ein Spitzenfreakout werden können.«

Ich wußte nicht, wovon sie redeten, als ich in den Straßengraben schlidderte, stolperte und mich wieder fing.

»Alles in Ordnung, Sphere?« frage Elysium.

Ich flippte aus in einen Science-Fiction-Alptraum. »Rainbow, hast du gesagt, wir wären von einer nicht identifizierten fliegenden Untertasse gekidnappt worden?« fragte ich.

»Nein, Alter.«

Scheiße, hin war der Sinn des Universums.

Plötzlich legte Elysium los. »Laßt uns ein paar Ausflügler umbringen«, sagte sie. »Ganz harmlos auf sie zugehen und sie dann mit irrem Grinsen zerfleischen.«

»Ganz schön heftig«, sagte Moonfire. »Denk nicht mal an so was. Halt dich an die Spielregeln.«

Mit der Zivilisation ging es rapide abwärts. Sieh die Sonne, sieh den Traum im nuklearen Orgasmus. Durch den Ritt auf der Bombe geht alles zugrunde. Ich lächelte und sagte: »Jagen wir die Wahlkabinen in die Luft.«

»Keinen Sprengstoff dabei, Alter.«

»Dann laß uns reinpissen.«

»Mit dir und deinen Träumen ist meistens nichts anzufangen. Du bist nicht ganz richtig im Kopf.«

»Ja, ich bin nur ein Wahnsinniger, Freunde«, antwortete ich.

Wir setzten die Reise fort und fuhren gemütlich über die

Brücke. Plötzlich bekam Rainbow Moonfire einen Lach-krampf. Sie las die Gedenktafel an der Brücke.

»Diese Brücke wurde vom Gouverneur von New South Wales eingeweiht«, sagte sie.

»Ohne Scheiß«, sagte Wasteland.

»Sie führt nirgendwo hin«, sagte Magic.

»Genau.«

Elysium begann hysterisch zu lachen, und das steckte bald an. »Leute, ihr tickt auch nicht ganz sauber«, sagte ich. Wir setzten unseren trippenden Weg zu den Wahlurnen fort.

Schweigen.

»Gott ist eine Frau«, sagte Elysium.

»Reg dich ab, Elysium. Wir sind alle verrückt.«

Das Wunder der Welt um uns her hielt mich hypnotisiert. Ich entdeckte lebende Gestalten in den Bäumen; ihre Holz-geister müssen in den Bergen leben. Heilige Fische müssen im Fluß schwimmen. Uncle Cane Toad hatte ein schiefes Grinsen im Gesicht, während er vor sich hin kicherte und ein Lied summte. Ich las seine Gedanken. Er schwelgte in einem schlichten Tagtraum, der damals weitverbreitet war: Er dach-te, er sei einer der Beatles.

Wir erreichten die Primary School von Wisemans Ferry und erledigten unsere Briefwahl ohne böse Folgen. Keine Freakouts, kein Trauma, kein Drama. Ein Tropfen auf den heißen Stein der Demokratie. Kaum draußen, waren wir wieder im Trip der Träume.

Zeit verging. Wir waren wieder im magischen Garten, wo ein Freak mit einem Bambusstecken war, der sich für Moses, den Gesetzgeber vor der Durchquerung des Rotes Meers hielt. In unsere Träume versunken, saßen wir erschöpft ums Feuer, während die Nacht sich herabsenkte. Stundenlang diskutierten wir die verleumderischen Andeutungen und die entwürdigenden Nebenerscheinungen des Trips. Magic er-zählte uns von ihrem schlechten Trip. Elysium sagte den

Freaks, sie sollten sich ins Knie ficken und verziehen, während ich nur lächelte und dabei dachte, was für ein grandioser Trip es war. Bald verkrümelten wir uns alle, vom Gespräch erschöpft, ins Farmhaus, um zu schlafen.

Der Morgen dämmerte.

Ich dachte: *Wo zum Teufel bin ich?* Ich fuhr mit der Zunge über meine ausgedörrte Lippe, befeuchtete die trockene Kehle und blinzelte mit meinen verquollenen Augen. Wisemans Ferry. Gähnen, und Zähne blitzen im Licht des frühen Morgens. Ich fühlte mich schrecklich. »In Ordnung, wer mieft hier? Ihr Melbourner Maden stinkt.« Elysiums Duftnote stieg mir in die Nase und brachte mich beinahe um.

»Elysium, hast du mein Deo mitgebracht?«

»Hippies nehmen kein Deo«, antwortete sie.

Tja, darauf zerrte ich ihren nackten Körper unter der Decke vor, hob sie schwungvoll in meine Arme, trug sie raus zum Fluß und schmiß sie rein. Ich sprang hinterher. »Jetzt wasch sie aus.«

»Mach du das für mich, Sphere.«

»Okay, du multiorgasmisches Geschöpf.« Bald war die ganze Crew wild masturbierend im Fluß.

Dann erwischte uns dieses alte Farmerehepaar.[6] Wasteland spazierte mit einer Riesenerektion aus dem Fluß, nur um eine doppelläufige Schrotflinte vor den Bauch gedrückt zu bekommen. Er kreischte: »Nicht schießen!« und hechtete zurück in den Fluß. Sechs Köpfe trieben im Fluß.

»Raus da!« befal der Farmer. Seine Frau wandte sich ab, um unsere nackten Körper nicht zu sehen. »Zieht euch an«, sagte er. »Ich hab ein Wörtchen mit euch zu reden. Was in Dreiteufelsnamen treibt ihr hier?«

»Wer, ich?« stammelte ich.

»Ja, du.«

»Naja, ich nehme ein Morgenbad. Nichts Verwerfliches, nur säuberndes Wasser und frische Luft.«

»Erzähl mir nix«, sagte er. »Wir rufen die Polizei. Hebt euch eure Ausreden für die auf.«

»Nur die Ruhe, Freund, das kann nicht Ihr Ernst sein. Wir sind nur auf der Durchreise. Unser Kombi hatte eine Panne, und wir mußten hier übernachten.«

Uncle Cane Toad hatte ein schiefes Grinsen im Gesicht und kicherte dabei vor sich hin. »Meine erste Festnahme, oh Ruhm und Ehre, wir kommen in die Zeitung!«

»Du hirnverbranntes Arschloch. Hol einer das Insektenspray und puste den Knaben weg! Das ist ein Job für Superschleimer. Zu Hilfe, Mädchen!« Die Mädchen umschmeichelten, beknieten und baten das Farmerpaar inständig, ihre vaginale Reputation nicht zu zerstören, und als Wasteland anfing zu heulen, wurden die Farmer weich.

»Okay, ihr könnt gehen. Aber kommt nicht wieder – und gebt uns erst eure Adressen.« Wir gaben falsche Adressen an, was für Kautionsflüchtlinge schon ziemlich gerissen ist. Wir holten unseren Krempel und fuhren davon in die Ewigkeit. Definitiv ein Tag gelungener Katzbuckelei.

»Das müssen wir aber nochmal üben, Wasteland, du flennender, abgewichster Schweinehund!«

4

**Ich wechsle zu gern das Bewußtsein. Du solltest
es auch mal probieren.** *Elysium Dream*

**Das tue ich dauernd. Du müßtest mal meine
Träume sehen.** *Sphere*

Tage verstrichen, und es ging von vorne los. Der VW-Bus, die
Kassette, Baron Wasteland am Steuer, Fahrtziel Wisemans
Ferry. Die Bäume flogen vorbei. Die Sonne landete einen
Augenblick lang auf mir und war dann verschwunden, und
wieder da, und verschwunden. Wie das Flimmern von Filmbil-
dern war es genau richtig zum Tagträumen, und ich schluckte
die Pilze während der Fahrt. Wir hielten am Bachlauf in der
Schlucht an und spazierten leise singend aus dem VW-Bus.

Ich starrte in das Becken. Ich bückte mich darüber, ein Fels,
ein Gott, ein Traum, der die Wirbel des Wassers über den
glatten Steinen darunter betrachtete. Das reine, klare, blaß-
blaue Wasser durchströmte das Felsbecken. Hier gab es
Ruhe und Frieden. Hier gab es genug, um einen Mann von
seinen Sünden reinzuwaschen. Hier war der Ursprung des
Lebens, wo die Vegetation die Waldluft atmen konnte. Hier
gab es Zeit ohne Zeit. Ich hatte mich nie besser gefühlt, als ich
die Langsamkeit, die die Welt berührte, beobachtete und
belauschte. Die stummen Schildwachen des Waldes wachten
über diesen heiligen Ort. Der Eindringling war keiner. Er
kam auf mich zu, von Weisheit sprechend: *Um weise zu sein,
muß man ein Narr sein.* Ich entging dem Adrenalinstoß.

Konnte der Mensch so gestört sein? Seine Fiktionen verfolgten mich. Hier gab es keine Fragen. *Finde einen bestimmten Menschen, und du könntest jede gewünschte Antwort finden, aber nicht hier …*

Ich stolperte zum VW-Bus zurück, um der Stimme zu entkommen, und beim Anzünden einer Zigarette wurden mein Bewußtsein und meine Hand taub, und ein psychotischer Schub ließ mir schwarz vor Augen werden. Die Zigarette fiel unbeachtet auf eine Decke, die Feuer fing. Als ich erwachte, rannten trippende Leute wild durcheinander. *Wo kommt das her? Ist das ein Traum?* Plötzlich wurde mir klar, daß die Decke, auf der ich saß, kokelte. Ich taumelte panisch aus dem Auto.

Hier ist der Magic Mushroom. Hier ist das schwarze Loch des Abgrunds. Dort liegen deine Träume. Dort liegt dein Leben. Dort liegt das Paradies. Dort liegen die Berge, die zu sehen du so weit gereist bist. Dort, dort drüben am Flußufer.

Vom VW-Bus fortstolpernd, spürte ich Übelkeit in meinem Kopf hochsteigen. Schock, Furcht trafen mich mitten zwischen die Augen. Ich dachte, ich müßte vor Grauen kotzen: Krankheit, Gebrechlichkeit, Jahrzehnte des Leidens endeten mit der Geburt der Gewalt. Das schwarze Gewicht des Adrenalinstoßes. Ich dachte: *Ich flippe aus.* Die Gegenüberstellung der Bilder von Tod und Haß löste Brechreiz aus. Eine Milliarde Zellen in Todesangst. Ich stand auf und mir wurde schwarz vor Augen. Der schlechte Trip.

Es wird bald vorbei sein. Es ist nicht real.

Ich stand auf.

Es geschieht nur in deinem Kopf.

Ich taumelte zum VW-Bus zurück, den Körper im Schweiß der Erregung gebadet.

Das ist nicht real, nichts ist real, real ist real. Es ist nicht real.

Kämpfend wurde ich zum Kaleidoskop und war dann urplötzlich vom Alptraum erlöst.

Ich dachte mir: *Scheißspiel, schon wieder ein schlechter Trip.* Ich war verseucht, das war die einzige Antwort. Krank im Kopf. Ich kam mit den Pilzen nicht zurecht, also lag mein Heil vielleicht woanders. Alle Dinge im Kopf gehörten mir. Ich mußte darauf zurückkommen, wie es früher gewesen war, aber das hatte ich vergessen. Die Flammen und Schreie. Wie ging diese Melodie noch? Meine Identität war jetzt von Drogen geprägt. Bilder, die mir die Erde fremd machten, ließen mein Bewußtsein schneller laufen. Das Leben war zuviel für mich. Es war ein Widerspruch. Das war eine Erklärung. Dieser fremdartige Irrsinn. Wer ist Acid? Was ist die die treibende Kraft? Mehr Fragen an das Elysium-Bewußtsein.

»Elysium«, rief ich. »Wer kontrolliert die Ausdehnung des zentralen Paradoxons dieses VW-Busses? Ist er dreidimensional und hat Theta-Emissionen, die zu einem mehrspurigen Code und assoziierten Mikrokosmen führen, oder kommt das Farbensehen endlich zu uns? Zwei plus zwei ist Lüge. Ein Sciene-Fiction-Alptraum, von einem Bewußtsein zum Wahnsinn getrieben zu werden, das am Normalen verzweifelt.«

Ich klammerte mich an die Wahrheit, bis mich, zu einem Ball zusammengerollt, der Schlaf übermannte. »Ein schlechter Trip, Alter, in die Unendlichkeit. Ihr könnt mir glauben, Pilze essen ist das letzte Mittel.«

Berührung brachte mich auf andere Gedanken, als Elysium mich in ihren Armen wiegte und sagte: »Ist ja schon gut ...«

5

Wenn du schön sein willst, sieh in den Spiegel.

Rainbow Moonfire

Die Wechselbalg-Zwillinge fuhren allein zur Ferry, fanden ein paar Pilze und fuhren dann weiter, bis sie in ein abgeschiedenes Tal kamen, in dem sie früher Seligkeit gefunden hatten, mit seinem schweigenden Bachlauf und dem Lied des Honigfressers, das die Luft erfüllte. Es schien, als hätte ich uns ein ideales Plätzchen für den Trip ausgesucht. Wir schmissen die letzten Pilze, setzten uns auf die nepalesische Decke und redeten.

»Elysium, wie ist es, eine Frau zu sein?« fragte ich.

»Es ist der letzte Dreck. Das sage ich dir, Sphere, weil ich dich liebe. Du hast Verständnis, und ich vertraue dir. Du weißt ja, daß Magic meine Cousine ist. Wir sind zusammen aufgewachsen, und in der Pubertät liebten wir jede den Körper der anderen. Wir sind bisexuell. Bilder von nackten Frauen machen mich an. Wir lieben das, was wir sind, und wir sind Frauen. Ich möchte, daß du das verstehst. Bilder von nackten Männern machen mich nicht an. Das Geheimnis der Frauen ist, daß wir keine Männer brauchen. Wir lieben uns. Ich kann jederzeit einen Mann haben, wenn ich Lust habe. Männer sind Sexmonster und Psychopathen. Frauen auch, aber wir kennen Mutter Natur und wir können in Harmonie mit der Erde leben. Der Mann beherrscht die Erde und reißt sie auf. Er verändert sie nach seinen eigenen Wünschen und zerstört schließlich alles. Der Trip von Frauen ist es, einen Mann zu finden, nicht einen, der vergewaltigt und in Furcht vor ihrem Bild lebt, sondern der für sie sorgt, sie versteht und akzeptiert. Wir beherrschen solche dummen Männer. Wir suchen nach reifen, intelligenten Männern, die in sich selbst ruhen. Wir wollen nett unterhalten und dann geliebt und umsorgt werden. Das Einfühlungsvermögen einer Frau kann es jederzeit mit der Intelligenz eines Mannes aufnehmen, aber unglücklicherweise verliert der Mann nicht gerne, also kämpft er. Er kämpft gegen alles. Er betrinkt sich und wird nie erwachsen. Er ist ein Dummkopf. Ich bin ein Dummkopf. Ich liebe dich, weil du schüchtern bist und trotzdem den Trip verstehst. Du integrierst meinen Traum in dein Leben. Du läßt mich lachen und meinen Schmerz vergessen. Ich liebe dich, weil du dazu stehst, daß dich die Drogen verwirren. Wenn du mir nie wehtust, werde ich dich immer lieben.

Ich habe deine Frage beantwortet, jetzt beantworte meine. Wie ist es, ein Mann zu sein? Liebst du wirklich?«

»Ja«, antwortete ich, »wir verlieben uns. Der Mann ist der größte Romantiker der Welt. Und trotzdem ist es ein schlechter Trip, wenn du dem Fahrer nicht folgst. Die Leute machen dich runter, wenn du anders bist. In dieser Welt gibt es viele Sadisten, und sie machen dich fertig, wenn du ihnen nicht gewachsen bist. Willst du das Geheimnis der Liebe des Mannes wissen? Er muß masturbieren. Alle vier Tage reift sein Samen heran und muß ersetzt werden. Er kann verrückte feuchte Träume haben oder masturbieren oder eine Frau lieben. Wir sind auf Liebe programmiert. Für mich ist Sex Liebe. Es ist eine Ein-Mann-Verschwörung.

Weißt du, ich wußte nie, daß Frauen eine Klitoris und einen G-Punkt haben, bis du es mir gesagt hast, und als ich dann versuchte, ihn zu finden, hast du mir gesagt, der Bereich drumherum sei sensibel. Du hast mich nicht ausgelacht. Danke. Ich bin überall sensibel. Gerade jetzt fällt mir auf, daß du eine echt tolle Frau bist, aber vergiß nicht, Frau reimt sich auf Sau. Du bist eine echte Sau.«

Elysium lächelte. »Es reimt sich auch auf schlau. Es gibt keinen vaginalen Orgasmus.« Ich holte ein Piece raus und drehte eine Tüte. Elysium schnatterte weiter. Sie fragte: »Willst du wissen, wie ich zu dem Namen Elysium Dream gekommen bin?«

»Okay«, sagte ich.

»Elysium ist Griechisch für Himmel. Naja, jedenfalls glauben die Aborigines, daß es irgendwo in Australien ein Tal des Himmels und der Träume gibt. Man erreicht es auf geheimen Pfaden, und man kann eine Million Mal den Pfad gehen und trotzdem nie das Tal der Schöpfung finden, doch wenn das Bewußtsein rein genug ist, kann man einen Ausgang finden, der zu einem Garten im Tal führt. Es gibt dort eine kristall-klare Quelle mit Wasser der Illusionen, und wenn man das Wasser trinkt, kann man die Gedanken der Menschen lesen. Dort ist der Traumbaum mit Früchten, die einen wieder Kind werden lassen, und wenn man den Tau auf den Blüten-blättern der Taublume trinkt, kann man sein Geschlecht ändern und zur Weisen Frau mit starkem Empfinden wer-den, das bewirken kann, daß der Lebens- und Todestrieb ein Traum werden. Am Ende des Tals liegt ein Land, daß jenseits der Zeit existiert, wo der blühende Garten des Lebens exi-stiert, und dort ist der Traum Gottes. Ein riesiger Opal. Der Ursprung des Himmels.

Die Aborigines glauben, daß eine schwarze Schlange irgendwie ihren Weg ins Tal fand, Gottes guten Traum zer-brach und durch ihren eigenen Alptraum ersetzte, und daß darum die Welt ein Alptraum ist, ausgenommen in diesem Tal in der Nähe des zerbrochenen Opals.

Wir leben im Alptraum von Gottes dunklem Schlaf, und der Opal ist seine perfekte Seele.

Das Tal der Träume existiert in deinem eigenen Bewußt-sein und ist die Progression eines zerbrochenen Opals. Du erschaffst den Himmel in deinem eigenen Bewußtsein und

75

kannst in der heiteren Gelassenheit deiner eigenen Schöpfung leben. Die Traumblume gibt es nicht, es sei denn, sie wächst aus der Vagina einer Frau. Es ist eine Reise zum Fotzenbaum. Meine Klitoris und dein Penis. Die kristallklare Quelle ist dein Urin, der nun verschmutzt ist. Der Traumbaum ist dein Körper, und seine Früchte sind dein Geist. Das Tal liegt zwischen meinen Brüsten, und ich bin eine Frau, die will, was sie sehen und berühren kann. Ich kann dich reiten und in dir sein. Ich will dich reiten, so lange ich kann.«

Sie griff nach unten, ihre Hand glitt in meine Jeans, und sie liebkoste meinen Penis. »Siehst du, du hast da was, wo ich nichts habe.« Sie führte meine Hand in ihre Jeans zu ihrer Vagina, die ich streichelte. »Siehst du, ich habe nichts. Ich will in dich abspritzen. Ich stehe auf deinen Penis und dein Skrotum, Sphere.«

Sie zog ihren Reißverschluß auf, nahm meine Hand und begann sich mit ihr langsam zu reiben. Sie zog den Reißverschluß meiner Jeans auf, als ich mich auf ihren Körper schlängelte, sie benutzte meine Hand, bis wir uns vereinten. Der Trip begann, und ich war Elysium, dann war ich ich selbst, dann war ich Elysium Dream, dann Sphere, dann ihr Leben als Frau, dann wurde ich zum Baby, zum Jungen, zum Mann, der spürte, daß ihre Liebe meine eigene war. Ihre Vagina, mein Penis war ich, dann war ich sie, und dann kamen wir zur Vereinigung, und die Biologie der Liebe knospte und erblühte zu karmischem, endlosem Traum in meinem Körper und Geist, der in meiner Aura ungekannten Vergnügens in himmlischer Glückseligkeit wogte und dahinschwebte. Möge es ewig fließen. Wir trennten uns langsam, mein klebriger Penis glitt langsam, gefühlvoll aus ihr heraus, mit unendlichem Maja in unseren Köpfen und transzendentaler Liebe zu einander.

»Elysium, du besitzt, was ich nicht besitze. Wie du schon sagtest. Wo ich hart bin, bist du weich, und wo ich sanft bin,

bist du stark. Wir sind die Vereinigung der Liebe. Wir ergän-
zen einander. Wir sind die Zwillingsmächte der Schöpfung.
Die elysischen Felder und die Alpträume der Schöpfung. Wir
sind positive und negative Kraftfelder, die uns in dieser Höl-
lenwelt energetisch leben lassen. Elysium Dream, ich liebe
deinen Schmerz, und ich will diesen Schmerz von dir nehmen.«

Elysium sprach: »Mit fünfzehn bekam ich ein Baby, aber
es wurde zur Adoption freigegeben. Ich hatte einen Orgasmus, als sie geboren wurde. Der Vater war dein Vetter, und
das ist einer der Gründe, warum ich dich liebe. Es war in den
Zeiten, als man eine Streichholzschachtel voll Grass für fünf
Dollar bekam. Ich bin ganz schön verrückt und kann dir
einen Knopf an die Backe labern, aber du bist auch ein großer Wichser. Tja, ich gehe schwimmen. Kommst du auch
rein?«

»Nein, ich halte Ausschau nach Haien.«

»Schrill.«

Die magische Stille trat ein, und der Trip ließ mich ver-
stummen. Ich stand auf und beobachtete sie. Sie rief mir zu:
»Ich hatte meinen ersten Orgasmus, als ich fünf Jahre alt war.
Schlag das, wenn du kannst, Wichser.«

»Nein, kann ich nicht, du Schlampe«, rief ich zurück.

Ihr schimmernder Körper, straff und aufrecht, vom Wetter
gebräunt, stand nackt und stolz in den glasklaren Fluten. Sie
lächelte, während sie an die ihr früher geschenkte Liebe zu-
rückdachte. Ihre Lippen teilten sich langsam, als sie seufzte,
wie ein Hund witterte. Sie war ein Schäferhund. Ein breites
Lächeln lag auf ihren Lippen, als sie ihren Kopf hob und nach
rechts wandte. Eine unergründliche Laune ließ sie die
Augenbrauen leicht hochziehen. Sie ballte ihre Fäuste und
stützte sie auf ihrem Oberschenkel.

»Weißt du«, rief ich, »ich sag's ja nicht gerne, aber du hast
einen herrlich gebauten Körper. Er ist sexy, Sex, Sex.« Ich

konnte den Widerhall in ihrem Bewußtsein spüren. Unsere Blicke trafen sich. Ich lächelte und liebte sie. Ich war sehr glücklich. Ich wartete am Strand, nackt bis zur Hüfte, mit den Füßen im Sand. Meine alte grüne Jeans bedeckte meine Blöße. Als ich sie musterte, vom Kopf abwärts bis dorthin, wo ihre Beine in fließendem Wasser verschwanden, bestaunte ich ihre Schönheit. Brüste wie Milch und Honig. Ich behielt meine Gedanken für mich: *Elysium, du hast eine wunderschöne Vagina, mit weichem Pelz. Ich bin ein geiler, alter, seniler Bock, und wenn der Berg nicht zum Propheten kommen will, dann wird der Träumer zum Berg gehen.* Ich lächelte und liebte sie. Ich war glücklich. Ich watete ins Wasser. Meine Zehen fanden Halt auf dem glatten Granit, und die kalte Bergluft durchflutete meinen Geist. Ich ging wie ein Mann. Ich liebte wie ein Mann. Ich bin ein Mann. Ich erreichte sie und blickte auf sie hinab. Ich bin sie. Ich sagte nichts.

Sie sagte: »Mir wird kalt.«

Ich lächelte, während sie nach unten griff und langsam meinen Reißverschluß öffnete, das Monster herausholte. »Mach ihn fit«, sagte ich.

Er hing raus. Ich hielt ihn in meiner Hand. Schüchtern, blaß, leicht verschrumpelt und mit seinem verfilzten schwarzen Haar, hatte er eine verborgene Schönheit. Er hatte die bezaubernde, blasse Pastellfarbe jüngstvergangener erotischer Freuden. Mein bezaubernder, gefühlvoller Penis. Die schwarze Schlange.

Wir lächelten beide zugleich. Sie zuckte die Achseln und wir begannen beide zu kichern. Ich streckte meine Arme aus und legte sanft meine Hände auf ihre Schultern, um mich abzustützen. Das war ihr Sprichwort, ihre Arme auszustrekken, ihre Hände auf meine Hüfte zu legen, in die Knie zu gehen und ihre Lippen um meinen schlummernden kleinen Freund zu legen. Ihre Zunge flatterte, als sie saugend ihren

Mund auf und ab gleiten ließ, ohne zu beißen. Sie kaute sanft, während sie sich vor und zurück bewegte, genoß und versuchte, mir Genuß zu verschaffen, und selbst genoß. Sie hatte mir früher schon gesagt, daß sie sich wünschte, einen Penis zu haben, ihren eigenen Penis, den sie lieben, erregen, streicheln konnte. Insgeheim wünschte ich mir, ich hätte eine Klitoris auf meiner Eichel, um mir wirklichen Genuß zu verschaffen. Wir waren beide verrückt. Wir sahen so jung und natürlich aus, mit reiner Haut und hellen Augen, aber der äußere Schein kann trügen. Wir lechzten nach dem Fleisch. Wir standen auf sexuellen Mißbrauch, bis es wehtat.

Ich seufzte, als mein Bewußtsein im Pilz-Trip wirbelte. Ich kam in Fahrt. Das Blut strömte in meinen Phallus, und er hüpfte und schwoll an und richtete sich halb auf. Zeit für einen Fick. Ich packte sie unter den Armen und zog sie hoch. Der Penis glitt aus ihrem Mund. Ich ließ ihre Arme los und meine Hände auf ihre Hüfte fallen, und sie schaute enttäuscht auf. »Ich liebe dich«, sagte sie.

»Du brauchst mich nicht anzubeten. Du bist nicht meine Sklavin. Überhaupt lasse ich mir nicht gerne einen abkauen. Zu viele Bißspuren. Aber als Vorgeschmack ist es toll.«

»Ich weiß«, sagte sie. »Du hast deine Zähne mehr als einmal in meine Klitoris geschlagen. Dein Vetter hat mich immer gezwungen, ihm einen abzulutschen«, sagte sie, »und auch, seinen Samen zu schlucken. Von dem widerlichen Geschmack mußte ich immer würgen. Er hatte eine Vorhaut, die nach eingetrocknetem Sperma schmeckte. Gott, war das widerlich.«

»Ich bin nicht mein Vetter«, sagte ich.

Sie kam näher und schlang ihre Arme um mich.

»Ich weiß, wo ich ihn hinstecken muß«, sagte ich. »Ich will in dir sein.«

Wir schmiegten uns aneinander, wir lachten in den Himmel, während sie eine obszöne Geste machte.

»Hauen wir ab hier«, sagte ich. »Willst du nach Hause?«

»Ja, mir ist kalt. Bist du sicher, daß du mich nicht nochmal ficken willst? Meine Klitoris juckt.«

»Nein, red nicht so. Wir sind zivilisierte Monster. Ich weiß nicht, woher du das hast, aber ich mag es nicht, wenn Mädchen unanständige Sachen sagen. Ich kann das nicht haben, wenn wir auf Trip sind. Scheiße, wir leben doch nicht in der Mülltonne.«

Sie nahm unbefangen meinen Penis in die Hand und zog mich daran aus dem Wasser. Sie hob ihre Schenkel hoch an und stieg platschend aus dem Bachlauf. Ich trottete folgsam hinterher, während sie ihren Griff sanft verstärkte und wieder lockerte. Es sah so aus, als sollte dieser Mann abgemolken werden, ob er wollte oder nicht. Sie ließ sich in den Sand fallen und spreizte die Beine. Oh, Mann! Hat man so was schon gesehen! Mir lief bei dem Anblick das Wasser im Mund zusammen.

»Macht's dir was aus, wenn ich dich lecke?« fragte ich.

Sie nickte. Ich fiel auf die Knie, schlang meine Hände um ihre Hüften und vergrub meine Nase in ihren Busch. Ich spreizte ihre äußeren Lippen und ließ meine Zunge hinein und hinaus gleiten, und ehe ich mich versah, hatte sie eine ungeduldig wartende Erektion. Ich arbeitete mich langsam zur Spitze ihrer Möse vor, während meine Zunge ihre Klitoris suchte. Ich ließ meine Zunge hinein und hinaus gleiten wie eine Katze in den Sahnetopf. Sie stöhnte und wand sich. Nur zwei verdammte Tiere, aber sie ist die passende Frau für mich. Sie weiß, was sie ist. Sie hat keine Hemmungen, mit sich selbst zu spielen. Ich spiele gerne mit ihrem zarten, roten Steak in seinem Bett von feuchtem Haar.

Ich ließ von ihrem Steak ab, als es zu feucht wurde, kam hoch und knöpfte meine Jeans auf, die mir auf die Knöchel rutschte. Ich legte meine Hände auf ihre Seiten und arbeitete mich ihren Körper hoch. Als ich sie auf den Mund küßte, griff ich nach unten, packte mein Glied und dirigierte es in die ungefähre Richtung. Sie war feucht und weit und ich glitt mühelos hinein. Ich ließ die Tatsache, daß ich mich tief in ihr befand, in mein Gehirn einsickern. Anfangs bewegten wir uns ganz sacht. Wir bewegten uns rein und raus, auf und ab. Sie schlang ihre Beine um mich. Sie umklammerte meine Arschbacken, als wir beide versuchten, unsere Gier zu stillen. Etwas langsamer, und ich verlor an Tempo und hörte auf. Ich war erschöpft.

Ich hörte auf. »Tut mir leid«, sagte ich.

»Du hättest mit deinen Gedanken beim Sex bleiben sollen«, sagte sie. »Naja, Trips schmeißen dämpft sowieso meistens den Sextrieb.«

Ich lag auf ihr, Bächlein von Wasser und Schweiß rannen zwischen ihren Brüsten herab. Sie streichelte meinen Rükken und spielte zart auf meiner Wirbelsäule. Ich rollte von ihr hinunter und blieb neben ihr im Sand liegen, während sie masturbierte, die Augen auf meinen Penis gerichtet, und bald stöhnte sie in orgasmischen Zuckungen.

Befriedigt, still und erfüllt standen wir auf. Sie nahm sanft meinen Penis in die Hand und drückte und zog, beim Schaft anfangend, meine Haut, bis ein Tröpfchen Samenflüssigkeit austrat. Sie stippte ihren Finger hinein. Es zog Fäden wie Gummi und riß dann. Sie bückte sich und wusch ihre Finger im Fluß. Tiefer in den Fluß hineinwatend, stand sie bis zu den Hüften im Wasser. Sie nahm beide Hände, um sich die Vagina zu waschen. Ich stand wie hypnotisiert am Ufer und beobachtete sie, stolz, Zeuge eines solchen Anblicks zu werden. Ich drehte mich um und zog meine Hose hoch.

»Komm schon, Sexnudel. Zeit zu gehen. Mit den Pilzen ist nicht viel los. Normalerweise kann ich es nicht haben, angefaßt zu werden, wenn ich auf Trip bin.«

Wir gingen Seite an Seite am Bach entlang zurück. Ich träumte davon, was die Zukunft für mich und diese Frau bereithalten mochte. Wir kannten einander, wir lebten miteinander, wir liebten einander, und wir hatten viel Spaß miteinander. Ich war seit langem nicht so glücklich gewesen. Das Schicksal meinte es gut mit uns. Wenn wir unsere Karten richtig ausspielten, konnten wir in dieser *Beautiful Generation* nach den Sternen greifen und in einer Million Jahren wogender Unendlichkeit nicht wieder runterkommen.

Eine Million Jahre vergingen, und der Trip ging so:

Da sprach Gott der Herr zu der Schlange: Weil du solches getan hast, seist du verflucht vor allem Vieh und vor allen Tieren auf dem Felde. Auf deinem Bauche sollst du gehen und Erde essen dein Leben lang.

Und ich will Feindschaft setzen zwischen dir und dem Weibe und zwischen deinem Samen und ihrem Samen. Derselbe soll dir den Kopf zertreten, und du wirst ihn in die Ferse stechen.

Und Gott der Herr sprach: Siehe, Adam ist geworden wie unsereiner und weiß, was gut und böse ist. Nun aber, daß er nicht ausstrecke seine Hand und breche auch von dem Baum des Lebens und esse und lebe ewiglich!

Da wies Gott der Herr ihn aus dem Garten Eden, daß er das Feld baute, davon er gekommen ist,

und trieb Adam aus und lagerte vor den Garten Eden die Cherubim mit dem bloßen, hauenden Schwert, zu bewahren den Weg zu dem Baum des Lebens.

Mose, 3:14-24

6

Die Schlacht zwischen Leben und Tod wird seit Anbeginn der Schöpfung ausgetragen.

Baron Wasteland

Von den Toten auferstanden, tat ich mich auf der Szene um. Ich holte mein Kostüm heraus. Ich würde heute meinen roten Supermannanzug tragen. Der Regen war über Nacht gefallen. Der Tag belebt von Sonnenschein, frischer Luft und Vogelzwitschern. Der Himmel war friedlich blau, mit weißen, wolligen Wolken in einer federleichten Brise. Es war ein Tag, um in der Sonne zu sitzen und der Musik vergangener Zeiten zu lauschen. Es war wieder ein herrlicher Tag im großen Traum. Es war ein Tag, an dem wir wieder losziehen und nach den goldbemützten Pilzen suchen würden, die in den Feldern um Wisemans Ferry wuchsen. Der Buddha wies seinen stummen, kontemplativen Weg. Die Gemeinden Christi lagen an einem ferneren Horizont. Sozialistische Politik regierte die Zivilisation in ganz Australien.

Ich saß auf dem Vordersitz, während Uncle Cane Toad uns mit mäßigem Tempo fuhr. Baron Wasteland hatte es sich mit Elysium Dream und Rainbow Moonfire auf dem Rücksitz bequem gemacht. Fünf Langhaarige unterwegs, um die Landschaft und den Sonnenschein zu genießen. Der glasklare Schweiß auf meiner Hand funkelte in der warmen Sonne, als ich den Joint an Uncle Cane Toad weiterreichte, der die Tüte nahm und weiterfuhr. Ich fand es herrlich, im Auto zu sitzen und die Kassette zu hören, während meine Gedanken ein Goldenes Zeitalter durchstreiften. Ihr lacht mich doch nicht aus, weil ich so kindisch bin? Ich träumte, ich sei ein großer Rockmusiker, erschuf Bilder zur Musik, spielte eine Weile mit ihnen und ging dann zu einer neuen Traumvorstellung, die meine Gedanken in andere Reiche weiterspannen. Es ist ein kindisches Spiel, aber mein anderes Ich stand auf der Bühne. Ich bin Sphere.

Während ich auf die schimmernde Asphaltstraße vor uns blickte, hatte sich meine innere Erregung aufgestaut. Ich zog langsam den Stöpsel und ließ sie dann urplötzlich rausdonnern. Der Wagen bebte und wurde von üblem Geruch erfüllt.

»Oh Gott!« sagte Elysium Dream und kurbelte hektisch das Fenster herunter. »Mann, du bist ordinär, primitiv und abstoßend. Ein echt abgefuckter Typ. Mußte das sein?«

Mit schiefem Grinsen meine fahlen Zähne bleckend, sagte ich: »Ich fühle mich nicht gerne unwohl, Mann. Ich will einfach so sein, wie ich bin. Laßt mich so sein, wie ich bin. Vielleicht hätte ich's mir verkneifen sollen, aber das hab ich nicht.«

Schweigen.

Elysium sagte: »*Ich* bin ich selbst. Ich hab meine Vorlieben und Abneigungen, und das war's. Ich bin kein Faschist, der Leute vergast und andere unter seinem unsozialen Verhalten leiden läßt. Selbstkontrolle ist die Losung des Tages.«

»Du bist ein Schwein«, sagte Moonfire.

»Ja, tut mir leid. Ich will nur so urtümlich wie möglich sein. Ich bin immer ein Tier gewesen, und es fällt mir schwer, meine Philosophie zu ändern.«

Baron Wasteland sagte: »Verkneif's dir, Sphere.«

Es lief eine Kassette mit Frank Zappa and the Mothers of Invention. Die Musik irritierte mich und hypnotisierte mich dann, während meine Laune sich hob und in einen wirbelnden Traum stürzte. Ich übertönte mit meiner Stimme den Lärm des wohltönenden Irrsinns und sagte: »Ich stehe auf Franks Taktbezeichnungen, Alter. Er ist ein Mann, der Vollkommenheit in der Unvollkommenheit sucht. Ich stehe besonders auf seinen psychedelischen Blues. Ich bewundere Frank, weil er sich so oft verändert. Er durchschaut die Heuchelei der Zivilisation wie nichts; er hatte die irrste Band von Plastikchrom-Hassern, die die Welt je hervorgebracht hat, und seine Musik entlarvt die krassen Widersprüche der Gesellschaft. Brillant. Er ist ein Genie. Er ist ein irrer Megalomane, der keine Angst hat, zu sagen: »Hey, seht mich an, ich bin anders, und euren Scheiß mache ich nicht mit.«

»Vielleicht wird er uns alle kaputtmachen.«

»Er raucht kein Dope und ist strikt dagegen, weil er dadurch den Überblick verliert. Im Grunde ist er ein Angepaßter, der uns alle zu kleinen Frank-Püppchen macht.«

»Wir passen uns alle an, Alter«, sagte Wasteland. »Wir sind ein Schwarm Fische, der uniform mit den Zeitströmen die Richtung wechselt. Zappa ist einer der kosmischen Menschenfischer, und wir sind in seinem Netz gefangen. Jesus, Einstein, Darwin, Zappa, et cetera, werden uns alle erwischen. Du bist in meinem kosmischen Zeitnetz und saugst dich am weltumspannenden Rad fest. Hey, ich stehe drauf, so abgedrehten Scheiß zu reden.«

»Vielleicht werden sie uns gemeinsam alle kaputtmachen?«

»Die Vergangenheit läßt uns niemals los.«

»Gutes Hasch«, sagte Elysium.

Rainbow lächelte. »Ja, meine Lieben, es treibt die Phantasie zur Raserei und macht die Träume wild.«

»Kommt unser gutes Karma auf uns zurück?«

Schweigen.

Cane Toad schaltete runter, als wir die Haarnadelkurven von Wisemans Ferry erreichten. Das Auto flitzte an der Polizeiwache und dem alten Pfarrhaus vorbei und hielt dann auf der Fährrampe am Ufer des Hawkesbury River an. Der Fluß ist breit und verschlammt und fließt träge an der Stadt Wisemans Ferry vorbei, die in Sandsteinklippen und zerrupfte

Buschlandschaft in ihrem eigenen Flußtal eingebettet liegt. Die Stadt hat ein Hotel mit eigenem Gespenst, ein hölzernes Pfarrhaus, einen Kramladen mit angeschlossener Milchbar, eine Polizeiwache, eine Autowerkstatt und ein paar Häuser und Cottages für die Einheimischen. Dort treffen und gabeln sich Straßen und Flüsse, die in noch verschlafenere Orte weiterführen und -fließen. Wir sahen den Farmern zu, während wir ihre saftigen Koppeln inspizierten, verfluchten die Wasserskifahrer auf dem Fluß wegen des Lärms und drohten den Sonntagsfahrern, die sich des friedlichen Orts und des sonnigen, taubenetzten Morgens erfreuten, mit der Faust. Inmitten von Buschland, Obstgärten und Vieh saßen wir schweigend da und betrachteten die Szenerie. Ein Ort zwischen den Orten, keine Industrie – nur ein guter Boden und Picknickplätze. Wisemans Ferry in Australiens ländlicher Gegend ist ein Ort, der mir viel bedeutet, und nachdem ich mich mit meinem Alter abgefunden habe, werde ich zurückkehren, um dort zu leben und ein gottgefälliges Leben als Naturbursche zu führen. Eines Tages, wenn die Karten gnädig sind. Ich werde Farmer sein. Ein kosmischer Farmer halluzinogener Pilze.

Der Teufel müßte stolz auf meine Hirngespinste sein, denn wie er weiß, wachsen auf den fruchtbaren Weiden, auf denen das Vieh grast, die magischen Pilze. Die Kufladen bieten den Nährboden für zwei Sorten. Da gibt es den Pilz mit dem goldenen Schirm, der von seiner goldschimmernden Haut abgesehen wie ein ganz ordinärer Pilz aussieht, während die andere Sorte zierlich ist und einen langen, dünnen Stiel hat. Die Goldtops und die Blue Moonies. Die magischen Pilze. Die Tore zur Ewigkeit. Einige behaupten, wenn man den Stiel der Pilze abbricht, kann man ihren Psilocybingehalt an der Fülle des herausquellenden blauen Saftes ablesen. Auf die Pilze waren wir Anfang der Siebziger gekommen, als wir uns nach einer sehr langen institutionellen Reise durchs Schulsystem in der buntscheckigen Gesellschaft Australiens wiederfanden. Das den Pilzen innewohnende Wunder kam über uns, und wir stürzten uns ins Leben. Die große Gehirnerschütterung hatte begonnen.

Halluzinogene Pilze können einen sehr still und eins mit sich und der Welt machen, da das Psilocybin – die halluzinogene Substanz in den Pilzen – den Denkprozeß hemmt und die Gefühle verstärkt, aber wenn einen irgendwas ärgert, dann kommt das gequälte Bewußtsein mit rasenden, abgefahrenen Alpträumen an, die direkt auf die Wurzel des Übels reagieren, und verfällt, wenn es damit nichts anzufangen weiß, in Wahnideen: Angst, Sorge, Verwirrung und schließlich Irrsinn, in dem das Bewußtsein sich dadurch zurechtzufinden sucht, daß es seine eigenen Lösungen erfindet, durch die es der Qual zu entfliehen hofft. Der Horrortripper lebt in seinem eigenen Kopf und geht darum allen anderen auf den Geist. Der arme Irre kann die Wahrheit nicht sehen, und das ist ein übler Psychotrip. Er sollte sich Luft machen und alle anderen auf Horror bringen. Man muß sich vorsehen, mit wem man auf Trip geht.

»Was denkst du gerade?« fragte Elysium.

»Schwachsinn höchstwahrscheinlich«, warf Wasteland ein.

»Ich dachte daran, daß die große Mehrheit sich auf den Trip nicht einläßt. Die meisten Leute sind engstirnige Eiferer, die nur ihre eigene, private Egowelt wahrnehmen können. Sie begreifen nicht, daß sie sich mit ihrem gehässigen Klatsch nur selbst strafen. Sie sind selbstgerechte, ignorante Schweine, die sich um ihr Stück vom Kuchen zanken.«

»Wir kritisieren nur das, was wir an uns selbst nicht mögen«, antwortete Elysium.

»Ja, wir sehen nur unser eigenes Bewußtsein. Ich bin ein engstirniges Schwein, zanke mich um ein Stück vom Kuchen, versuche dich im Krieg des Intellekts auf meine Seite zu ziehen. Es ist ein Kampf zwischen Knallköpfen. Du gibst zu, daß wir den krassen Materialismus ewig mitmachen werden. Könntest du bloß meine Gedanken lesen, dann würdest du merken, wieviel Scheiße ich wirklich im Kopf habe. Aber euch vieren gegenüber bin ich aufrichtig. Ich bin, wer ich bin. Ich spreche von Herzen, ohne gespaltene Zunge, aber andere verarschen mich nur, weil ich an den Lebenswunsch glaube.«

»Das ist originell«, sagte Elysium.

»Wir sind eine kleine Gruppe, die in einem Land ihre eigene Identität zu finden versucht, das immer noch an Football, Gold, Kricket und Surfen glaubt. Wir sind mit Konkurrenzkampf aufgewachsen, und wir brauchen den sportlichen Ausgleich.«

»Wir sind eine Bande von Idioten, die sich gegenseitig auszustechen versuchen.«

»Gibt es irgendeine Lösung?«

»Ich weiß nicht.«

»Das Footballspielen sein lassen.«

»Ich würde gerne das Durchdrehen sein lassen, weil ich die Regeln nicht mehr kenne. Die Gesellschaft hat mich irre gemacht, und ihr, meine Freunde, habt mir angst gemacht, ich selbst zu sein.«

»Wir sind eine Bande von üblen Hetzern.«

»Man muß hetzen, sonst geraten die Leute außer Kontrolle.«

»Ja.«

»Ich will aus diesem Trip aussteigen, aber ich bin schon zu weit gegangen.«

»Ich hoffe, ihr vier kommt durch, wenn ich mich umbringe, weil auf mich kein Verlaß ist. Wir sind alle auf uns allein gestellt, wenn der Trip seine Wirkung tut.«

»Wir vier haben mehr Schmerzen gelitten als die meisten anderen Menschen. Sie sagen, wir wären dumm, aber ich weiß, wir leiden nur stumm.«

»Wäre ich nicht so tief verletzt, wäre ich nicht hier. Trotz unserem ganzen abgehobenen Gequatsche sind wir der Abschaum der Gesellschaft.«

»Wir sind diejenigen, die es nicht geschafft haben, und darum verstehen wir uns so gut und werden wahrscheinlich zusammen sterben. Mit uns geht's nur noch abwärts, und niemand wird uns retten. Im Innersten wollen wir sterben.«

»Du willst vielleicht sterben, ich nicht. Ich genieße einfach das Leben, Alter.«

»Ich hab vor, ein ganzes Footballteam Kinder großzuziehen.«

»Beschissene Gebärmaschine.«

»Es sind nicht die Gebärmaschinen, sondern die Kapitalisten, die auf den Geldsäcken hocken.«

Elysium kitzelte mich am Hals und sagte: »Wie wär's mit einem Baby, Kleiner?«

»Ich glaube, wir sind bescheuert, so zu tun, als würde uns das Leben Spaß machen.«

Als sich die Fähre vom gegenüberliegenden Ufer näherte, röstete ich etwas Hasch an und verteilte den warmen, bröseligen Afghanen auf den Tabak in einem Blättchen. Ich vermischte beides, rollte es schön auf, nicht zu fest und nicht zu locker. Ich zündete es an und atmete den süß duftenden Rauch ein, reichte dann an Cane Toad weiter. Wir fuhren auf die Fähre, ohne das Rauchverbot zu beachten. Wir waren nicht ausgesprochen asozial, nur ein klein bißchen stoned und wußten nicht, wo wir waren. Ich stieg aus dem Auto und trieb mich an Deck der Fähre herum. Die altvertraute Fähre tuckerte unter meinen Füßen, und die frische Luft war belebend. Ich hätte fast auf den Schwingen des Windes leben können wie eine Bachstelze. Ich fürchtete die Leute auf der Fähre und wollte mich nicht auf ein Gespräch mit einem anderen Niveau, einer anderen Ebene einlassen, als der, die im Innersten herrschte. Ich lebte immer im Innern, und es war verrückt, aber so war mir zumute, ängstlich. Ich stieg wieder ins Auto und fühlte mich sicher, während wir uns dem Ufer näherten.

Wir verließen die Fähre auf der anderen Seite des Flusses und fuhren die holperige Sandsteinstraße entlang, die an unserer Lieblingskoppel endete. Wir hatten Glück – als ich über den Zaun blickte, sah ich ein paar Goldtops, die nur auf uns warteten. Wir hüpften neben dem »DURCHGANG VERBOTEN«-Schild vorsichtig über den Zaun und gingen in aller Ruhe auf die Kuhfladen und die magischen Pilze zu. Wir pickten die Pilze vorsichtig aus den Kuhfladen, und sie waren unser. Eine reiche Ernte. Wir kletterten über den Zaun zurück und teilten auf dem Rücksitz des Autos die Pilze auf. Cane Toad wendete den Wagen und fuhr Richtung Stadt. Ich machte die Kassette an und starrte, nervös mit dem Fuß wippend, meine Pilze an, während die Szenerie vorbeiflog. Ich nahm einen stark aussehenden Goldtop in die Hand und ließ die Situation auf mich wirken.

Mit einem gewissen Ekel davor, rohe Pilze zu essen, wurde jeder einzelne vorsichtig und ängstlich heruntergewürgt. Man hatte eine gewisse Ehrfurcht vor dem Trip. Wir waren mit dem Schnurren des Wagens allein. Ich musterte den Pilz einen Augenblick lang und begann den Goldtop dann zu zerkauen; er schmeckte wie ein ordinärer Speisepilz. Meine Gedanken schwebten davon in die Musik im Wageninnern. Das zarte Symbol des Lebens durchströmte nun meine Venen. Wir waren noch bekifft, als wir zur Fähre zurückfuhren. Ich stieg aus dem Wagen, und mein langes Haar wurde mir ins Gesicht und in den Mund geweht. Gott, ich fühlte mich wohl, laß es immer so bleiben. Ich empfand Frieden an diesem Ort, laßt mich auf ewig in diesen Momenten existieren. Mein Haar strömte mit der Brise nach außen. Ich schüttelte den Kopf, und mein rotes Supermanncape, das ich bei besonderen Anlässen trug, wenn ich fern der Zivilisation war, umhüllte mich. Dann war es vorüber. Ich beschwor in der Phantasie die Liebe meines Lebens und vergaß sie dann wieder.

Ich stieg wieder ins Auto, und wir fuhren die eiserne Rampe hinunter auf Beton und dann auf die Asphaltstraße. An der Kirche und der Polizeiwache vorbei. (Oh Gott, ich erinnere mich an den Tag, als Wasteland den VW-Bus vor der Polizeiwache abwürgte.) Mir brach kalter Schweiß aus, bis die Gefahr vorüber war. Wir erreichten die Milchbar. Cane Toad und Wasteland waren hungrig und behaupteten, es sei Zeit, Essen zu fassen. Ich wartete im Wagen und stellte mich auf den angehenden Trip ein.

Dicke, fettriefende Hamburger und Milkshakes mit künstlichem Schokogeschmack näherten sich dem Wagen. Dann ging Baron Wasteland noch ein paar Dosen Bier holen, während Uncle Cane Toad sich schmatzend über sein spätes Frühstück hermachte. Baron Wasteland, Alkoholiker seit seinem fünfzehnten Lebensjahr, kam kurz darauf mit seinen Vormittagsrelaxans wieder, und sein schulterlanges Haar und sein Bierbauch wippten auf und ab, als er die letzten Meter zum Auto sprintete. Ich will nicht behaupten, daß Baron Wasteland fett ist, aber mit uns anderen verglichen ist er ein Pummelchen. Die junge Generation beeindruckte ihn wenig, da er ein leuchtendes Vorbild in seinem Vorkriegs-Goldgräbervater hatte, der aus einem Kuhdorf kam, in dem Saufen und Mädchen aus dem Ort bumsen die einzige Zerstreuung war.

Cane Toad war der eigentliche Philosoph unter uns. Wasteland war der introvertierte Zyniker, und ich hatte ein bißchen von beidem: Philosoph und Zyniker, ein großer Masturbator vor dem Herrn. Elysium war die Barbarin und Rainbow eine Halb-Aborigine, die sich zugrunde richten wollte. Wir hatten alle langes Haar und hielten uns für einen optisch voll ausgeflippten Haufen. Der Wagen wendete zum Sound von Velvet Underground aus dem Kassettenrekorder.

Die Pilze begannen zu wirken, als wir durch das Busch-reservat zwischen Wisemans Ferry und Sydney fuhren, und ließen die Haschischdröhnung einer glasklaren Hellsichtig-keit weichen. Die Welt wurde kristallklar, als Bäume zerflos-sen und Visionen auftraten. Die Farben des Buschs waren intensiver und leuchtender, und wir sahen die Welt wieder mit Kinderaugen. Unser Leben bekam einen höheren Sinn, und in diesem schimmernden Zauber lohnte es sich zu leben. Wimmelnde, glühende Funken tanzten im Licht, und unser Gefühl hob und senkte sich an den Ufern der Vernunft.

Als ich meine Augen schloß, um die Situation auf mich wirken zu lassen, sah ich das Universum nachtschwarz mit schimmernden Sternen, die gold und silbern glänzten. Das Gelb der Sonne wurde zu schwarz und rot flackernden Strahlen im Nichts meines Bewußtseins. Die Musik war hell und das Tageslicht wunderschön. Ich schaute durch das Fen-ster hinaus und träumte mir die Straße und die Farmen in den Kopf. Plötzlich tauchte wie aus dem Nichts ein Landei mit Kuhscheiße zwischen den Zehen auf und verkaufte am Straßenrand Kürbisse. Er hielt einen Kürbis hoch, als wir vorbeizischten. Er hatte ein euphorisches Grinsen im Ge-sicht, das sich von einem Ohr zum anderen zog. Was für ein grinsender Mund; der große Kürbis regiert wieder! Vor mei-nem geistigen Auge waren farbenprächtige Flashbacks, Visionen, Bäche von Schweiß, und irrsinniges Lachen ließ den Wagen wackeln.

»Alter, das ist zuviel!«

»Wißt ihr, Leute, ich habe schon weiter gedacht. Wenn ich mir mit Erdbeerpflücken ein paar Mäuse verdiene, kann ich mir noch ein Piece Hasch leisten.«

»Warum brauchst du noch ein Piece?« fragte Wasteland. »Die Pilze kosten nichts, und wir brauchen sie uns nur zu nehmen. Hol dir den Pilzirrsinn und mach dich auf den Trip zu entlegenen Pfaden.«

»Mach mal halblang, du Faschist! Aber du könntest recht haben, der Logik kann ich mich nicht entziehen.«

Cane Toad fing an zu brüllen: »Supermann, Scheiß mit Reis, Kot mit Brot, ich fahr uns tot. Wir sind in einem Zeitstrudel. Haltet euch fest, bis wir seinen Schwerkraftfeldern entkommen. Übernimm du das Steuer, Sphere.«

Ich griff ins Steuer und lenkte den Wagen in voller Fahrt die Straße entlang, während Cane Toad die Hände vors Gesicht schlug. Der Wagen schlingerte wild.

»Ganz cool bleiben, Bruder!« rief Elysium.

Ich hielt es für besser, Cane Toad runterzubringen. »Reden wir vom Erdbeerpflücken. Ich will mit dir und Wasteland nächste Woche Erdbeeren pflücken gehen, ehe die Saison vorbei ist.« Die Aussage hallte in meinem Kopf nach, und ich dachte: *Was Blöderes konnte dir auch nicht einfallen.*

Cane Toad übernahm brummig wieder das Steuer. Gefahr gebannt.

»Da gibt's nichts mehr zu reden, seit ich das letzte Mal mit euch pflücken war«, sagte Wasteland. »Ihr habt mich um vier Uhr morgens aus dem Bett gezerrt, damit ich mich dumm und dämlich schufte, die kleinen Biester zu pflücken. Knochenarbeit ist nicht mein Ding, Alter.«

»Alles in Ordnung«, sagte Cane Toad. »Passieren jetzt Asteroidengürtel.«

»Scheiße, das sind Häuser, Alter. Reiß dich zusammen«, sagte Rainbow.

»Es könnte mich glücklich machen, die kleinen roten Teufel zu pflücken.«

»Vergiß die Erdbeeren. Du hast eine phallische Fixierung.«

»Cane Toad fährt uns gleich alle zu Brei! Werdet normal, ihr Freaks!« rief Elysium hysterisch.

Cane Toad sprach. »Da war noch was, das ich vergessen habe.«

»Vergiß die Erbeeren, Alter«, murmelte Wasteland. »Du fährst, Sphere.«

»Es war irgendwas wahnsinnig Wichtiges, und es war entscheidend für das Überleben der Menschheit, wie wir sie kennen. Unsere Zukunft steht auf dem Spiel. Wollt ihr mal was Profundes hören? ›Die Welt ist eine Kackwurst, und wir sind ihr Arschloch‹. Du fährst, Sphere.«

»Das ist 'ne Scheiß-Offenbarung. Da fällt mir eine bessere Offenbarung ein. ›Es gibt Gründe für unser Hiersein‹. Na bitte, das ist tiefsinnig.«

»Warum sind wir denn hier?« fragte Wasteland.

»Um die Geschichte auszuleben, die jeder von uns sich ausdenkt.«

»Wir sind hier, um Weiber zu ficken«, sagte Cane Toad.

»Fick dich selbst, Kleiner«, antwortete Elysium. »Du hast sie nicht alle.«

»Scheiße«, sagte Rainbow, »ihr seid ja alle so tiefsinnig.«

Cane Toad steckte seinen Kopf aus dem Fenster und sagte: »Alter, das ist spitze. Ich sehe Tod in den Wolken, und er ist wunderschön!« Der Wagen brach auf die andere Straßenseite aus, auf Kollisionskurs mit einem anderen Wagen. Ich lehnte mich rüber, griff ins Steuer und riß uns zurück auf die richtige Straßenseite, während ein wildes Hupen an uns vorbeischoß.

»Du bist ein echter Wahnsinnskandidat, weißt du das, Cane Toad? Sphere, du fährst.«

»Kandidat? Vorsicht, ich fahre auf Trip. Was heißt das? Wer kandidiert? Ich genieße nur den Trip.«

»Du raffst nichts mehr. Es hat nichts zu bedeuten. Deine Wahrheit ist Lüge, und deine Lügen sind negativ.«

»Das will nichts heißen«, gab er zurück. »Du fährst nicht. Du bist zu abgefuckt.«

»Wir raffen alle nichts mehr, Alter. Halt den Wagen an.«

Cane Toad kreischte: »Laßt mich raus!«, und während ich

mich abmühte, ihn durch die Tür wieder ins Auto zu zerren und gleichzeitig zu steuern, kroch das Auto immer langsamer und verreckte. »Anhalter plattgefahren. Selber Schuld, Schafsnase«, erklärte er.

Damit endete der heftige Teil des Trips, und wir waren wieder im Traum.

Am Straßenrand standen mittlerweile Vorstadthäuser und gelegentlich so umwerfend hübsche Mädchen, daß man die Zeit hätte anhalten und glotzen mögen. Im Auto hörten wir uns die Musik an und träumten im Takt des Songs, den die Musiker webten. Cane Toad konzentrierte sich auf die Straße, aber ich war eine Million Meilen fern des Planeten. Venus-, Uranus- und Marssüchtige ab in die Klapsmühle, mit dem Mond halten wir uns gar nicht erst auf.

»Du bist gut unterwegs, Cane Toad«, seufzte Wasteland, »hast dem Auto gerade die Vorfahrt genommen.«

»Scheißspiel«, murmelte Cane Toad.

»Wißt ihr«, sagte ich, »ich bin mal mit einem Pilzmaniac rumgefahren, und der hielt die Straße für eine Ader und uns für Blutkörperchen. Wir fuhren mit fünf Meilen die Stunde aus Galston Gorge raus, mit hundert wild hupenden Autos an den Rücklichtern. Er muß hohen Blutdruck gehabt haben. Ich erinnere mich noch, wie ich in diesen Abgrund blickte und mir sagte: *Mein Gott, das war's. Jetzt bin ich dran*. Bei der Fahrt auf dieser irren Straße. Ich konnte ihn nicht zum Schweigen bringen, und das einzige, was er rausbrachte, war: ›Sieh dir die Ader an, Mann, total rot.‹ Ich war klatschnaß geschwitzt und kurz davor, endgültig durchzudrehen.«

»Das Schöne ist, wenn *du* die Kontrolle verlierst, Cane Toad, lachst du bloß hysterisch und läßt ab und zu mal das Steuer los. Du treibst mich nicht zum Wahnsinn. Es ist berechenbar. Manche Leute sind einfach cool, weißt du das, Cane Toad? Manchmal ist mir das echt zu hektisch, wenn ich sehe, was um mich rum passiert, und wenn mein Kopf explodiert und der Dritte Weltkrieg die Welt überrollt, komme ich damit nicht klar. Du kannst durch einen Traum und wieder zurück fahren. Du bist der richtige Kumpel, um mich am Leben zu halten. Ich kann nicht fahren, für keine zwei Pfennig. Weißt du, daß ich unser Familienauto zweimal zu Schrott gefahren hab, ehe sie meinen Führerschein kassiert haben? Einmal bin ich in die Garage gekracht. Traum und Realität sind manchmal zuviel für mich. Wovon sprach ich eben?«

»Blutkörperchen«, sagte Wasteland.

»Yeah, dieser Trip läßt mich nicht los.«

»Tja, Mann, irgendwann werden die Trips vorhersehbar«, sagte Rainbow.

»Ich probe sie vorher. Ich habe immer wieder den Flash von einem in Leder gebundenen Buch der Trips, das auf mich zu wirbelt. Ich sehe meine Trips im Geiste. Um wieder zum Thema zu kommen. Wie kannst du einen von diesen monströsen Schlitten fahren, wenn du auf Trip bist? Du kurvst hier so lässig auf der Straße rum.«

»Das kommt ganz von selbst, Alter. Es gehört nichts weiter als Spaß an der Sache dazu. Weißt du, was ich meine?«

»Ja«, sagte ich, während eine Folge von Symbolen, Kreuzungen und Hysterie vorbeizuckte. Instinktiv griff ich nach der Tür, um rauszuspringen, aber das hatten wir schonmal gehabt.

Nicht ins Feuer greifen. Anhalten, laßt mich raus. Wenn ich so drauf bin, muß es bei Cane Toad ähnlich übel aussehen.

Mir quollen die Augen aus dem Kopf. Entspann dich, dachte ich. *Cane Toads Irrsinn ist gutartig. Er träumt nicht. Er hat Kontakt zur Realität. Wir kommen schon an. Schwitz es einfach aus, Alter.*

Der Wagen raste die Straße entlang, und einen Moment später waren wir daheim. Wir gingen die Hintertreppe zum Wohnzimmer rauf, um uns hinzufläzen und Musik zu hören.

Wir machten es uns bequem und ließen uns vom Trip übermannen.

Meine Ansichten und Einsichten über die Welt waren nur Bruchstücke der Wahrheit. So viele davon waren falsch. Ich verlor die Kontrolle über die Nachkorrekturen. Ich gehörte zum Fluß, zu dem Mädchen, dem Dorf und den Sandsteinklippen von Wisemans Ferry und nicht zwischen vier Wände. An der Straße nach Nirgendwo wartete ein gebrochenes Herz. Ein Auto, Geld, Sicherheit, eine Frau und Kinder waren für mich unerreichbar. Mein Herz zog es aufs Land. Mein Bewußtsein zerrann mit dem Trip.

Er starb in diesem Traum, und niemand konnte mir sagen, warum er starb. Er starb einfach. Im selben Moment verdorrte der Mann wie ein alter Baum und legte sich zum Sterben nieder. Was Tod war, wußte er nicht. Er war müde und erschöpft. Seine Erkenntnisse im Leben bedeuteten ihm jetzt nur noch wenig. Mit hohlem Klang entwichen seine Freuden ins Zwielicht der Nacht, die ihn umfing. Ihre Berührung war ihm willkommen, als das letzte Aufflackern von Gedanken durch sein Bewußtsein schwirrte und er starb.

Er erwachte und fand sich alleine wieder, auf die Stadt Gottes hinabblickend. Eine wunderschöne heilige Stadt. Der milde Geist Gottes spielte in seinem Haar. Er war nackt, eins mit sich, wie ein Mann sein sollte, und seine Seele hatte Frieden gefunden. Es gab keinen Tod, kein Leben, keine Fehler, kein Erdulden von Schmerzen mehr. Es gab kein Warten mehr. Er ging auf das Pförtnerhaus zu. Der Mann lächelte, als er sich näherte.

»Möge der Schlummer mit dir sein«, sagte er. »Weisheit, Ehre, Ruhm, Stärke, Lob und Frieden sei mit dir. Willkommen in der Welt Gottes. Die Ewigkeit hat begonnen. Du bist der Auserwählte.« Immerwährende Wahrheit und

nimmer endende Schönheit. Die Welt der Wolken, die sich
in die Unendlichkeit erstreckte. Der Himmel. Ich war in
den Kreis der Gerechten aufgenommen worden.

»Kannst du mir sagen, warum ich hier bin?«

»Du bist hier, weil das Leben aus dem Tod erwuchs. Dies
ist dein Lohn, deine Bestimmung, deine Heimat. Du bist
unsicher, auch wenn du es nicht zugeben willst. Du kamst
aus dem Abgrund, dem Universum, der Hölle. Die irdi-
schen Instikte haften noch an dir. Du fragst dich, ob Gutes
von der Erde kommen kann, aus der Unwissenheit, aus
verrottenden Pflanzenfasern, aber etwas Gutes war dort.
Du hast einmal eine Frau geliebt, und das ist deine Ret-
tung. Diese Frau ist hier, um dich zu lieben.«

»Tut mir leid, ich habe mich am Himmel versündigt.
Kann ich die wahre Elysium Dream sehen?«

»Du bist noch nicht bereit. Warte einen Moment.«

Ich wartete einen Moment und wurde aus meiner Träumerei
gerissen, als Elysium die Tür öffnete. Ich hob den Kopf. Ich
war in einen Traum gedämmert. »Will irgendwer eine Tasse
Kaffee oder Tee?« fragte sie. Die anderen antworteten, und
ich bat um Tee. Der milde Schock ließ mich meinen Fehler
einsehen. In mir ging das Palaver wieder los.

»Du bist nicht gestorben, oder?«

»Nein, es war nur ein Tagtraum.«

»Ist irgendwas von dem, was du sagst, wahr, oder bist du
einfach ein notorischer Lügner? Das sind harte Worte, aber
deine Gefühle haben sich gewandelt. Sie haben sich irre-
führen lassen. Wenn du infantilen Träumen glaubst, wirst
du nie eine Antwort oder innere Ruhe finden. Du wirst
dem Geheimnis des Universums nahekommen, aber beim
Kick der Zigarette wird es dir verwehrt werden. Du hast
die ersten Schritte zum Wahnsinn getan. Du wirst dir wie-

der und wieder Schaden zufügen. *Das ist der Fluch des Menschen. Dein Leben ist ein Widerspruch, und das erklärt die Welt. Verstehst du nun, wie die Einstellung, das Ungestüm und die Zerrissenheit deines eigenen Bewußtseins dich größer machen, als du bist?«*

»Nein, ich verstehe kein Wort davon.«

»Niemand, der abgewiesen wird, versteht das. Das ist der Preis des Lebens, den die Realität gewählt hat. Wir werden dir nicht schaden, weil das nie unsere Absicht war, aber du hast uns geschadet, also besteht eine Trennlinie, um das Königreich des Himmels vor deiner Stimme und der Chemie, die du nimmst, zu schützen.«

Ich erwachte ein drittes Mal und fand mich in einer Art geheimem Zeittempel wieder. Ich hatte mich mehr gewandelt, als mir bewußt war. Die Tagtraumparabel war verloren, wie alle Gedanken verloren sind.

Ich trank den heißen Tee, den Elysium mir in die Hand gedrückt hatte. Ich hatte ein ungutes Gefühl, als ich der Musik zuhörte. In letzter Zeit war es immer dieselbe Leier gewesen. Kurz vor Schluß geriet der Trip außer Kontrolle. Ich fragte mich, ob mit mir etwas nicht stimmte. Ich konnte mein wahres Selbst nicht sehen. Es ergab keinen Sinn. Elysium Dream konnte es mir sagen. Sie konnte mich sehen. Ich fürchtete mich immer mehr vor Menschen. Schweigen begrüßte mich. Die Platte war aus. Die Träume vergingen.

Die Sonne sank. Ich stand auf und reckte mich. Ich schlenderte hinaus, um den Sonnenuntergang zu sehen. Die Sonne warf lange Schatten auf die Steine zu meinen Füßen. Ich spazierte und bummelte ziellos über den stellenweise überwucherten Fußpfad. Zielstrebigkeit spielte keine Rolle für mich. Ich warf meinen Geist voraus ins Haus meiner Eltern: Das Sonntagessen wurde zubereitet. Mein Vater trank Rotwein, und meine Brüder sahen fern. Es war ein guter Sonntag gewesen. Das Fieber lag noch über dem Abend, während der Song des Trips die Luft erhellte.

Ich knallte die Fliegentür zu, steckte meinen Kopf in den Traum und ging dann leise ins Wohnzimmer. Gott stellte auf der Musikmaschine einen Sender ein, der Urban Rock spielte. Nicht mein Geschmack. Superman muß in Metropolis weiterleben. Das Land ist mein Leben, im Gegensatz zu modernen Stadtmenschen in schalldichten Betonkästen. Wahrscheinlich hatten sie die Erde nie gesehen, wie ich sie kannte. Ihr Trip spielte sich hinter vier Wänden ab, von Kommerz umgeben.

»Abendessen ist fertig«, rief Elysium Dream. Die Stereoanlage lief, als ich mich an den Tisch setzte. Ein Hamburger und Fritten standen vor mir.

»Haut rein. Ist ein feines Freßchen«, sagte Rainbow.

»Nein, ich bin nicht hungrig. Entschuldigt mich.«

Ich machte mir müßigen Gedanken nachhängend eine Kanne Tee in der Traumküche. Ich verzog mich ins Wohnzimmer, legte eine LP auf und war gleich mittendrin in einem Plastikkonzert. Ich zündete mir eine Zigarette an und starrte das Ölbild an der Wand an. Die florierende australische Wirtschaft hatte es wahrscheinlich in Parzellen aufgeteilt und mit Häusern und Straßen zugebaut. So war es auch mit unserer Farm. Die Vergangenheit ist vorbei, während die Zivilisation unaufhaltsam vorrückt. Kein Grund zum Selbstmitleid.

In einem Tagtraum erinnerte ich mich ganz deutlich an die Jugenderlebnisse auf der Farm. Das war etwas, das ich lange nicht gemacht hatte. Als ich meine Erinnerung durchforstete, tauchten ein Ententeich, ein vor langer Zeit eingestürzter Hühnerhof, der Pepperinabaum und ein Brunnenschacht auf. Eine ärmliche Farm im sanft geschwungenen Hügelland, mit zwei Kühen und einem brachliegenden Obstgarten. Farbige Impressionen kamen und gingen in der hereinbrechenden Dunkelheit. Das alles war einem roten Backsteinhaus in einem Vorort gewichen, aber aus dem einen oder anderen Grund befriedigte mich das Leben.

Sphere, du hast eine Festung aus Gras errichtet, und dein imaginärer Feind wird jede Minute angreifen. Noch eine Schlacht mit Kieselsteinen, und du bekommst eine Tracht Prügel. Wilder Knabe aus den Kolonien, geh die Hühner füttern. Du bist ein Charmeur, du entzückst mich, Sohn, mit deinem unschuldigen Lächeln und den großen, braunen Augen. Weißt du, daß deine Mutter dich immer noch liebt, auch wenn ihr euch einen Psychokrieg liefert? Kleiner Sphere, du bist auf Unfug aus, und verdreckt vom Spielen im Bachlauf. Hat Mrs. Greens Bock dich also auf die Hörner genommen. Komm, ist ja wieder gut, iß ein Brot mit Vegemite. Was machst du mit deiner neuen Cowboyweste unter der Veranda? Ruckediguck, Freunde des Abenteuers, Geld ist Bieretiketten. Wir holen uns Teer von der Straße und dichten damit unsere Kanus aus rostigem Blech ab. Die Kühe werden gemolken. Das Butterfaß wird ausgewaschen, und ich pflanze in diesem Frühjahr Erbsen ins Gemüsegärtchen. Im Paspalumgras spielen, in das die Gänse ihre Eier gelegt haben. Der Zaunpfosten, an dem du deinen Steckbrief geheftet hast. Rhabarber, den du im Garten angebaut hast, am Straßenrand verkaufen. Alles verloren, alles hin, alles erinnert. Sphere, deine Mutter ruft noch deinen Namen ...

Die Platte war zu Ende. »Elysium, ich gehe mal raus telephonieren.« Ich ging nach draußen. Wohin gehen wir? *Dorthin, wo wir schon früher gewesen sind,* antworteten meine Gedanken. *Elysium Dream, ich will leben, weil ich dich dann lieben kann. Ich will nach Hause. Es war ein langer, seltsamer Trip.*

Ich fand die Telefonzelle. »Hallo, psychiatrische Klinik? Hier ist Sphere. Ich bin da auf einem ganz seltsamen Trip.«

7

Der Traum ist aus, Mama,
und der Alptraum hat begonnen.   *Sphere*

Sie holten mich ab und sperrten mich in eine Nervenklinik. [7]
Da waren schräge Leute ohne Hirne, die violette Helme trugen, ruhiggestellte Zombies und rasende Heroin- und Drogenfälle, und ich war wieder daheim bei meinen Schwestern
und meinem Abraxas. [8] Dr. Abraxas war Gut und Böse,
Sadist und Masochist, mein Mentor. Er war voller Wissen,
das er niemals teilte, und er nahm mir meine Gedanken und
verpaßte mir das Etikett, das mich erst zum Schizophrenen
machte.

Ich wußte nicht, was das Problem war. Ich kam einfach
nicht klar. Ich hatte Angst, sie würden mein Geheimnis entdecken, und Dr. Abraxas hörte ständig zu und stellte seine
Fragen. Er gab keine Antworten; er nahm immer und gab
nie. Ich aß etwas Stechapfel, um vergessen zu können, und
ging in der Psychiatrie auf Trip. Ich lag die ganze Nacht über
nackt im Freien, und als ich nackt zum Frühstück hereinspazierte, sperrten mich ein paar Schwestern in der Dusche ein.
Ich weiß nicht. Ich mag keine Einschränkungen. Ich will
nicht gehängt oder eingesperrt werden.

Ich überredete Abraxas, mit einigen Patienten einen Ausflug an einen Nacktbadestrand zu unternehmen, um unsere
Hemmungen abzubauen. Ich schmiß etwas Stechapfel und
flippte auf dem Strand aus. Einige Patienten hatten Erektio-
nen, und ein Mädchen begann im Wasser zu masturbieren.
Ich genoß es nur vom Strand aus und sah mir in aller Ruhe

eine Muschi an. Es war ein kosmisch-kurviger, tierischer Pelz. Ich wollte nur noch rein da, also redete ich mit ihr, während sie zusah, wie mir langsam der Saft aus der Potenzbohne sickerte. Sie sah nur zu und wandte keinen Blick davon. Sie sah zu, und ich war cool und ließ meine Phantasie arbeiten. Oh Gott, ich wollte mich anfassen, aber ich war cool, und es triefte einfach raus, und ich war cool, und mir war heiß, aber ich blieb locker und triefte auf den Strand wie ein blau geringelter Oktopus.

Einen Monat später wurde ich mit einem Klaps auf die Finger und ein paar Tranquilizern entlassen. Ich war froh, da wieder raus zu sein. Nervenkliniken ziehen einen dermaßen runter.

8

Wir sprechen durch unsere Musik. *Uncle Cane Toad*

Das moderne Zweifamilienhaus empfing Elysium Dream und mich freundlich, als wir stoned bis an die Haarspitzen blind hereintappten: ein degenerierter Commonwealth-Angestellter, dem das Haar dreiviertellang den Rücken runterhängt, und eine arbeitslose Zahnarzthelferin mit herrlich straffen Brüsten, aber nicht vergessen: *Zahn reimt sich auf Wahn.* »Freak« stand uns praktisch auf die Stirn geschrieben. Es war das Zeitalter des LSD, und die psychedelische Flower-Power-Szene des großen Rauschs verband sich mit unseren unschuldigen, kindlichen Angewohnheiten. Es machte uns einfach Spaß, unter den bunten Neonlichtern der Stadt auf Trip zu gehen und uns von Wolkenkratzern aus Glas und Beton beeindrucken zu lassen. Musik wurde unsere Sucht, während Konversation zu einer anderen Dimension wurde. Wir gingen in einem Traum ein und aus. Die synthetische Droge machte aus gewöhnlichen Menschen mysteriöse Atomwissenschaftler, die im halbrealen Zustand des Dauertrips experimentierten. Ein wenig Haschisch hier, ein wenig psychedelisches Grass dort, mit Acid abgeschmeckt, können dein Bewußtsein in süßes Vergessen abheben lassen.

Wir spielten Traumspiele in Cannabis-Psychose, das Bewußtsein von psychedelischem Aussie-Grass durchflutet, und es sah aus, als ginge alles nach unseren Wünschen. Die Sonne und Geld und Frieden fingen das funkelnde Licht ein, und ich speicherte es in meinem Gehirn. Das Acid war stark, und das Grass war lebensnotwendig. Das Schicksal meinte es gut mit mir.

Die Paranoia in der Stadt war naturgegeben. Nichts geschah wirklich. Die Wechselbalg-Zwillinge hatten sich in einer monströsen Stadt verlaufen und beobachteten die Menschen, ohne je selbst beobachtet zu werden. Wir wanderten stoned durch belebte Straßen, inmitten der schönen und häßlichen Menschen. Wir trieben im Fluß mit, während der Wind durch unser Haar floß und unser Bewußtsein in die blühenden Gärten kosmischer Supermärkte wehte. Es sprengte unser Bewußtsein, als wir Lebensmittel in einen irrwitzigen Einkaufswagen luden, der in alle Richtungen davonschoß. Beim Einkaufsbummel durch die reiche Ernte der Schöpfung lächelten wir uns an und wußten Bescheid.

An dem bewußten Tag schlenderten wir ins Wohnzimmer und fanden dort Baron Wasteland, Rainbow Moonfire, Uncle Cane Toad und Magic Star Flower vor, die Däumchen drehten, während auf dem Plattenspieler Clapton lief. Die Atmosphäre im Zimmer wirkte etwas deprimiert. War es möglich, daß der Dritte Weltkrieg ausgebrochen war? Die Welt stand doch noch. Ich nahm mir einen Stuhl und machte mich auf das Schlimmste gefaßt. Der Tag schwirrte von Monoxidluft und radioaktivem Fallout.

»Also, Leute, wo liegt das Problem?« fragte ich.

»Da sind ja die Psychedelic-Kids«, sagte Uncle Cane Toad. »Schönen Tag gehabt?«

»Ja, war ganz nett. Heute Abend gibt's für jeden eine Pizza.«

»Habt ihr das letzte Weed geraucht?« fragte Baron Wasteland.

»Haben wir«, antwortete Elysium, »aber was soll's, wir haben die Ernte.«

»Jetzt nicht mehr«, antwortete Wasteland. »Wir haben Depressionen, miese Vibes und giftiges Karma.«

»Sag bloß«, sagte ich.

»Unsere Plantage ist aufgeflogen. Wir sind abgebrannt.«

»Soll das etwa heißen, unsere Ernte ist hin?«

»Das ist die traurige Wahrheit, Kids«, sagte Wasteland. »Jetzt haben die Bullen sie im Visier, um sich auf jeden zu stürzen, der in die Nähe kommt. Wir kommen an kein einziges Blatt. Der Traum ist aus.«

»Waren sie hier?«

»Uns haben sie nicht erwischt. Die Polizei war nicht hier.«

»Haben wir denn noch Hasch?« fragte ich.

»Nein«, antwortete Star Flower.

»Können wir bei irgendwem einen Joint abstauben?«

»Nicht der kleinste Krümel Grünes zu holen, Alter. Gewisse Arschnasen, die ungenannt bleiben sollen, haben den letzten Rest Weed geraucht, ehe sie zum Einkaufsbummel gingen«, sagte Wasteland. »Kapiert ihr nicht, ihr Faschisten, wir müssen ohne was zu Rauchen zum Santana-Konzert.«

»Wir konnten ja nicht wissen, daß die Plantage auffliegen würde, Alter. Ist doch nicht unsere Schuld. Grass enthält Vitamine und Mineralien, die gut für die Gesundheit sind. Wir mußten uns für den Einkaufsbummel stärken. Ich bin jedenfalls stoned«, strahle ich. »Also wird heute für euch nichts aus dem großen Traum. Was soll's? In Verbindung mit Sex macht Marihuana aus Männern gemeingefährliche Irre. Ihr wollt euch doch nicht in Monster verwandeln, oder? Der Mann fürchtet sich vor Liebe, Wahrheit, Frieden, steht aber auf Inzest. Lächelt, Männer, uns haben sie nicht erwischt. Elysium und ich haben euch gerade von eurer Sucht erlöst.«

»Ihr Wichser«, sagte Wasteland gehässig. »Ihr wißt doch selbst nicht, was ihr redet.«

Schweigen, während frische Samenflüssigkeit produziert wird.

Wasteland sang: *»I didn't get a screw in '62.«*

Rainbow sagte: »Langeweile halt ich nicht aus.«

Dann fing Magic Star Flower an zu sabbeln: »Ich kann den Tag nicht erwarten, an dem der Mensch das kindische Spiel mit dem Rausch gegen die Künste des Wissens eintauscht. Drogen sind nichts für Sensible. Je sensibler du bist, desto mehr hebst du ab und desto tiefer fällst du. Macht alle Kinder zu Körnerfressern, die Sojabohnen essen und frischgepreßten Orangensaft trinken. Laßt uns clean werden.«

Wasteland entgegnete scharf: »Was quatschst du da? Von uns schwärmt keiner besonders fürs Leben. Es hätte anders aussehen können.«

»Ich hab die Streitereien satt«, antwortete sie. »Können wir uns darauf einigen?«

»Du kannst dich einigen, auf was du willst«, sagte Wasteland. »Gott wird eines Tages alles erklären. Er braucht nur Zeit, um selbst darauf zu kommen.«

»Die Welt ist völlig high, und wir können sie genießen.«

»Das ist eine irre Philosophie«, sagte Magic. »Kein Wunder, daß ich halbverrückt bin. Ich suche mir einen neuen Trip, und du, Cane Toad, mein Liebling, wirst clean.«

»Niemals«, gab Cane Toad zurück. »Die Liebe hat mich zu spät gefunden. Ich brauche das Rumficken. Leute, die rumficken und den Trip durchlaufen, sind reifer. Ich nehme so lange Eagles[9], bis mich jemand liebt. Dann wird der Trip enden. Acid enthält einen Alptraum, den ich kontrollieren will. Sphere und Wasteland sind wie ich. Auf uns hat jeder geschissen. Uns werden sie immer als Freaks ansehen, weil wir Schmerz und Geistesverwirrung kennen. Sie kennen den Psychokrieg.«

»Wir lieben euch, Jungs«, sagte Elysium.

»Ihr liebt uns nur, weil wir rumgefickt haben, ehe wir euch kennenlernten. Wir drei haben uns das überlegt«, antwortete Cane Toad. »Ihr habt uns so lange Dreck fressen lassen, bis es zu spät war, und dann habt ihr gemerkt, daß es zu spät war, also habt ihr euch bei uns eingeschleimt. Wir haben die Asche und wir haben den Trip.«

»Wirst du mich retten, Elysium?« fragte ich. »Ich bin ein Sexmaniac, ein unreifes Arschloch.«

»Nicht mit mir. Du bist bloß ein bekloppter Freak.«

»Ich verstehe, was du meinst, Cane Toad«, antwortete ich. »Die sind auf ihrem eigenen Egotrip.«

»Ja, nur auf die gesellschaftliche Stellung aus«, murmelte Wasteland.

»Wir setzen uns ins gemachte Nest«, sagte Rainbow. »Wir können uns jederzeit Topmanager angeln.«

»Bitte, nur zu. Sphere, Wasteland und ich wollten uns umbringen, ehe ihr kamt. Wir lieben nichts außer unserem kläglichen Selbst. Du weißt, wie verletzlich wir sind. Wir machen uns kaputt, und ihr macht uns kaputt. Unsere Träume haben sich vermischt. Ich sollte die Vergangenheit vergessen, aber ich kann nicht vergessen, wie oft wir wie Dreck behandelt worden sind.«

»Das Gespräch ist ja heftig«, murmelte Elysium. »Wechseln wir das Thema. Ihr Kerle haltet es nur nicht aus ohne Drogen.«

»Ja, wir halten es nicht ohne Drogen aus«, sagte Wasteland. »Wir nehmen immer mehr vom Trip als ihr Mädchen, und jetzt kommt ihr dahinter, daß ihr nach unseren Regeln nicht leben könnt. In der Schule lebten wir nach euren Regeln, aber jetzt ist unser Spiel etwas rauher und härter.«

»Euren Scheiß haben wir nicht nötig«, sagte Elysium.

»Fickt euch doch selbst, ihr Fotzen«, sagte ich gehässig.

Wir starrten uns gegenseitig an, mit schwarzen Herzen und kalten Augen. »Es tut mir leid«, entschuldigte sich Elysium. »Ich weiß, was du durchgemacht hast, Sphere. Du bist der Boss.«

»Ja, du weißt, was ich durchgemacht habe, und du hast verstanden. Das Leben ist bedeutungslos. Keine Kinder, Elysium, und das ist alles, worum ich bitte. Ich kann meinem Bewußtsein nicht entfliehen. Ich dachte, Acid würde ein Genie aus mir machen, aber es hat mich nur verrückt gemacht. Wenn das Leben immer ein Alptraum war, bringt Hanf die inneren Konflikte an die Oberfläche. Ich weiß, daß sie mich wieder in die Psychiatrie sperren werden. Mein Lebenswunsch ist fast erloschen. Der Trip hat mich im stählernen Griff. Ich möchte dich hier raus haben, ehe es zu spät ist. Ich liebe dich, Elysium. Ich will nicht, daß du durch mich stirbst oder verrückt wirst. Ich bin von Frauen kaputtgemacht worden, und glaubst du, du könntest den Alptraum heilen? Es tut mir leid.«

»Psst, Sphere. Ich bin bei dir. Ich bin durch den Mann zugrunde gerichtet worden, und dann kamst du und hast mich wieder leben lassen. Wir werden uns nicht wehtun, sondern zusammen abhauen.«

»Ja, packen wir's endlich«, sagte ich. »Laß uns indischen Hanf pflanzen und ihm beim Wachsen zusehen. Arbeit ist die Rettung der Menschheit. Du bist nicht verrückt. Wir müssen uns nur vor unserem Haß in acht nehmen. Die meisten Leute erwarten eine große Zukunft. Klinken wir uns in ihren Trip ein.«

»Na schön, keiner von uns ist verrückt«, sagte Wasteland.

»Nur ein klein bißchen neben der Kappe«, sagte Rainbow.

»Scheiße, du bist ein abgefuckter Irrer, Sphere!« schrie Wasteland. »Du Arschloch, kein Mensch trägt im Sommer einen wollenen Supermannanzug.«

»Ich? Was ist mit Cane Toad?« antwortete ich. »Er trägt beim Autofahren einen Sturzhelm und Ledermontur.«

»Ich gehe nach draußen«, unterbrach Magic. »Ich kann diesen Zynismus nicht ab. Ihr seit nichts als laute, pöbelnde Tiere.«

»Nimm dir ein Bier«, sagte Cane Toad.

»Danke, das kann ich brauchen«, antwortete Rainbow.

»Der nächste, der ein dreckiges Wort sagt, muß jedem von uns einen Dollar zahlen. Gilt das Geschäft?«

» Okay, das Geschäft gilt. Keine dreckigen Wörter mehr.«

» Gehen wir Mind God und Flame Garden besuchen«, sagte Elysium.

» Okay, vergeßt das Bier«, gab Magic zurück.

Also machten wir uns fertig. Cane Toad setzte seinen Sturzhelm auf, und wir fuhren die Straße runter zu Minds Haus. Wir marschierten rein. »Tag, Mind, Alter. Hast du Weed da?«

»Ich? Ihr seid die Leute mit dem Grass«, antwortete Mind.

»Unsere Ernte ist beschlagnahmt worden«, erklärte Wasteland.

»Schöne Scheiße. Ich hab mich schon auf billiges Grass gefreut. Wie ist das passiert?«

»Wissen wir nicht«, sagte Wasteland. »Irgendwer muß es entdeckt und der Polizei gemeldet haben.«

»Schöne Scheiße.«

»Ja, ist ein mieser Trip. Wir liebten diese Marihuanapflanzen. Die Bullen haben uns unseren Traum weggenommen.«

»Schöne Scheiße. Yeah.«

»Wir haben immer noch unsere Freiheit.«

»Ja, ist trotzdem 'ne schöne Scheiße«, gab Mind God zurück.

»Ich bin sauer, wirklich sauer«, sagte Baron Wasteland, »und eine philosophische Haltung ist komplett Scheiße. Ich bin da parteiisch. Der Staat hatte kein Recht, unser Selbstgezogenes zu verbieten. Das macht einen ganz abgefuckten Eindruck.«

»Du schuldest jedem von uns zwei Dollar für die dreckigen Wörter, die du gerade benutzt hast!« rief Magic aus. Wasteland klinkte die Kohle aus.

»Verlegt euch auf Höschenschnüffeln«, sagte Elysium. »Das macht auch high.«

»Ihr dreckigen Perversen«, seufzte Wasteland.

»Mußt du gerade sagen«, sagte ich.

»Mein Alter, du hast miese Ideen«, antwortete Wasteland. »Lassen wir Elysium für uns strippen. Los, Baby, besorg's uns.«

»Nee, Danke, Mann«, antwortete sie. »Besorg's dir selber.«

»Wir müssen raus aus dieser Depression«, sagte Rainbow. »Die Bullenaktion hat uns härter getroffen, als uns klar ist.« Sie sprang plötzlich auf den Tisch, machte ihre Jeans auf und schob sie mit ihrem Slip nach unten. Sie rieb sich zwischen den Beinen.

Ich erzählte der versammelten Mannschaft, daß Elysium meinen Penis nicht mochte.

»Ja«, gab sie zurück. »Er ist ein häßliches Monster. Das kommt nur, weil ich ihn zu oft gesehen hab.«

»Zeugen wir eine neue Generation«, rief Magic.

»Dreht die Musik auf«, rief Cane Toad. »Jetzt bloß keine schlechte Laune.«

In dem Moment spazierte Flame Garden mit indischem Hanf herein. Also zogen wir einen durch und vergaßen unsere Sorgen. Die unbeugsamen Stubenhocker. Cane Toad kippte seinen Kaffee über den Tisch und sah zu, wie er verlief. Ich fiel vornüber und legte meinen Kopf auf den Tisch. Der Kaffee tropfte auf den Boden, und Baron Wasteland fing an zu lachen.

»Hilf mir da raus, Mann. Ich gelobe, meinen Penis der Wissenschaft zu stiften und mich zu befreien. Alles was du willst. Gefällt dir mein Skrotum, Elysium?« fragte ich. Sie sagte nichts.

Baron Wasteland sagte: »Ich stehe auf ältere Frauen, weil sie es ernst meinen und was zu sagen haben.«

Elysium sagte: »Ich stehe auf ältere Männer, weil sie sich Zeit nehmen, mich scharf zu machen.«

Ich sagte: »Ich mag Frauen in meinem Alter, weil sie nicht auf Bullshit, sondern auf Gleichheit abfahren.«

»Drück jedem von uns einen Dollar ab«, sagte Magic. Alle lachten, als die munteren Gesellen wieder einen durchzogen. Ich beteiligte mich nicht mehr am Gespräch und begann mit mir selbst und Elysium zu reden.

9

Geschichte ist der Hort der Legenden.

Magic Star Flower

Gott, ich muß zur Arbeit. Aus dem Bett quälen und eine Zigarette anzünden. Anziehen, Fähre erwischen, die Straßen runter zur Ladenpassage und die Rolltreppe rauf. Die Augenlider mit Hilfe einer Camel Ohne aufgesperrt, und im Büro ist schon die Hölle los. Das Wochenendfiasko sinkt in Vergessenheit, während ich rumfliegende Papiere ordne, den Mädchen vom Schreibbüro zulächle und Telephongespräche annehme.

»Hallo, hier Sphere, ist da wer?« Total ausgepowert und übermüdet. Die Stimme am Telephon antwortet, während ich mich ins Berufsleben stürze. Ich streiche mir das Haar aus dem Mund und widme mich meiner Karriere. [10] Ein Mondsüchtiger mit Aufstiegschancen ins Universum.

In meinem Traum halte ich mich brav. Schön ranhalten, Junge, denn du hast nur noch sieben Stunden und sechsundfünfzig Minuten vor dir. Ja, ich halte durch. Oh, Mann, ich habe eine Erektion vom Kitzel der Mädchen im Schreibbüro am anderen Ende des Gangs. Sehr unbequem, aber vorhersehbar. Ich kriege jeden Tag um diese Zeit eine. Blaue Höschen heute. Heyhey! Todschick.

Ich ordne meine Kleidung und hole die Bücher. Beantworte die Anfrage und lege den Hörer auf und warte auf die nächste. So geht mein Job den ganzen Tag, mit einem Klingeln im Ohr und einer Antwort auf den Lippen. Der Öffentliche Dienst zieht dermaßen runter. Arbeit, Geißel der Menschheit.

Elysium besuchte mich an manchen Tagen, und wir spielten nach der Arbeit Tennis. Aus irgendeinem seltsamen Grund wurde sie meine Frau. Sie steht auf schräge Typen, weil sie selbst ziemlich schräg ist. Sie sah aus wie frisch exhumiert, pfirsichblaß wie eine Marihuanapflanze, mit neuer Energie aufgeladen und mit messerscharfem Verstand. Sie war jede Frau und doch nirgends. Sie lebte in ihrem eigenen Kreis. Dem Windkreis, den sie um sich heraufbeschwören konnte, der die Asexuellen ausschloß. Meistens fragte sie ohne Umschweife: »Wie läuft's mit den Mädchen?«, und ich antwortete mit ihren früheren Worten: »Die am meisten drüber reden, machen es am seltensten.« Dann sanken wir in einen Traum und gingen Tennis spielen. Wir wußten beide, daß wir auf dem Gras bald streiten und unsere Sucht teilen würden, während die Welt unser Leben zu vernichten drohte. Sie verfluchte sie in unser beider Namen für ihre kalte Gefühllosigkeit. Der Planet hat sich nie für uns interessiert. Er ließ uns einfach auf seinem kalten, rotierenden Fels leben, während ich noch glaubte, unsere Unschuld würde uns vor dem Schmerz bewahren, der im Leben lauerte. Wir waren bereit, gegen den Sieg des Todes anzukämpfen. Gegen diesen toten Felsbrocken mit dem Schrei der Liebe anzukämpfen. Der Schmerz, der zum Leben gehört, würde sich zu Wort melden, und der tote Felsbrocken würde zusehen, wie das Leben brüllte und sich verzehrte. Die verrückte Elysium und ihr tapferer Recke kämpften ums Überleben.

In letzter Zeit hatte die Erde mir angst gemacht. Ich konnte Elysium nicht sagen, daß ich mich vor ihr und für sie fürchtete. Sie hatte Augen im Kopf, und über meinen Charakterfehler zu sprechen, hätte die Illusion zerstört, aber ich hielt mich lieber bedeckt, weil ich Angst hatte.

Wir spielten unser Tennismatch und gingen nach Hause, während ich in meiner Phantasie Elysiums Fragen vorwegnahm. Ich habe für alles eine Erklärung, selbst für die Unterschiede zwischen Mann und Frau. Später am Abend, als wir uns in den Armen lagen, sagte ich: »Sex ist langweilig. Heben wir uns das auf und explodieren dann richtig. Machen wir was wirklich Versautes. Willst du dich nicht als meine Mutter verkleiden und mir die Windeln wechseln? Kannst du mir den Hintern abwischen?«

»Du kranker Freak«, antwortete sie. »Du hattest deinen Spaß, also bring mich auf Touren und wir reiten in die Nacht.« Sie schwang sich auf mich in ihre bevorzugte Orgasmusstellung. Nachdem sie eine Weile geritten war, kippte ich sie runter und brachte meinen Orgasmus zu Ende. Später sagte sie: »Sphere, ich verlasse dich. Ich halte dieses Leben nicht aus. Ich brauche Zeit und Freiraum.«

»Wir stecken zu tief drin, um jetzt Schluß zu machen«, sagte ich.

Sie antwortete: »Ich kann Schluß machen, und ich muß Schluß machen, und ich will Schluß machen.«

Sie verließ mich für drei Wochen, und während sie weg war, erkannte ich, daß ich sie wirklich liebte. Ich wußte, daß es so besser war. Mit einem Schizophrenen ist es schwer auszuhalten, und ich war erleichtert und hoffte, sie würde glücklich werden und die Drogen aufgeben. Aber ihr neues Leben war nicht das, was sie sich vorgestellt hatte, und dann war sie wieder da. Die Zeit ging dahin, während wir wieder in die Selbstzufriedenheit eines monotonen Lebens verfielen.

Ich kitzelte sie hoch, und wir bumsten wieder. Als ich mich an ihre Muschi ranmachte, entdeckte ich, daß der Unterschied zwischen mir und Elysium darin lag, daß sie mehr internalisierte, während ich mehr externalisierte. Offensichtlich hatten wir unser Kompatibilitätsproblem gelöst. Ich verliebte mich einfach schneller als sie. Das tun wohl die meisten Männer. Ich liebe dich, Elysium, das tue ich wirklich. Du bist jede Frau und meine ganz besondere Lady, Honey.

10

Ich bin auf der Suche nach Realität.

Elysium Dream

»Warum willst du drogensüchtig sein?« fragte ich.

»Als ich jünger war, war ich strikt gegen Drogen«, sagte Elysium. »Mir wurde beigebracht, daß Drogen dein Leben zerstören, aber als ich sie ausprobierte und nicht starb, stieg ich auf den Trip ein. Vielleicht habe ich einen heimlichen Todestrieb.«

»Wir stecken beide in einer psychedelischen Zwangsjacke. Halluzinationen inspirieren mich und versetzen mich in Todesangst. Ich will mich mit klareren und höheren Visionen befassen. Ich will etwas entdecken, das mich berühmt macht. Ich will dir die elysischen Felder zeigen. Ich will dir Magie schenken.«

»Du wirst nie irgendwas oder irgendwelche großen Antworten entdecken. Alles ist längst gesagt und getan.«

»Ich bin sicher, daß Acid ein großes Geheimnis enthält. Wenn ich nur seine Macht entdecken könnte. Ich will ein Buch darüber schreiben. Die Macht des Traums. Mein hohes Ziel, etwas Besonders zu sein, treibt mich die Wände hoch. Ich kann nachts nicht einschlafen, ehe ich total dicht bin.«

»Ich liebe dich, Sphere«, sagte sie. »Es wird spät. Gute Nacht. Deine Tagträume sind deine Kreativität.« Zehn Minuten später, nachdem ich mich einige Male schlaflos herumgewälzt hatte, stand ich auf und ging den Kühlschrank plündern. Ich mauste mir eine Salatgurke und ein Knoblauchbrot und aß am Küchentisch, bis der Todesblues verschwand. Endlich schlief ich ein, auf dem Tisch zusammengesunken.

Der Tag dämmerte über einer wunderschönen Welt. Die Sonne sagte 6 Uhr 45. Roll den Stein weg und steh von den Toten auf. Ich steckte mir in der Badewanne einen Joint an, während Van Morrison von der Kassette knarzte. Ging nackt ins Wohnzimmer mit einer Tüte aus aromatischen, klebrigen Aussie-Heads, einem Glas Milch und einer Banane. Stimmung: glücklich. Ich warf einen wohlgefälligen Blick die Straße runter an Lovers Lane vorbei und steckte, von einem kindischen Impuls getrieben, den Kopf durchs Fenster und schrie: »Marihuana!«

»Hey, du Asi!« Ich wurde von dem Ratsherrn von nebenan, der die Blätter auf seinem Rasen zusammenharkte, Asi gerufen, und wußte nichtmal, was das heißen sollte. Saustark, ein unschuldiges Kind des Herbstes. Ich kniff vor dem unvermeidlichen Ärger mit den Bullen und beschloß, den morgendlichen Frieden nicht zu stören.

Ich suchte einen erstklassig aussehenden Head aus und zerbröselte systematisch die aromatische Masse aus Blättern, Blüten und Stengeln auf die Abendzeitung. Irre. Ich wärmte das Weed ein zweites Mal auf und verteilte, nachdem ich zwei Tally-Ho-Blättchen zusammengeklebt hatte, das Grünzeug gleichmäßig in die Vertiefung. Noch ein Schmuckstück für mein Morgenrepertoire. Mehr liebliche Träume vom Leben.

Juppididuda! Das ist ein Leben. Ich lachte. Diese Dröhnung hat keinen Anfang und kein Ende. Ich werde ewig verrückt sein. Nach einem verrückten Flashback faßte ich mich wieder. Zeit, nach der Süßen zu sehen.

Ich trat ins Zimmer und brüllte: »Raus aus den Federn, Schlafmütze!« Sie stöhnte und rollte sich auf die Seite. Sie war abweisend, aber es war zu ihrem eigenen Besten. So bekam man sie aus dem Bett. »Wach auf, Schnecke, ein schöner Tag, um stoned zu sein.«Ich grinste blöd und sagte: »Willst du nicht aus dem Bett hüpfen, mit den kleinen Zehchen wackeln und einen durchziehen, Unschuld vom Lande?«

»Verpiß dich, du Sack.«

Ich war regelrecht enthusiastisch. Ich spürte die Lebenskraft des Morgens. Ein grandioser Einfall: Ich würde die Nachbarschaft mit Wildman Fisher aufwecken. Baron mochte laute Musik und lange Haare. Ich zog mich ins Wohnzimmer zurück, drehte die Lautstärke voll auf und knallte den Tonarm auf die Platte. Wah-Wah hallte es durch den Flur.

Dann Schreie des Entsetzens, das Trappeln von Füßen und knirschende Zähne. Ich dachte schon, sie würden mich aufknüpfen. Keine Spur von Coolness oder Kameradschaft. *An Evening With Wildman Fisher* ist ein Spitzenstart in den Tag. Ich muß mir merken, nicht Janis Joplin laufen zu lassen, und vielleicht sollte ich mich zukünftig daran halten, ins Mäntelchen der Depression gehüllt in devoter Lautlosigkeit durchs Haus zu schleichen – aber das war nicht meine putzmuntere Art. Der Morgen ist der beste Teil des Tages. »Hoch mit dir, Elysium, du kleine fettärschige Schlampe.«

Samstagmorgen, also rollte ich noch ein paar Rohre, legte eine Platte auf und schlenderte auf die Veranda, und, Jesses, nee, der Stadtrat von nebenan kam an und drohte mir mit der Faust. Solche stressigen Tage machen mich fertig. Wieder drinnen, zündete ich Räucherstäbchen an, versprühte Deodorant im Raum und versteckte das qualmende Dope auf dem Tisch unter einer Zeitung. Jetzt ran an den Feind, er kommt die Treppe hoch, und gleich ist er an der Tür.

Tock tock.

Ich würde dem verrückten Hund allein in meinem Marihuanawahn entgegentreten müssen. Ich wußte, er haßte mich. Ich bin ein paranoides Arschloch. Wenn ich mich auf den Boden werfe, denkt er vielleicht, wir wären nicht zu Hause. Komm vom Boden hoch, du Spinner. Ich sprang auf die Füße und kicherte.

Tock tock.

Stell dich nicht so an, Junge. Es ist nicht die Polizei.

Tock tock.

Ich machte die Tür auf und sagte langsam Hallo, kicherte mir eins und rollte die Augen.

»Mr. Sphere«, erwiderte er streng. »Ich konnte diesen Rock-and-Roll-Müll quer über die ganze Straße hören.«

»Wir mögen leise und sanfte Musik, Sir. Wir stehen auf die Harmonie der Natur«, antwortete ich.

»Das zieht nicht«, sagte er. »Ich rufe die Polizei an. Und Junge, zieh dir was an, ehe sie kommen.« Und damit drehte er sich um und stürmte davon.

Scheiße mit Reis, das meint der ernst! Die Bullen werden kommen und dann sind wir erledigt. Jetzt mach schnell deinen Zug, Junge. Ich knallte die Tür zu und zischte wie der Blitz durch den Raum ins Schlafzimmer und zog mich an. Meine Hände zitterten, als ich mein Hemd aufknöpfte. Ich fing an zu hyperventilieren. Mir war übel. Keine Zeit für Übelkeit, erstmal das Wohnzimmer aufräumen. Ich bereinigte schnell die Situation und hatte wieder eine gute Ausrede für einen weiteren Joint. Die Gefahr war gebannt und schon vergessen, also steckte ich mir ein Rohr an und begann mit mir selbst zu reden. Ich inhalierte Rauch, fing an zu husten und griff nach dem Wasserglas, weil meine Lungen mich im Stich zu lassen drohten.

Ich erinnerte mich an den Tag, an dem wir eingezogen waren und der Ratsherr seinen Antrittsbesuch gemacht hatte. Ich hatte gerade meinen Morgenmarihuana intus, als, Überraschung!, der Ratsherr von nebenan mit seiner Frau und einer Obsttorte antanzte. Beim ersten Klopfen wurden die Pfeifen hinter dem Gummibaum versteckt, und der

Kaffeetisch verschwand unter der Tageszeitung. Ich besprühte das Zimmer mit Deodorant und ging die Tür öffnen. Der Ratsherr erklärte, er sei das Begrüßungskomitee der Nachbarschaft. Wir setzten uns zu einem freundlichen Plausch. Sie sprachen über Lokalpolitik. Sie erzählten mir, daß die Vormieter beim Herstellen von LSD einen Bunsenbrenner umgeworfen und das obere Stockwerk des Hauses niedergebrannt hatten.

»Sie haben mit Drogen nichts zu tun?« fragte er.

»Nein«, sagte ich. »Wir sind nette Leute.« Dann bemerkte ich Baron Wastelands Poster an der Wand, das der Ratsherr gerade las: THE SADISTS, A HERO AND HEROIN BAND. Es entstand ein längeres Schweigen.

Dann sagte der Ratsherr: »Ich muß noch meinen Hof aufräumen, also bis dann.«

Ich sagte: »Ja, verpißt euch.«

Danach hatte der Ratsherr mich nicht eben ins Herz geschlossen, und er beobachtete mich immer auf der Veranda. Manchmal öffneten wir die Fenster und ließen den Marihuanarauch über die Straße und in seinen Garten ziehen, und er wartete nur darauf, uns hochgehen zu lassen. Captain Beyond lief auf dem Plattenspieler. Ich nahm noch einen Zug indischen Hanf und steigerte mich in ein ernstes Delirium Tremens. Nicht auszudenken, vielleicht übt er morgen Vergeltung mit einer Frank-Sinatra-Kassette. Wie öde. Ich rauchte den Joint auf und wartete auf die Polizei.

Tock tock.

Die Polizei erschien mit dem Ratsherrn. Er hatte nicht gelogen. Sofort brach mir der Schweiß aus, mein Bewußtsein wurde zu einem Kaleidoskop, und meine Beine versagten. Ich trank einen Schluck Tee, und er kam mir beinahe hoch. Das Grass steckte in meiner Unterhose. Tja, das war's, Junge, jetzt kommt der Showdown. Ich trabte in pitschnassen Schuhen an die Tür.

»Hallo, Sir«, sagte ich, »wollen Sie nicht eintreten? Herrlicher Tag.«

»Mir liegt eine Beschwerde vor, Haschfreak«, knurrte der Bulle, »daß Sie hier indischen Hanf rauchen und wilde Orgien feiern.«

»Wir doch nicht, Sir«, antwortete ich. »Wir sind nur normale, hart arbeitende Männer und Frauen.«

»Tja, ich muß das Haus durchsuchen«, knurrte er wieder. »Ich habe einen Haussuchungsbefehl in der Tasche.«

»Könnte ich den mal sehen, Sir?«

»Nein«, knurrte er.

Sein Kollege drängte sich an mir vorbei und fing an, das Wohnzimmer auf den Kopf zu stellen. Dann ging er ins Schlafzimmer und scheuchte die anderen auf. Die armen Teufel hatten um neun Uhr morgens nicht mit Bullen gerechnet. Der Ratsherr grinste nur im Hintergrund.

Nachdem sie das Haus auf den Kopf gestellt und die Cornflakespackung ausgekippt hatten, hatten sie sich überzeugt, daß keine Drogen da waren. »Ich gebe Ihnen einen Rat«, knurrte der Bulle. »Lassen Sie die Finger von den Drogen.«

»Alles klar, Sir«, murmelte ich. Die anderen fünf scharten sich in Decken und Laken gehüllt um mich.

»Bis dann, Sir«, fügte Wasteland hinzu, als er die Tür schloß.

Cane Toad lief durchs Zimmer und gegen die Wand. Rainbow fiel über ihre Decke, während ich mich aufs Sofa setzte und die Arme um mich schlang. Wieder mal geisteskrank. Ich muß raus aus diesem Traum. Eines Tages, alter Freund, ist er hoffentlich vorbei. Ich hoffe es, weil ich ein Magengeschwür und nervöse Zuckungen habe, und weil ich aus dieser kranken Realität einfach raus muß.

11

Du liebst und vertraust also Frauen. Weißt du was, Mann, wir sind genauso abartig wie ihr.

Rainbow Moonfire

Unser Mann kam mit ein paar Black Triangles zurück. Ich leckte daran und schluckte: kein Geschmack und kein unmittelbarer Effekt. Der Irrsinn würde später kommen. Richtig getimt, holte der LSD-Express schnell auf, zog mit dem Marihuanatohuwabohu gleich und schenkte uns höhere Erkenntnis, ohne daß der Worttumult störend in unseren Köpfen widerhallte. Plötzlich wurden wir eine zukünftige Rasse von Männern und Frauen und hatten nichts als unseren unverfälschten Intellekt. Es war die Zeit, da Realität und Irrealität die Plätze tauschten und sich irgendwo im Kosmos ein Traum auftat. Mit einem wilden Grinsen riß ich das Gespräch an mich.

»Sieht dieser Teller für dich wie ein Mandala aus?«

»Was ist denn ein Mandala?«

»Ein Kreis, der das Universum repräsentiert. Vollkommenheit.«

»Ich würde eher davon essen«, sagte Wasteland.

»Nein, du verstehst nicht, was ich meine. Es ist einfach ein Mandala, was Interessantes, ein Kreis. Religionen sind mein neues Hobby.«

Wasteland hob das Mandala hoch. »Haben diese Hieroglyphen was zu bedeuten?«

»Nee, Alter«, antwortete ich. »Das sind bloß Sprünge im Teller.«

»Und was ist mit dem Kartoffel-und-Tomatensoßen-Fleck hier?« fragte Wasteland.

»Jetzt hör auf zu spinnen, Wasteland!« kreischte ich.

Meine Einführung in den Kreis war unvorteilhaft gelaufen, und ich kam damit nicht mehr klar. Es zerrte an meinen Nerven, als mir klar wurde, was für schlechtes Karma ich gerade verbreitet hatte.

»Wo hast du das mit den Mandalas her?« fragte Wasteland.

»Am Taylor Square gibt es nämlich ein Mandala-Kino.«

»Es stand in einem Buch über Jung, den Psychoanalytiker.«

»Du solltest den Müll nicht lesen, Alter«, sagte Wasteland. »Ich sage immer, je weniger man über Mandalas weiß, desto besser. Nichts Böses hören, nichts Böses sehen, und vor allem keine Scheiße reden.«

Uncle Cane Toad sagte: »Der Affentanz.« Dann gingen die Affenimitationen los, und im Zoo war Fütterungszeit. Ich konnte mich nicht mitteilen und versank in einem Riesenfaß Furcht. Pseudohippies, die sich was vormachen.

»Du liest zu viele Bücher,« sagte Wasteland schließlich.

»Ich lese sie auf dem Weg zur Arbeit,« antwortete ich.

»Arbeit stinkt,« sagte Wasteland.

»Ja, ich verstehe, was du meinst. Ich stinke.« Das erschütterte mein Selbstbewußtsein, und ich stieg beschämt und mit hochrotem Kopf aus dem Gespräch aus. Jeder sollte ein Hobby haben, dachte ich. Man sollte sich allen Aspekten widmen und nichts unversucht lassen. Wastelands Hobby war Trips schmeißen. Ich zog mich in meine eigene Welt zurück, die in Auflösung begriffen war. Die Worte um mich her bedeuteten nichts. Ich versuchte, meine Gedanken zu äußern, aber sie lachten hysterisch. Ich war ganz in Gedanken gewesen und hatte den Witz nicht mitbekommen. Ich sonderte mich wieder ab und wollte die Eintracht nicht stören. Es war einfacher, über das moralische Schauspiel nachzudenken. Ich wandte den Blick nach innen, blendete mich aus, wabbelte an den Grenzen der Erinnerung herum und kam zurück, um die Musik und das Gespräch bis zum Ende zu verfolgen, denn sie waren meine Freunde. Ich war auf die Menschheit eingestimmt, doch mein Dasein war einsam. Die Felder wogten, und die Menschheit wogte mit mir. Die Farbwellen durchfluteten meinen Gesichtskreis. Die Erde stand still, und Erde und Bewußtsein wurden eins, und ab da gehörte ich Mutter Natur. Das auf dem Tisch schimmernde Mandala fesselte meine Aufmerksamkeit. Es war unbeschreiblich idiotisch, aber ich gehörte hierher in die Ewigkeit des Traums. Das Wasser im Glas auf dem Tisch war mein Element, während ein Geist tief in meinem Inneren hoffnungslos und hilflos zauderte, mich in Worte zu fassen, aber ein halbersticktes Lachen starb, als die nächste Welle von Farben durchs Zimmer flutete.

Die anderen redeten weiter. Was sagten sie? Ich hatte mich durch die interessanten Klänge meines silbernen Bewußtseins einsam davontreiben lassen. Meine idiosynkratische Schüchternheit konnte das Gespräch nicht bestimmen, also verharrte sie in furchtsamer Untätigkeit. Ich hielt es für besser, nichts mehr zu sagen. Kennt ihr die Angst, an einem Tisch zu sitzen und nicht zu wissen, wovon die Rede ist? Ich mußte weg, ich brauchte etwas Stille. Ich stand auf und entfernte mich von dem Schnattern und starrte auf das Schachbrett. Es war ein unendliches, unbeschreibliches, wundervolles Spiel. Ich projizierte meine Wünsche nach außen.

»Wasteland, hast du Lust auf ein Schachspiel?«

»Klar, Alter«, antwortete er.

In meinem eigenen Trip gefangen, fühlte ich mich wie ein Genie mit langsamen, bedächtigen Bewegungen, die Objekte und Menschen beiseite schoben oder ergriffen. Ich sah alles in einem gigantischen Traum. Ich stimmte mich ein, ließ mich wieder ablenken, dann folgte ich Schachpfaden bis zu ihrem endgültigen Abschluß. Das ganze nahm ausgesprochen gewaltige Ausmaße an, und dann schwebten kleine Objekte durch mein Bewußtsein. Gigantische visuelle Konfigurationen, und dann die unbedeutenden Einzelteile, die der Mensch ihrer Maße wegen achtlos abtut. Ich machte meinen letzten Zug. Zeit war verstrichen. Ich war in vier glatten Zügen übers Brett gefegt. Das ist es, Junge, du hast es geschafft, die Intelligenzmauer durchbrochen, die endgültige Realität der Bewußtseinsexpansion entdeckt. In meinem Bewußtsein Bilder reiner Vernunft. Die Ideen hinter dem evolutionären Trachten des Menschen. Dem philosophischen, psychologischen Spiel des 20. Jahrhunderts. Eine Zeit, um die Ewigkeit zu verändern. Direkter Kontakt mit dem großen Traum.

Die Psychologie des Spiels des Lebens war ein offenes Buch für mich. Mißerfolg, dann Korrektur, um den Schmerz auszuschalten. Erfolg, dann Zufriedenheit. Das Leben ist ein Wechselspiel von Vision und Aktion, Denken und Reaktion auf den Fortgang des Traums. Das Leben ist ein Spiel von Krieg und Eroberung, von Kampf und Erfüllung, von Gedankenemotionen und Träumen von Zweck und Schöpfung. Ein unsterbliches dreieckiges, sphärisches Quadrat, das existiert, sich verändert und verschwindet. Das größte Spiel auf Erden ist der Traum von Sphere. Das Spiel von Liebe und Haß, das alles Leben von Meer bis Land, von Raum bis Zeit, von Materie bis Intelligenz repräsentiert. Die Bedeutung deiner selbst. Ein spirituelles, gelassenes Spiel des himmlischen Königreichs. In der Realität ein Spiel von Schmerz und Aggression, dann Wollust, dann Respekt. Verloren im Jetzt kreiselte ich hinaus in den Wahnsinn vollkommenen Schweigens und ließ mich in die Zukunft des Jetzt treiben und wußte, daß ich euch alles sagen muß, was ich weiß.

Schweigen.

Ein flüchtiger Eindruck, und ich sagte: »Grandiosität.«

Mach irgendwas auf dem Brett, und es ist bedeutungsvoll und bedeutungslos. Es ist eine langsame, unaufhaltsame, ausgeglichene Wanderung durch persönliche Symbole. Die

Worte und Träume des Wissens verschleiern das wahre Objekt. Das wahre Objekt ist draußen, während das Licht an Kraft gewinnt. Es flimmert, bis es sich in einem blendenden Lichtblitz entlädt. Eine unendliche Vielzahl von Gefühlen. Eine unendliche Unendlichkeit. Eine Trennung des Geistes, der vom Leben träumt, vom physischen Körper, der das Reale ist. Das Bewußtsein treibt weiter und weiter ab, bis es sich jenseits des Horizonts der Zeit verliert. Zeit ist unteilbar und kreisförmig, reißt uns in einen Strudel unendlicher Unsterblichkeit, uns eins machend in unserem eigenen Schicksal. Das Universum ist unendlich. Acid ist hier. Die Gedanken, die uns auf eine Reise ins Paradies oder in sein Gegenteil führen. Das Spiel des Zufalls, das den Gegenzug bedient und automatisch in eine neue Seinsform weiterreist. Die mathematisch intelligenten Konstruktionen der Prinzipien des Lebens, das um sein Überleben kämpft, und in dem fruchtlosen, nie endenden Ringen wird Realität erreicht, in der alles unendlich ist. Der Anfang und das Ende des Traums von evolutionären Entscheidungen. Jetzt ist die Lücke geschlossen durch ein Spiel der Weisheit, in dem das Unendliche Unendliches erschafft. Ich weiß, daß dies das Ende der Acidoffenbarung ist, an dem ich alles werden muß.

Ich beendete das Spiel und betrachtete und belauschte zur Abwechslung meine Gedanken, die mein geworden waren. Der geballte Rock and Roll hing in der Luft. Ein Musikbrecher brandete ans Ufer. Der Sound beutelte mich ordentlich, und ein Bruchteil meines Lebens flammte vor meinen Augen auf. Es ging vorbei, als ich Elysium Dream in den Arm nahm.

»Dream, ich kenne deinen Traum und dein Spiel«, flüsterte ich.

Sie flüsterte zurück: »Ich will ein Baby. Wir sind eins.«

Zeit verging. Vom Strychnin bekam ich Magenkrämpfe, und die harte Acidmusik von Jefferson Starship gab ein schrilles Feedback.[11]

Am grauen Morgen, als die Sonne aufging, liebte ich im Traum mein Mädchen mit hundert Tonnen TNT.

Sie sagte: »Ich will schwanger sein.« Ich wußte das, weil sie es mir gerade erst gesagt hatte. Schwanger mit Acidchild. Sie trug Acidchild jetzt in sich. Sie werden mich finden. Wir drei standen am Morgen der Erschaffung des Universums.

Gott ging auf sie zu. Sphere besorgte es ihr und fickte sie durch, bis das Bewußtsein des neu Erkannten an den Ursprung des Orgasmus zurückgeschleudert wurde. Nach der Ejakulation in den Schmerz kam ich erneut. Der Schmerz der Vergewaltigung kam wieder und wieder. Ich verzog mein Gesicht zur häßlichen Fratze und kam weiter unter Schmerzen. Schmerz, Schmerz und wieder Schmerz, während ich ins Zentrum meines Gehirns ging, zurück in den Tumult, aber die Kugeln waren nicht mehr da, also schuf ich einen Stoßball, den Diskus, und schleuderte ihn aus dem Spiel, um die Sphären auseinanderzusprengen und das Ritual zu vollenden. Den Ritualmord an meiner Seele vom Beginn des Alptraums. Bewußtseinsselbstmord, um jede Erinnerung an die Geburt meines Bewußtseins auszulöschen. Der Schmerz des Orgasmus ließ mich wegtreten, und ich fiel aus ihr heraus, während der Diskus ins All hinaus flog. [12]

Wir starben alle, und ich wachte auf dem Fußboden auf. Ich trat auf den Traum der psychedelischen Ära des Rock and Roll zu. Elysium Dream hatte Leben gekauft, und ich hatte versucht, den Traum zu ersticken. Ich hatte Elysium wirklich gefickt. Sie war trocken und lag einfach da. Ich war der Vater, Gott, die Beatles und Elvis. Ich war der Acid Rock des Rock and Roll, und jetzt, 1974, hatte ich in meinem Traum Disco erschaffen. In meinem Rock-and-Roll-Alptraum. Mein Baby. Ich erinnerte mich an das Grauen meines Alptraums, den ich Traum nannte. Gott, jetzt bin ich wieder mitten in der Verführungstheorie. Meine Wiedergeburt.

Ich dachte, du hättest verstanden, Elysium. Ich wollte gleichzeitig sterben und leben. Ich habe dir gesagt, daß ich als Baby gequält und mißbraucht wurde. Ich weiß jetzt, wer ich bin. Es ist verloren, aber es wird für den Erfinder des Rock and Roll gewonnen werden. Die Kugeln rollten wieder. Ich habe einen Diskus in die Unendlichkeit geschleudert. Ich bin ein Hexenmeister. Ich werde nicht die Wahrheit sagen. Dies ist die Geburt von Disco und Irrsinn.

12

**Jeder Mensch braucht eine Landkarte,
um sich zurechtzufinden, und diese Landkarte
sind die Flashbacks.** *Rainbow Moonfire*

Elysium Dream war auf Trip, und sie war schwanger. Ich
würde einen Nervenzusammenbruch bekommen, wenn sie
so weitermachte. Was geschieht mit mir? Ein in die Unendlichkeit gerissenes Kind. Eine Mutation. Alles anhalten. Was
läuft hier eigentlich? Sind alle verrückt geworden? Kennt
irgend jemand die Realität?

Ich blieb den ganzen Samstag und Sonntag auf Trip und
ging am Montag mit drogenverseuchtem Bewußtsein zur
Arbeit in die Stadt. Ich hatte Flashbacks, und ich fragte mich,
ob mir das alles wirklich geschah. Ich wußte es nicht. Vielleicht war alles nur Einbildung. Wenn sie schwanger war,
dann bedeutete das, daß ich tatsächlich Gott geworden war.
Ich war wahnsinnig, das wußte ich jetzt. Das war keine
gesunde Umgebung, um ein Kind großzuziehen. Meine einzige Erfahrung als Vater war, eine indische Hanfpflanze her-
anzuzüchten. Es war unbestritten das beste Weed, das ich je
versucht hatte, aber längst kein Empfehlungsschreiben für
die Vaterschaft. Ich lachte wieder. Ich hatte es versaut.

*Elysium, du bist wunderschön, und ich liebe dich mehr
denn je, aber ist es für uns nicht Zeit, uns zu trennen? Ich
würde nicht mit einem Baby zurechtkommen, das mir unter den Füßen rumkrabbelt, in aller Herrgottsfrühe rum-
brüllt und auf meine Levis kotzt. Dieses Leben wäre nichts*

für mich. Ich will das Beste für mein Baby, und du kennst meinen Standpunkt. Wir waren uns einig darüber, daß diese Welt sich selbst zerstören würde.

Am Osterwochenende machten wir uns ein paar schöne Tage in den Blue Mountains und in Wisemans Ferry. Ich konnte das Drunter und Drüber nicht mehr viel länger ertragen. Wir waren zwei Exzentriker im selben Haus, die jeden Moment ausrasten konnten. In Wisemans Ferry wuchsen wie üblich die Pilze in den Tälern. Ich fuhr hin, um nach Antworten zu suchen, und ich dachte, die Pilze würden alles glasklar werden lassen. Ich brauchte einige Antworten.

Ich aß ein paar Pilze und pennte im Laderaum des VW-Bus ein. Elysium hatte keine Pilze gegessen, und es war gut, daß mein kleines Junkiemädchen nüchtern war. Ich riß mir die Maske ab und dachte in einem durchsichtigen, klaren Traum. *Ich bin gerne mit dir auf Trip, Elysium, und freue mich, daß du unser Baby bekommst. Es ist die Kraft der Liebe, sich zu erfüllen. Ich habe dir die Baupläne meiner selbst gegeben; ich kann die Nahrung kaufen, um dich und dein Kind wachsen zu lassen.* Höher und höher stiegen wir, während wir immer weiter von Wisemans Ferry fort in die Berge fuhren. *Elysium, an dir stimmt einfach alles.* Ich begriff, warum ich die Ewigkeit dieser Frau liebte. Warum ich ihren Himmel und ihre Erde liebte. Ich hatte mich entschieden. Ich mußte sie aus der Wahnsinnsfalle entkommen lassen. *Ich tauge nichts,* sagte das Bewußtsein. *Ich werde nie was taugen. Mir ist nicht mehr zu helfen, aber meine Frau und mein Kind werden überleben.* Die Stimme sagt, daß sie zur Mutter der Ewigkeit werden wird. Sie braucht den natürlichen Wind, der ihren Körper liebkost. Sie hat jetzt für ein Kind zu sorgen. Sie kann nicht bei mir bleiben, denn wenn sie es tut, werden wir alle zu Boden sinken wie welkes Herbstlaub. Sie wird nie wieder alleine sein. Sie hat sich selbst erschaffen. Mit unseren Ängsten würden wir beide zu Boden sinken. Sie hat einen anderen geliebt, und sie ist ein kleines Glied in der Unendlichkeit geworden. Meine Songs sind kaputt. Ich kann sie nicht retten. Ich lag im VW-Bus begraben, als die Gedanken wieder über mich kamen. Ich hatte verrückte und entzückte Träume von dem Diskus in der Ewigkeit.

Ich sagte: »Ich kann dich zum Kotzen nicht ab.«

Sie weinte nur und sagte: »Warum redest du nicht mit mir?«

Es war einmal, da warst du so wunderschön in erdblassen Jeans, und ich sehe dich immer noch knöcheltief im Matsch nach Pilzen suchen. Ich fühle den Nervenzusammenbruch kommen. Mr. Spinner, wo stehen wir jetzt mit unseren idiotischen Spielchen? Die letzte halluzinogene Szene grotesker Gedankenspiele von einem Lebensstil, der in die Ewigkeit gefegt worden war. Der Traum sagte, daß das Kind und Elysium ins Exil zu gehen hatten. Wir mußten uns trennen und den Songs ihren Lauf lassen.

Ich erwachte benommen und ausgebrannt. Für mich gab es kein Heim. Keine Freiheit. Ich lief fort in mein eigenes verzaubertes Reich und gelobte, zurückzukehren, wenn ich die Wahrheit annehmen konnte. In den Burgen des Bösen, in den Palästen des Guten suchte ich nach mir selbst. In den Ländern der Erde kamen und gingen meine Traumbilder. Meine Gedanken, die mir befahlen, mich umzubringen oder meinen Weg nach Hause zu finden. Kleinliche Kritteleien beherrschten mein Bewußtsein. Der Fötus trieb mich zum Wahnsinn. Ein mutiertes Ich, von seiner Mutter und seinem Vater mißhandelt. Da waren Liebe und auf dem Kaffeetisch verstreute Marihuanastengel und -samen. Das Spiel war aus, und hier war ich nun, zwischen Angst und Irrsinn hin und her gerissen. Von Mauern umgeben, war ich mit meinem Geheimnis allein. [13]

Der Erfinder des Rock and Roll fiel in den Drogenbrunnen, während sein Leben vor ihm in Stücke ging. Ich konnte nicht bremsen. Ich konnte nicht schlafen. Ich konnte nicht hassen. Ich hämmerte meine Fäuste gegen die Wand. Ich kannte die Antworten, aber nichts gehorchte. Nichts glaubte mir noch. Mein Körper und Bewußtsein starben und folgten in ihrem Todeskampf den Pfaden zum Wahnsinn. Die Drogen hielt ich in meiner feuchten Hand umklammert, und ich wollte mich nicht von meiner gefährlichen Geliebten trennen. Ich wollte Wahrheit und Geheimnis des Universums nicht kennen. Ich wollte nicht mehr spielen.

Sie verließ mich, um ein neues Leben anzufangen, und machte mich traurig. Elysium würde mit einem Dämon in einem Hexenzirkel leben. Der Hexenmeister, völlig von Sinnen, war überzeugt, daß sie ihn kreuzigen würde. Ich wußte, der Dämon würde mein Baby schänden, aber ich hatte es verloren.

Bei unserem letzten Treffen sagte Elysium: »Es tut mir leid«, und ich sagte: »Macht doch nichts.«

Nachdem sie gegangen war, saß ich im Zimmer, während der Plattenspieler »Cricklewood Green« von Ten Years After sang. Der fiebrige Alptraum meiner Kindheit kam wieder hoch. Der letzte Schrei eines Babys, ehe es in die Hölle geschleudert wird. Meine Geburt, die vergessen war, kommt wieder hoch. Ich dachte, daß alle Kinder durch die Hölle gehen.

Das muß der schlimmste Trip sein, den ich je geschmissen habe.[14] *Ich weiß nicht weiter, und wenn ich mich still verhalte, werden sie nicht merken, daß ich wahnsinnig bin. Der Erfinder des Rock and Roll.*

Später in dieser Nacht brauchte ich die Liebe, die Elysium mir gegeben hatte. In meiner Bitterkeit und meinem Haß konnte ich auf sie verzichten, also fanden meine Hände jenen Teil von mir und den Rhythmus meines früheren Lebens.

Masturbation. Alles klar, Sohn der Unendlichkeit, als der Samen herausspritzte und auf meinen Bauch klatschte. Ich holte das Pack Grass aus der Schublade und ging ins Wohnzimmer. Ich wurde von der Gesellschaft verlacht. Ich reagierte übertrieben heftig, und das Weed brachte mich auf Trip. Ich trat den Kaffeetisch. Und wieder werde ich Pilze nehmen. Nie wieder werden sie über mich lachen. Verhöhnt und verpönt, begannen meine Gedanken zu rasen. Geh raus, bleib drinnen, rauch Marihuana, schaff dir ein Vakuum und lösch dein Bewußtsein aus. Ich dachte schnell.

Die Gruppe lachte und lästerte hinter meinem Rücken über mich.[15] Es ist ein mieses Spiel. Die Stimmen sprachen unablässig in meinem infantilen Tagtraum. Ich wollte geliebt werden. Der Traum von Rock and Roll. Ich füllte die Leere meines Bewußtseins mit aufgeschnappten Gesprächsfetzen. Für sie war ich ein Idiot, ein Depp, ein Clown, und sie würden so weiterreden, bis sie mich aus der Gruppe geekelt hatten, und dann hämische Bemerkungen hinter meinem Rücken machen. Sie sahen mich alle an. Ich empfand Hitze, Schmerz, Angst, Scham. Sie sahen mich alle an. Ich mußte mich dem Druck des großen Traums stellen. Ich wurde gehaßt. Ich bin der Erfinder des Rock and Roll. Ich bin kein Star, sondern ein Diskus, ein Hexer.

Ich drehe durch. Noch einen Joint, dann bin ich wieder in Ordnung, Alter, aber auf Droge denke ich dauernd. Es ist rund um mich, in Symbolen und Illusionen. Es entstellt meine Emotionen. Mehr und mehr, wieder und wieder, sehen sie mich an. Laß mich in Ruhe, Alter, und nerv mich nicht mit der Vergangenheit. Geister überall.

In meiner aufgekratzten Stimmung wechselten sich Depression und manische Fröhlichkeit ab. Ich haßte mich, und das zerriß mich. Verschwunden, aus dem Leben geschieden, griff der Trip, und der Verlierer saß im Stuhl, den er nicht begreifen konnte. Die abgestorbenen Zweige in den Himmel gereckt, nur um in Anbetung eines gefürchteten Gotts auf halbem Wege zu sterben. Ein unsinniges und verdammtes Unterfangen. Eine Zivilisation nur zu erschaffen, um eine Zivilisation zu vergewaltigen.

Nimm dir noch ein Bier, Alter, und wenn du es nicht trinken kannst, mußt du es stehenlassen. Wenn du es nicht stehenlassen kannst, mußt du es trinken.

Ich stand schwankend vor dem Pinkelbecken und schaute auf meine Füße runter, die nur verschwommen zu sehen waren und schwankten und sich bewegten. Ich wichste quer über den Himmel. Ich war stinkbesoffen und voller Selbstmitleid. Die Welt ist ja so verächtlich. Ich werde dir folgen, Elysium. Ich bin kein Führer von Männern oder Frauen.

Ich war wieder stoned und blau und hatte zwei Makro-Dots genommen. Ich konnte nach Herzenslust saufen, ohne mehr mitzukriegen als den erfrischenden Geschmack von Alkohol. Ich war stark, und hier gab es nichts zu fürchten. Ich konnte der Welt mit Zuversicht entgegentreten – und wo sind jetzt die alten bösen Geister? Ich habe sie besiegt, und nichts geht über meine Kräfte. Ich redete und lachte. Die Welt will genossen sein, und jeder Umschwung der Realität brachte Glück und Zufriedenheit. Hier war meine Kunstform. Ein anspruchsvolles Bewußtsein von der Substanz in Spiralen aufsteigenden Rauchs, der sich um die Schatten der Existenz ringelte. Wie lange hat die alternative Realität Bestand, ehe sie von der Kindergeschichte abgelöst wird? Stunden vergehen, ehe die elektrische Spannung zu einem undurchdringlichen Netz von Stacheldraht wird, das sich wie eine rauhe Schale geheimer irrationaler Kräfte um das Opfer legt.

Ich trat ins atmosphärische Knistern der Nacht hinaus. Elysium war bei mir, und wir waren gleichgeschaltet. Unsere Wellen waren synchron. Wir redeten und gingen, bis wir unseren Bestimmungsort erreichten, also berührte ich ihr Kinn und fing an zu lachen. Der Traum zerrann, und ich ging alleine weiter. Ich würde für immer alleine sein, aber mit unseren Gedanken sind wir nie allein. Das Phantom des Halb-Traums ging weiter in seinem schweißnassen Rock-and-Roll-Alptraum.

Ich saß Gesichter lesend im Pub, redete mit mir selbst und hörte mir zu. Eine imaginäre Elysium saß neben mir. Meine Hand streckte sich nach ihr aus. Ich glaubte, der Schmerz könne mit sich selbst nicht fertigwerden, also erschuf er Leben, um sich selbst zu entkommen. Realität kennt keine Emotion, nur schmerzliche Bewegung. Schmerz ist der Schöpfer des Universums.

Ich stand auf und torkelte an die Bar. Bier ist ein feiner kleiner Müdemacher. Ich schlängelte mich an den Tisch zurück. Die Unterhaltung in meinem Kopf hatte mich nicht losgelassen.

Leute sind irre. Sie haben sich ihren Gott der Schmerz-freiheit geschaffen. Liebe ist die größte Halluzination überhaupt, und sie bilden sich ein, sie sei so kostbar. Ja, wahrscheinlich wird sie uns von unserem eigenen Schmerz erlösen. Die Erschaffung der Liebe ist so schön. Liebe aus Schmerz und Schmerz aus Liebe. Liebe, das Antidepres-sivum.

Ich war im schwarzen Hotel, das den Schmerz glasweise aus-schenkte, umringt von Teufeln und Engeln. Es war Zeit, nach Hause zu gehen. Die Chance, in ein Zuhause zu gehen, weil du, meine Elysium, mit mir kommst. Nach zehn wahnsinni-gen Jahren wirst du Acidchild zu mir zurückbringen. Wir sind ein Bewußtsein. Ich wollte schon sterben, aber jetzt werde ich leben. Sie werden meine Welt nicht zerstören, ehe mein Plan aufgegangen ist. Ich werde mich selbst mit Magic Mushrooms zerstören, und am Ende genau so wiederkehren wie am Anfang. Wir werden alle durch die Musik von Sphere auferstehen. Ja, ich liebe dich, Elysium Dream. Schmerz ist das Geheimnis des Universums, die Kraft der Liebe ist zweitrangig. Ich glaube, ich nehme die zweite Wahl.

13

**Leute mit dem »Ich bin besser als du«-Spiel
beleidigen.**   *Magic Star Flower*

Die Welten von Cane Toad, Rainbow, Magic und Wasteland
blieben zurück, und in meinem Dilemma ließ ich Acidchild
und Elysium vor dem Altar Gottes stehen. Ich mußte ihnen
wehtun. Ich selbst wartete vor dem Altar, um den Großen
Australischen Traum zu opfern. Ich stellte den grausamen
Traum so ein, daß ich ihn verstehen konnte. Die Regler
waren eingestellt. Ich stimmte die Kontraste ab, bis das Bild
scharf war und ich in goldenen Gefilden stand. Dann trat ich
in die religiöse Vorstellung ein und fühlte mich eins mit dem
Traumfeld, auf dem die Sirenen verheißener Freuden mit
straffen, weichen Unterleibern und wunderschönem Pelz
auf mich warteten, aber jetzt waren die Felder von ihrer eigenen Ideologie mißbraucht worden. Blut auf meinen Händen,
als mein erotisches Monster nackt im Fleisch und im Blut
tanzte.

Die Traumbilder setzten sich fort mit einer Frau, die sich
langsam auszog, bis ich ihre Brüste und angeschwollenen
braunen Brustwarzen sah. Die Zeitlupenbilder gingen weiter
und glitten nach und nach ihren geschmeidigen, kurvigen Körper hinab bis zur Vagina, wo ich zu ihrer Klitoris und zu Gott
wurde. Ich bin Gott im Taschenformat. Ich kann nicht für alle
Ewigkeit auf diesem Planeten in Schmerz gefangen sein.

*Die Frau sieht in dein Bewußtsein, und sie will ihre
Sexspiele mit dir machen, und du willst sie, aber du bist so*

*sensibel und verletzlich. Sie spielt mit dir, bis es dir wehtut,
und dann lacht sie dich aus. Sie tut dir weh und presst
Schmerz in deine verborgenen, geheimen Ängste. Sie hat
verdrehte Gedanken. Ihre Klitoris ist verdreht, ihre äußeren Schamlippen sind wie aufgeplatzt. Sie steckt Dinge in
sich rein, während sie wild masturbiert, mit entfesseltem
Id, während sie sich reibt, liebt, haßt und fürchtet. Natur
wird deformiert, bis eine gleißende, ejakulierende Vagina
ihr einziges Gehirn ist. Die Wollust schreit Obszönitäten
und Sehnsüchte in pelzigem Schmerz. Ich schreie. Ich hasse
unsere Gedanken, die miteinander verschmolzen sind.
Mutter Natur, die sich selbst zerstört.*

Die Bilder schießen durch mein Bewußtsein, bis das Gefühl
kommt und der Samen hochkocht, explodiert und durch
den dunklen Tunnel aus dem halberigierten Penis schießt.
Das Geräusch weckt mich auf, aber ich weiß, was vorgeht,
und lasse ihm seinen Lauf. Die Ejakulation spritzt und tröp-
felt noch immer, bis nichts mehr kommt. Sex ist die Liebe
des Mannes, und Liebe ist die Sehnsucht des Mannes.

Schwer atmend stehe ich vom Bett auf, ziehe meine Unterhose aus und wische mir den Samen von Bauch, Penis und
Schamhaar, dann schmeiße ich die Unterhose auf den Boden.
Ich hasse feuchte Träume und sollte masturbieren. Die Spannung ist zuviel für mich. Masturbation ist die leidige Pflicht
des großen Traums. Das unterscheidet uns von den Tieren.

Die Übelkeit hört auf, und der Tag fängt an. Der manische
Zyklus ist abgeschlossen. Im Schock programmiert, den
Zyklus des Erinnerns zu wiederholen und nie den Zyklus
des Menschen zu begreifen, das Ritual eines liebenden, sexuellen Wesens, das Ritual des Menschen.

14

Diesem Teufel werde ich in den Arsch treten.

Baron Wasteland

Eine bekiffte Woche später, nachdem ich mich aus dem Abgrund gewälzt hatte: ich holte die Hölzchen raus und zündete mir mit Wasteland und Cane Toad einen Joint an. »Ich gebe meinen Job auf,« sagte ich, »und lasse den Traum sausen. Ich werde den Großen Australischen Traumsong über mein Leben schreiben.«

»Du willst also irgend so 'nen Sabber über dein Leben schreiben«, sagte Wasteland, als er den Joint nahm und kräftig daran zog. »Ein dreckiges Dichterschwein. Du wirst die Welt wissen lassen, wer du bist. Die brauchen deine dreckigen Lügen nicht, Alter.«

»Ja, ich werde alles niederschreiben«, antwortete ich. »Meine gesamten Tagträume.«

»Und wo gehst du hin?« fragte Cane Toad liebenswürdig, als er den Joint übernahm.

»Mir rocken hundert Offenbarungen durch den Kopf, und ich will dem Wahnsinn entfliehen. Hier sind mir zu viele Reibereien, also ziehe ich nach Queensland, um mich auf die Geburt von Acidchild vorzubereiten. Die Kugeln rollen wieder. Es kommt zurück. Hört sich das an, als würde ich Scheiße reden?«

»Hört sich an, als wärst du psychotisch«, sagte Wasteland, als er den Joint übernahm. »Warum gehst du nicht zu Elysium zurück? Da kannst du an ihrer Möse spielen und immer noch deine Gedichte schreiben. Wir können euch euer Junkiebaby großziehen helfen. *Unser* Junkiebaby. Wir ziehen den Trip mit durch. Werd' doch vernünftig. Wombat wie sie findet man nicht jeden Tag, und überhaupt braucht sie einen, der für sie sorgt.«

»Laß mich da raus, Alter«, antwortete ich. »Ich will Elysium nicht wieder infizieren. Die Astrologen des Zoroaster[16] sagen, das Baby wird am längsten Tag geboren werden.[17] Das Baby ist die Geburt von Disco, und ich war die Geburt von Rock and Roll. Wenn dein Trip endet und sich der Kreis schließt, wirst du verstehen. Wenn du je Vater wirst, weißt du vielleicht, was ich weiß. Ich kann die Zukunft sehen. Ich bin ein Prophet, ein Telepath, der nächste evolutionäre Messias auf Erden. Acidchild besitzt das Orakel, und ich warte darauf, in diesem Orakel reflektiert zu werden. Sie wird mir am längsten Tag gegenübertreten.«

»Du bist wahnsinnig«, sagte Cane Toad. »Du hat etwas Schönes zerstört.«

»Wir warten, bis du wiederkommst«, sagte Wasteland. »Verbaler Durchfall hält diese Gesellschaft am Laufen, und wir haben Milliarden von poetischen Versen, die keiner lesen will. Ist ein Egotrip. Elysium bringt ein Baby zur Welt, und du bringst ein Buch voll Scheiße zur Welt. Nicht nur Frauen werden zapplig, wenn sie schwanger sind, die Väter auch. Du kannst sein was du willst und machen was du willst, aber vergiß Elysium Dream nicht, denn du hast sie verletzt. Laß den Traum nicht zurück, Alter.«

»Das verstehst du nicht, Alter, nicht so wie ich. Es ist die Geburt von Disco. Es gibt drei Geisteskrankheiten, und ich habe meine zweite begonnen. Das Baby wird mißgebildet sein, oder Elysium wird eine Fehlgeburt haben. Weißt du, daß sie jetzt Amphetamine nimmt?«

»Warum hilfst du ihr dann nicht?« fragte Cane Toad.

»Sie ist weg«, sagte ich. »Ich versuchte Gott zu erschaffen. Ich versuchte, mit den chemischen Halluzinogenen einen neuen Jesus Christus zu erschaffen, aber das war nur ein

Augenblick des Wahns, in dem das Acid aus mir sprach. Dies ist das letzte Zeitalter, und ich wollte unbedingt alles retten, was ich liebte. Ich liebe sie. Ich hasse sie. Wir haben unser Bewußtsein miteinander getauscht. Das ist die einzige Welt, die ich kenne, und, Gott, ich will sie nicht zerstören. Ich habe Tagträume.«

»In diesem Leben haben manche Leute reichlich Tassen im Schrank, und andere haben nur ein paar und die zerschlagen sie auch noch«, sagte Cane Toad gedehnt, als er einen neuen Joint zubereitete.

»Du spielst mit deinem Verstand. Du erzählst unausgegorenes Zeug«, sagte Wasteland.

»Ich bin verrückt. Das wärst du auch, wenn du die Offenbarungen im meinem Kopf empfangen hättest.«

»Du bist verrückt«, sagte Wasteland. »In diesem Haus sind alle bekloppt. ›*Some people do it, some see right through it, some wear pajamas if only they knew it.*‹«

»Komm mir nicht mit Scheißhauszitaten, Alter,« sagte ich. »Ich hab meinen eigenen Klospruch: ›*You've got to get into it, before you get out of it, because if you never get out of it, you'll never get into it, and if you never get into it, you'll never get out of it.*‹«

»Dann schreib deinen Gedichtband. Wird keiner lesen. Deine große Klappe ist deine Religion. Du setzt dein Vertrauen in so ein Loch?«

»Ich würde jederzeit ein Buch gegen ein Baby eintauschen«, sagte Cane Toad.

»Ist doch mein Trip«, sagte ich.

»Wir sind Tripfreaks, Alter, wir verstehen schon. Und wenn wir mal ehrlich sind, wollen wir kein Baby in diesem Traum. Das ist ein ausichtsloser Scheißtrip«, sagte Cane Toad. »Wasteland hat nur einen Anfall von Moral.«

»Du verstehst das, Cane Toad«, sagte ich, »aber ich nicht. Die Kugeln rollen wieder. Ich muß immer noch meinen

Verstand zerstören, oder sie werden mich finden. Ich muß bereit sein, und jetzt bin ich nicht bereit. Dies ist der letzte psychologische Krieg. Die australische Kleinfamilie ist nicht mein Trip. Niemand wird mein Acidtraumkind zerstören. Ich werde für keine Frau in den Krieg ziehen.«

Ich ging quer durchs Zimmer, schaute in den Spiegel und dachte: *Wer immer die Regeln kennt, kann das Spiel spielen. Wer immer die Angstworte kennt, kontrolliert den, der zuhört.* Trotzdem weiß ich, daß niemand das Universum kontrolliert. Letztendlich kommt es und geht es, und wir kehren dorthin zurück, woher es gekommen ist. Jetzt holt es mich wieder ein, wie es vor fünf Jahren der Höhepunkt des Acid Rock war, und jetzt bin ich Disco geworden. Ich bin wieder Sphere, und ich weiß, daß der Schmerz die höchste Macht ist. Ich bin ins Junggesellenleben geschliddert, weil ich für Elysium gekämpft habe. Mein Stolz ließ meine stark strapazierte Beherrschung beinahe explodieren. Was hat man davon? Männer haben seit Anbeginn der Schöpfung für Frauen gekämpft. Ich empfinde den Schmerz, den Gram, den Zorn des Dummkopfs, der sie liebt. Ich kämpfe gegen jeden, sogar mich selbst. Ich verabscheue eine Frau, die mich ausschickt, für sie zu kämpfen. In der Zerstörung um mich her wird niemand verschont.

15

**Das Leben ist schön, solange man nicht schlapp-
macht.**
Magic Star Flower

Die Heroin-Wasser-Essig-Lösung wurde durch den Zigaret-
tenfilter aufgezogen. Einige Rückstände blieben im Löffel
zurück. Als ich gegen die Wände der Spritze schnippte, stiegen ein paar Bläschen auf. Ein Tropfen Flüssigkeit an der
Nadelspitze zeigte mir, daß alles bereit war. Ich nahm den
Gürtel, schlang ihn mir um den linken Arm und begann kräftig zu pumpen. Die Vene trat aus dem Arm. Ich hatte gute
Venen. Den Gürtel mit dem Mund fest zuziehend und die
Spritze in der rechten Hand, führte ich die Nadel ein. Dreck,
ich hatte die Vene verfehlt. Ich zog die Nadel raus und versuchte es nochmal. Ich brauchte eine neue Nadel. Die hier
wurde alt. Mit dem Gürtel im Mund grimassierend, führte
ich die Nadel ein; hochsteigendes Rückblut schoß in die
Spritze. Runter ging der Kolben. Es war ein guter Schuß;
Blut und Heroin jagten in mein Gehirn.

Instant Karma.

Der Rush war vorbei, und ich taumelte durchs Zimmer
und war still und friedlich stoned. Auf dem Plattenspieler lief
»Gimme Shelter«.

16

**Man spielt mit seinen Freunden verrückt,
um bei Verstand zu bleiben.** *Rainbow Moonfire*

Elysium Dream war frei, also entwischte ich nach Queensland, um nach halluzinogenen Pilzen zu suchen. Ich fand ein Feld und schmiß ein paar, aber sie waren wäßrig und wirkten nicht besonders. Ich nahm ein paar mit ins Hotel und machte mir ein faulig schmeckendes Gebräu aus Pilzsud.

Nach einem Nickerchen ging ich im Brisbane River Katzenwelse angeln. Ich fing einen Mordsbrocken und nahm ihn mit ins Hotel, um ihn mir in die Pfanne zu hauen. Es war ein schleimiger, armlanger Wurm mit Bartborsten, und ein paar Leute kamen auf den Horror, als ich ihnen sagte, das sei mein Abendessen. Ich hielt mich für einen tollen Angler, aber dann merkte ich, daß ich es nicht essen konnte, also ging ich nie wieder fischen.

Ich schloß mich der offiziellen Hippiebewegung an und hatte den Freibrief zum Ausflippen. Ich durchlebte Träume von Abenteuer, Langeweile und Bourbon. Ich latschte ins Klo, ließ die Hosen runter und seilte einen psychedelischen Neger ab. Auch scheißen muß man mal. Entschuldigt mich, ihr Perversen.

22. Dezember 1974. Ich hatte mein Songbuch fertiggestellt und verließ Queensland. Der Erfinder des Rock and Roll mußte sein eigenes Leben leben und seine eigenen Songs schreiben.

Und die Stimme, die ich vom Himmel gehört hatte, redete abermals zu mir und sprach: Gehe hin, nimm das offene Büchlein aus der Hand des Engels, der auf dem Meer und auf der Erde steht!

Und ich ging hin zu dem Engel und sprach zu ihm: Gib mir das Büchlein! Und er sprach zu mir: Nimm hin und verschling's und es wird dir im Bauch grimmen; aber in deinem Munde wird's süß sein wie Honig.

Und ich nahm das Büchlein von der Hand des Engels und verschlang's, und es war süß in meinem Munde wie Honig, und da ich's gegessen hatte, grimmte mich's im Bauch.

Dann wurde mir geweissagt (Offenbarungen) vom Blabla des Sphere.[18]

Kinder wachsen zu Erwachsenen heran, Pleite folgt auf Pleite, Sieg schreitet zu Sieg fort. Die genetisch Starken töten die Schwachen. Mein Bewußtsein, von der Macht gelähmt, verstand, daß ich mich der realen Welt stellen mußte, und meine Vergeltung war das Buch von Sphere. Ihr wißt vielleicht, was ich meine, wenn ich euch das Bild ins Gesicht schleudere. Sphere, das Leitmotiv rollt wieder ab. Er wird von Erinnerung an den Schmerz gefangengenommen. Das große Experiment des Testgeländes hat ihn in seine Form gegossen.

17

Illusionen bringen mehr ein. *Sphere*

Ich zündete mir einen Spezialjoint an und reichte Wasteland mein Buch mit metaphorischen Songs. Er las sie stumm, während er den Joint rauchte.

»Das sind also deine Gedichte,« sagte er. »Ich sag's dir lieber gleich: Sie sind Scheiße, Alter, genau wie die ganzen anderen hinreißenden Künstlertypen. Sorry, Sphere, aber sie sind *erbärmlich*. Diese Gedichte sind der größte Haufen selbstbeweihräuchernder Müll, den ich gelesen habe, seit ich den letzten Versuch eines pimmelschwellenden Poeten, sich Beachtung zu verschaffen, gelesen habe. Wieder mal künstlerischer, grotesker Wahnsinn. Und du hattest auch noch die Frechheit, meinen Namen über eins von den Gedichten zu setzen. Das ist ein Egotrip von akademischem Orgasmus. Flachwichserei. Denkst du, Frauen gefällt so was?«

»Bist du sicher?« fragte ich.

»Ist immer dasselbe,« antwortete er. »Dichter identifizieren sich mit ihren eigenen Gedanken und halten sie für Magie. Sie halten Irrsinn für was Tolles. Alter, tapp nicht in dieselbe Falle.«

»Vielleicht hast du recht, Alter«, sagte ich. »Vielleicht ist es Müll. Es ist kein Leben darin. Mein Baby lebt, aber nicht meine Worte. Ich würde meine Worte gerne weinen, reden, singen und träumen lassen – bist du sicher, daß meine Worte tot sind?«

»Ja, Alter,« antwortete Wasteland. »Das könnte *ich* sogar besser, aber die meisten Dichter sind aufgeblasene Wichser, die glauben, die Welt würde sich um ihre schönen Worte drehen. Sie dreht sich nur um ihre Scheißhaufen. Sie nehmen sich dermaßen wichtig. Das kommt, weil sie die *Beautiful Generation* der Pisse sind. Sie pissen es in nicht endenden Strömen von Gift und Galle aus sich raus. Sie sind randvoll mit ihrer eigenen eingebildeten Egopisse. Sie sind so erschütternd schön. Sie vergessen, daß sich andere den endlosen Sabbel aus ihren blutenden Herzen anhören müssen. Du könntest ein Leben lang an einem Gedicht arbeiten, und das Gedicht sagt, wer du wirklich bist. Babys füllen die Monotonie des Lebens aus. Du brauchtest nur ein einziges Gedicht zu machen, und du weißt, daß dieses Gedicht dein Baby ist. Sie wird bald reden, sie wächst und sie liebt. Sie ist ein Kunstwerk, aber Gedichte sind kapitalistischer Meuchelmord an der Persönlichkeit. Dein Kind ist Schönheit, und durch sie wird sich Schönheit in alle Ewigkeit fortpflanzen. Denk an ihre inneren Organe. Sie sind zerbrechlicher und friedvoller als jeder hochgestochene Müll. Denk über sie nach, und du wirst jede Erfüllung und Anerkennung finden, die du brauchst. Es ist dein Job, sie zu versorgen, aber du scherst dich einen Dreck drum.«

»Du verstehst einen psychologischen Krieg nicht. Diese fanatisch religiöse Welt muß auf einen positiven Trip gebracht werden. Ich will gute Träume.«

»Psychologischer Krieg, psychologischer Scheiß,« sagte Wasteland. »Alles in Schutt und Asche legen, und dann willst du ...«

Schweigen.

»Du hast den Satz nicht beendet«, sagte ich.

»Du kennst dich besser als jeder andere«, sagte Wasteland gehässig. »Wir kennen uns selbst immer besser als jeder andere.«

»Ja, das stimmt.«

»Na also, was willst du?« fragte Wasteland.

»Ich will, daß Elysium Dream sicher ist«, antwortete ich. »Ich will, daß sie mich finden. Ich habe den Rock and Roll erschaffen. Ich bin der Erfinder des Rock and Roll.«

»Du bist der Erfinder von Scheißdreck, Alter«, konterte Wasteland. »Ich geb dir einen guten Rat, Sphere. Du bist in einem Raum eingeschlossen und mußt nichts weiter tun, als die Tür zu öffnen. Du glaubst, die Tür wäre abgeschlossen, aber das ist sie nicht. Du hast nur nicht genug Hirn, um die Tür aufzumachen und die Leute zu sehen, wie sie wirklich sind. Du kannst dich nicht mal selbst im Spiegel sehen. Du willst nicht hinsehen. Du willst dich in deiner eigenen kleinen Welt verkriechen, die du geschaffen hast. Wenn du der Erfinder des Rock and Roll bist, warum hat dann nicht irgendwer diese Gedanken aufgenommen?«

»In den Songs geht es nicht um meine schmerzhaften Visionen«, antwortete ich.

»Ist Liebe eine schmerzhafte Vision?« fragte er.

»Nein, aber Sex. Überhaupt geht es bei Rock and Roll nicht um Liebe, sondern um Sex. Jeder hat andere Persönlichkeitsmerkmale. Wir sind nicht alle gleich. Wir sagen das Gleiche auf verschiedene Weise zu verschiedenen Zeiten. Die Musiker glauben an dieselbe Musik, an die ich glaube.«

»Ja. Viel Spaß noch mit deinem Irrsinn.« Und dann stand er auf und ging weg.

18

**Wenn du dich selbst nicht kennst,
wen kennst du dann?** *Baron Wasteland*

Sphere, der Hexenmeister der Klapse, schaute Wasteland,
das Kind des Alptraums, und Rainbow Moonfire an. Sie hatten ihm Schmerz zugefügt, also würde er es ihnen mit
Schmerz heimzahlen. Sphere, der Hexenmeister der Klapse,
erblickte Uncle Cane Toad, den glasklaren Verstand, und
Magic Star Flower in einer herrlichen Vision. Sie hatten ihm
Frieden gegeben, also würde er ihnen allen Frieden und alle
Liebe schenken, die er besaß. Liebe/Schmerz/Haß um-
kämpften die Kraftquelle, die hochkompliziert von der Biologie in seinen Venen konstruiert worden war. Seine Helden
in seinem Gehirn wußten von Frieden und Krieg. Er war von
Walhalla gekommen, und niemand wußte, daß das Sphere-
kind bei Nacht in die Dunkelheit der Furcht flog. Er flog um
die Stromkabel der Angst. Er flog auf der Wellenlänge lau-
warmen Schweißes. Niemand kannte Sphere, und er kannte
sich selbst als den Hexenmeister der Klapse. Das war sein
Traum. Das Alter Ego, das sich der abfälligen Bemerkungen
und verleumderischen Anspielungen erinnerte, die ihn
umgeben und in seinem Trip gemartert hatten. Wieder trat
seine Grausamkeit zutage und vereinte sich mit Elysium
Dream, seiner Liebe. Dies ist sein Buch.

»Elysium Dream«, flüstert er im Schlaf.
Blut, überall Blut. Wieder ruft er. Die Nacht ist sanft in
Spheres Discotraum, Wastelands konstruktive Kritik liegt

weit zurück. Die Lichter gehen an, als die Filmmusik in Spheres Bewußtsein tanzt. Die Szenerie wechselt. Wir kehren zum großen Orgasmus von Mutter Gott im Urknall zurück. Wir sind jetzt im Klitoris-G-Punkt-Skrotum-Phallus-Stadium und werden bald die Metamorphose in den großen orgasmischen Traum vollziehen. Ein schlampiger, stinkender Tod ist nur einen Gedanken entfernt. Wir werden in ihre Vagina eintreten und zu ihrem Eierstock finden. Was im Orgasmus empfangen wurde, geht ohne Anfang, Ende oder Ausformung wieder in Organismus über.

Wie sind wir entstanden? Die Leere erschuf uns unter Druck. Die Leere konnte in Isolation nicht existieren, also trafen zwei gegensätzliche Ladungen aufeinander und empfingen die Sphäre. Die Sphäre besaß Materie und Bewußtsein, das Gegenteil der Leere, und bei der Ausformung hatte die Leere die Naturmuttergöttin geboren. Sie war ruhig und gelassen, lebte in der Sphäre und war eins mit der Sphäre. Sie kontrollierte die Sphäre und die Sphäre kontrollierte sie, und sie lebten beide in den elysischen Magnetfeldern. Sie waren die ersten der Friedensgötter.

Die Leere gebar unter wildem Schmerz das Gegenteil, Sphere, den Hexenmeister der Klapse, und Tod umfing Elysium. Der Frieden war zerschlagen und über alle Leeren versprengt. Die Traumgötter sahen sich gemartert, getötet und durchs Universum versprengt, und in dieser Welt suchen sie noch immer die Traumkinder, die durch die Musik in den großen Orgasmus der Schöpfung hineingeboren werden sollen.

»Hey, Sphere, wir sind auch nach dem Tod noch zeugungsfähig«, sagt Wasteland.

»Ja, weiß ich, Alter«, antworte ich.

»Ich glaube, ich hole mir jetzt wie üblich einen runter.«

Ich erwachte langsam aus dem Traum. *Es ist Morgen, Mama, und das Märchen ist vergessen.* Meine Füße und Brauen waren schweißnaß. Die Wichtel, die den Schuhmann besuchen, besuchen mich. Kobolde dringen in mein Bewußtsein ein. Wenigstens war ich auf der Veranda, meinem Lieblingsschlafplatz. Aus dem Bett wälzen, ehe es zu spät ist, und das Bettzeug mitnehmen.

Ich stützte mich auf die Hände und krabbelte im australischen Vierfüßlergang bis in die Küche. Dann stellte ich mich auf die Hinterbeine und öffnete den Kühlschrank. Sie hatten das ganze Bier genommen, die gedankenlosen Pisser, und immer sollen es die Heinzelmännchen gewesen sein, die das Bier genommen haben, ihr dreckigen Ignoranten. Womit habe ich das verdient? Ich muß in diesem Flohzirkus mit verschossenen Sesseln, gebrauchtem Kühlschrank und abgetretenem Teppich leben, der genau zu meiner komplizierten Persönlichkeit paßt. Würge mir etwas Wassermelone und Milch rein, kratze mir die Kopfhaut, bis die weißen, juckenden Schuppen herunterrieseln und von mir abfallen. Schuppen – ich frage mich, ob man sie als Qualitätsbakterien verkaufen könnte? Warum nicht ein paar injizieren? Du wirst langsam zapplig, Junge. Warum sich einweisen lassen wie der Rest von den Spinnern? Zieh dir die Wassermelone und die Zigaretten rein und dann kalte Pizza und Milch. Danach dann ein wenig Musik, um die wilde Bestie zu zähmen, und auf dem Sofa zusammenrollen zur Rockmusik vom Plattenspieler, die durch deinen Schädel dröhnt. Die letzten Gedanken, an die ich mich erinnerte, waren listige Kobolde, die sangen, während andere morbide Wesen in schweräugiger Dunkelheit ihre Instrumente spielten. *Womit habe ich das verdient?* Und die Fehler, die Schuldgefühle und der Wahnsinn des Traums kamen wieder über mich und brachten mich auf Trip.

Ich erwachte. Ich ging zum Laden an der Ecke rüber und plauderte mit dem Besitzer. Dann saß ich auf der Veranda, kiffte mich zu, aß ein Pfefferminzherz, während Autos vorbeiflitzten und die Sonne wie ein goldener Ball die Landschaft in ihr strahlendes Licht tauchte. Die Menschen gingen vorüber. Ich dachte bei mir: *Bin ich ein hirnloser Idiot? Mein Leben ist ein Fragment, ein zusammenhangloser Traum ohne jede Kontinuität. Ich habe die Sinnlosigkeit so satt. Ich habe die Musik so satt, die meine Gefühle singen, die Traummusik.*

19

**Zeig nie deine schwächste Stelle,
denn in die beißen dich die Hunde.** *Uncle Cane Toad*

Ich ging freiwillig in die psychiatrische Klinik, ging wieder zu
meinem Zimmer, packte aus und wartete auf mein Treffen
mit Abraxas. Die Schwester kam ins Zimmer und sagte mir,
daß Abraxas auf mich warten würde. Der Alptraum hatte
begonnen, aber ich wußte, wie ich mit Abraxas umgehen
mußte. Wie ich lügen mußte. Wie man sich normal benimmt.
Ich kannte den Unterschied zwischen euch und mir.

Auf dem Schild an der Tür stand *Dr. I. M. Abraxas.* Ich
klopfte, und eine Stimme hinter der Tür sagte: »Herein.« Dr.
Abraxas saß in einem Ledersessel hinter einem Mahagoni-
schreibtisch. Ich setzte mich hin und wartete, während er mit
Papieren raschelte und sich mit einem Stift Notizen machte.
Er schaute auf und fragte: »Also, wie geht's, Sphere?«

»Wunderbar«, sagte ich.

»Ich möchte deine Geschichte hören«, sagte er. »Kannst du
mir etwas über dein Leben erzählen, bis etwa zum zehnten
Lebensjahr?«

»Ich erinnere mich an kaum was, bis ich etwa drei war, aber
meine Mutter hat mir ein paar Informationen gegeben. Ich
wurde mit sechs Monaten mißbraucht, als ich mit meinem
Babysitter allein war. Mit sechzehn Monaten habe ich mich
mit Folidol, einem Nervengift, vergiftet, war drei Tage bewußtlos und bekam eine Lungenentzündung durch den
Schleim, der sich in meinen Lungen gesammelt hatte. Ich
blieb etwa einen Monat im Krankenhaus.« [19]

»Hat deine Mutter dir je beschrieben, wie du als Baby warst?« fragte Abraxas.

»Ich war ein sehr liebes Baby, das nie weinte, sehr still, und wurde von einer Verwandten, einer Nonne, als das goldigste Baby beschrieben, das sie je gesehen hatte. Ich wachte morgens mit Freuden auf, und wenn ich aufwachte, weinte ich nicht, sondern gurrte und sang. Es gibt eine Geschichte, die meine Mutter immer wieder erzählt, wie eine Kuh das Moskitonetz über meiner Wiege anknabberte und ich zu schreien begann. Keiner wollte glauben, daß dieses Baby schrie, und sie kamen aus allen Richtungen gerannt. Der einzige andere Fall, von dem ich gehört habe, ist, daß ich mit der Nabelschnur um den Hals geboren wurde und gestorben wäre, hätte der Arzt nicht so schnell reagiert.«

»Was ist mit dieser Mißbrauchsgeschichte?«

»Sie ließen mich beim Babysitter, und als meine Eltern zurückkamen, brüllte ich. Meine Mutter sagte, danach sei ich nie wieder ich selbst gewesen. Ich wachte mitten in der Nacht auf und schrie. Ich schrie eine ganze Woche lang und war völlig verändert. Sie hat danach nie wieder eins von uns Kindern beim Babysitter gelassen.

»Und an was von damals erinnerst du dich?«

»Ich erinnere mich, daß ein Gewicht von Millionen Tonnen auf mir lastete, und dann begannen die Kugeln in meinem Kopf zu rollen. Es war, als würde man auf der Bowlingbahn leben. Ich sah nur noch Kugeln, und dann, eines Nachts, rollte die letzte Kugel an ihren zugewiesenen Platz, und ich konnte sehen, wie die Sphären sich in die Ewigkeit dehnten. Alle Kugeln, die durch meinen Kopf gerollt waren, waren da, und dann erwachte ich und sagte meiner Mutter, daß der Traum vorbei sei. Dann entdeckte ich den magischen Ort Erde. Ich habe die Geschichte der Kugeln bis jetzt noch nie erzählt, mich aber immer daran erinnert.«

»Ich möchte ein Experiment versuchen. Versetz dich in den Schmerz zurück«, sagte Abraxas.

Ich versetzte mich in den Schmerz zurück.

Alles wurde dunkel, und das Kind wurde von einem wirbelnden Alptraumabgrund aufgeblähter, schwarzer Schmerzen erstickt. Ich schwitzte und wirbelte im Alptraum eines unendlich kleinen Funkens, der im unergründlichen Strudel der Dunkelheit schwebte. Das Kreischen kam niedergesaust und schlug ins Zentrum meines Gehirns ein. Der Anfang der Erinnerung sieht ein Baby, das sich mit hilflosen Händen verzweifelt die Dunkelheit vom Leib zu halten versucht. Ich bombe mein Gehirn mit verheerenden Implosionen in die Unendlichkeit. Aus einem anderen düsteren Slumzimmer drangen schattenhafte, laute, geisterhafte Geräusche. Sie waren brutal, drohend, quälend, und kämpften in der mondhellen Nacht. Schreckten ihn in und aus dem Schlaf mit verrückten, grauen Träumen. Er begab sich in sein Gehirn. Wer seid ihr? Wen haßt ihr? Wer seid ihr, kreischende Todesfeen? Schnell schluckte mich die Depression in den Schlund schwereloser, totaler Bewegung erhitzter, gigantischer Dunkelheit. Schmerz, sie nennen mich Sphere. Die Kugeln rollen. Irre, sie wissen, daß ich Sphere bin, der den Traum des Irrsinns geboren hat. Gezeichnet mit einem Symbol, das ich als Kind in einer schwarz-weißen Vision trug. Das Symbol ist gebrochene Bildersprache. Es war die Geburt des Schock'n'Roll. Das Symbol, das ich gewählt habe, ist der Tod der Wahrheit. Die weiße Sphäre hat mir durch die Götter Bedeutung verliehen. Ich existierte. Das Symbol war für mich geschaffen. Es war der Stein, auf den ein neuer Name eingeschrieben war.

Der Name ist Sphere.

Ich wand mich im Stuhl, als der psychotische Schub abebbte und die Tränen in meinen Augen versiegten. Abraxas bemerkte den psychotischen Schub, blieb aber ungerührt sitzen.

»Der Babysitter war eine Frau?« fragte er.

»Ja«, antwortete ich.

»Weiter«, sagte Abraxas.

»Meine Mutter fand keine Spuren an meinem Körper, also nahm sie an, daß ich mißbraucht worden sei.«

»Keine Spuren?«

»Nein, nein, keine Spuren«, antwortete ich.

»Erzähl mir von deinem weiteren Leben, bis du zehn warst.«

»Ich ging zur Schule. Ich wiederholte die zweite Klasse, aber im nächsten Jahr erhielt ich die Auszeichnung in Religion. Die Schwestern hielten mich für autistisch, zurückgeblieben oder beides, oder einfach für verrückt. Es waren sechzig bis achtzig Kinder in einer Klasse, also wiederholten zwanzig von uns das zweite Schuljahr. Nach der Schule träumte ich meistens in einem alten, verbeulten Wassertank von einem Mädchen. Ich war damals schwer gestört und konnte nicht verstehen, daß ich ein Bürger zweiter Klasse war. Als ich sieben war (1960), sagte ich die Kubakrise und die Ermordung Präsident Kennedys voraus. Vielleicht passierte es damals gerade, also träumte ich einfach in meinem Luftschutzbunker von den Kindern in meiner Klasse. Ich ging widerwillig nach Hause, weil das alte Haus zusammenfiel und unser Familienleben nicht glücklich war; meine Mutter warf meinem Vater vor, Alkoholiker zu sein, und überhaupt sah ich meinen Vater kaum, weil er nicht gerne zu Hause war. Bis ich etwa zehn Jahre alt war, lebte ich mein eigenes Leben, ohne daß mir jemand Vorschriften machte. Ich machte mein eigenes Ding, und alle anderen machten ihr Ding.« Ich sah Abraxas scharf an.

»Die Mutter Oberin schickte mich auf die Suche nach dem himmlischen Königreich, aber ihr war nicht klar, daß es eine Metapher ist.« Ich lachte.

»Erzähl mir von deiner Schulzeit.«

»Sie verstehen doch, daß der Alptraum vorbei war?« sagte ich. »Die falsche Gottespriesterin erkannte einen jungen Kriminellen. Sie prügelten mich jeden Freitag mit ihrem steifen, trockenen Rohrstock, und als letzte psychologische Folter ließen sie mich die zweite Klasse wiederholen. Ich stahl Geld aus dem Zimmer meiner Eltern, und sie hielten es für einen Geist, aber es war nur mein Schatten, der in der Armut ein und aus schlüpfte. In meinem eigenen Bewußtsein wurde ich zum Heiligen Geist der zweiten Klasse, und ich wußte, daß ich diese katholischen Lesben fertigmachen konnte, aber etwas in mir gebot mir, die sexuell sadistischen Nonnen zu vergessen und mich auf den großen Traum zu konzentrieren. Verstehen sie, ich liebte es, zu träumen, und ich liebte ein kleines Mädchen, aber niemand wußte, was in meinem Kopf vorging. Die Liebe eines kleinen Mädchens ließ mich träumen.«

»Hältst du dich selbst für verrückt?« fragte Abraxas.

»Höre ich Stimmen und habe Halluzinationen?« fragte ich.

»Ja«, antwortete er.

»Ich rede mit mir selbst, das meinen Sie doch. Ich höre meine eigenen Gedanken.«

»Aber hörst du in Gedanken Leute, die zu dir sprechen?«

»Nein, ich bin nicht verrückt.«

»Hast du Halluzinationen?«

»Manchmal rede ich mit meiner Elysium Dream. Sie hat mich vor einiger Zeit verlassen, aber ich spreche noch immer mit ihr. Das sind nur Tagträume.«

»Nimmst du noch Drogen?« fragte er.

»Ja.«

»Welche Art Drogen?« fragte er.

»Alle Arten«, antwortete ich. »Alles, was ich in die Finger kriege.«

»Du hast Heroin, LSD, Amphetamine, Barbiturate und so weiter genommen?« fragte er.

»Ja.«

Da antwortete Abraxas nach einem Moment des Schweigens: »Du weißt, daß du mit diesen Drogen aufhören mußt, weil sie dich psychotisch machen? Wenn du die Drogen aufgibst, werden die Alpträume verschwinden.«

Wir umtanzten die Wahrheit. Ich erzählte ein paar Lügen, um mir einen Namen zu machen, während Abraxas sich die Auswertungen meiner Intelligenz- und Rorschach-Tests ansah. Wißt ihr, ich hatte in den Tintenklecksen dauernd Vaginas gesehen, also erwähnte ich sie nach einer Weile nicht mehr. Ich sah vier von den Mothers und kam Jahre später dahinter, daß man, wenn man als Mann keine Vaginas oder einen Tunnel sieht, einfach lügt. Vermischt mit einigen Penissen, Fledermäusen, Schmetterlingen und Satansburgen schlüpfte ich ihm durch die psychotischen Finger.

Schließlich sprach Abraxas. »Du hast bei deinem Rorschach-Test einige seltsame Antworten gegeben, aber es gab kein Zögern, und das ist gut. Deine Intelligenz liegt etwas über dem Durchschnitt. Mach dir nicht zu viele Gedanken um dich, setz die Drogen ab, nimm die Tranquilizer, und du wirst im Leben wunderbar zurechtkommen. Übrigens, Modecate regt den Geschlechtstrieb an, also mach dir deswegen keine Sorgen.« [20]

Dann bat mich Abraxas, frei zu assoziieren. Über die Gegenwart abzulabern.

»Doc«, antwortete ich, »es war einmal eine Farm, auf der halluzinogene Pilze wuchsen. Wir hatten die High School hinter uns und dachten, wir wüßten alles. Wir entdeckten eine Welt von der Klarheit der Träume. Wir lebten auf diese idyllische Art in Schönheit, bis unsere Trips zu weit führten.

Ich arbeite weiter an meiner Flucht aus dem Idyll; ich entdeckte das Wunder der Natur. Die Welt erschloß mir ihre Geheimnisse, und ich reiste, bis ich die Wahrheit fand. Diesmal bekam die Fassade Risse, und mit ihr mein Verstand. Ich vertrieb mir die Zeit mit dem Rauchen und Verkaufen von indischem Hanf, und an anderen Tagen kaufte ich flaschenweise Bourbon und Bier und verbrachte jeden Tag im Koma, aber ich war nicht immer so desillusioniert. Ich war sogar recht optimistisch, aber das war mein Verderben – das und mein kindisches Verhalten.«

»Du hast also Freunde?« fragte Abraxas.

»Ich habe sehr wenige Freunde. Ich kann mir was Aufregenderes vorstellen als eine Trainingsrunde mit dem ortsansässigen Aussie-Fanclub. Ich wußte, daß ich labil war, und meine Frau, Elysium Dream, versuchte mir zu helfen, aber sie erkannte nicht, daß wir beide hoffnungslose Tripfreaks waren. Ich war – meistens – ehrlich mit meinen Freunden. Baron Wasteland, Uncle Cane Toad, Rainbow Moonfire und Magic Star Flower sind wilde Typen. Ich bin hip, sie sind cool. Es gibt doch noch ein paar coole Tripfreaks auf dieser Welt. Wir haben alle einen Hirnschaden abbekommen. Psilocybin ist schlimmer als Acid. Wir alle haben harte Entzugserscheinungen von der Nadel durchgemacht, und wir leben in einem sadomasochistischen Wahn. Ich bete um die Erlösung aus meinen Alpträumen, weil mein Leben zu häßlich geworden ist. Manchmal stoßen meine Inspirationen auf taube Ohren, und ich kann spüren, wie der kalte Alptraum meine Phantasien weckt. Ich besitze die Weisheit der Natur als konkrete Realität. Mein Problem wird von meinem Bewußtsein kaschiert, einem sensiblen Bewußtsein, das die Realität des Lebens nicht ertragen kann.«

»Erzähl mir von deinen Freunden«, bat Abraxas.

»Elysium Dream ist nach dem Himmel benannt«, antwortete ich. »Sie war meine Freundin. Wir haben zusammen

Trips geschmissen, geschissen, gelebt. Sie ist klein und freakig und psychedelisch. Sie weiß Dinge, die ich nicht weiß,
und sie sagt immer die Wahrheit über sich und mich. Ihr
Vater starb, als sie zwölf war, und ihre Mutter macht sich
Sorgen, weil sie mit einem langhaarigen Weichei rumhängt.
Sie fickt leidenschaftlich gerne. Sie ist meistens völlig daneben und sabbelt auf Acid stundenlang, ohne es selbst zu
merken. Sie ist sehr verletzlich und sensibel, und darum
liebe ich sie.

Der nächste ist Cane Toad. Wir sind zusammen durch den
ganzen Bundesstaat getrampt, und er hat getan, was er
konnte, was er hatte, aber seit einiger Zeit sehe ich ihn nicht
mehr. Er hält mich für verrückt, und mit seinem langen Haar
und Bart genügt ihm seine Philosophie, daß jeder sich selbst
um seinen Verstand kümmern muß. Wenn er nicht friedlich
auf Droge ist und Rock and Roll laufen läßt, fährt er Taxi, um
seinen Lebensunterhalt zu verdienen. Er taumelt durchs Leben, gießt sich Kaffee nach und sagt kaum ein Wort. Er hört
viel zu, schmeißt haufenweise Ritalin, und ich bin sicher, er
ist mit dem Traum durchgebrannt. Er hat seine Sinne beisammen, nicht so wie ich. Sein Vater starb, als er neun war. Er entsprang nicht dem Schmerz – der kam sehr viel später. Seine
Intelligenz ist größer und ruhiger als meine, und er könnte
einiges erzählen, wenn Geschichten erzählen ihm liegen
würde. Er hat innere Kraft und friedfertige Absichten. So ist
er, wenn er auf Trip ist, wissen Sie, in der *Soft Parade*.[21]

Baron Wasteland ist ein Kind des Atomkriegs und ein
anderer Kumpel. Er ist der geborene Realist. Er ist Cane
Toads Vetter und in einem Landstädtchen in Queensland
geboren. Sein Vater ist ein Säufer und war im Krieg, wie mein
Vater. Er verliebte sich in Rainbow Moonfire, eine Halb-Aborigine, aber seinen Eltern gefiel das Arrangement nicht, also
zogen sie beide aus Queensland weg und kamen nach Sydney. Er ist ein guter Kerl. Er sagt seine Meinung. Er nimmt

Drogen und ist der Coolste von uns allen. Ich stehe auf ihn, und Schluß.

Rainbow Moonfire ist Halb-Aborigine. Sie ist eine Rebellin. Die Weißen haben sich ihres versprengten Stamms angenommen, und dort, wo sie herkommt, war ihr Stamm sehr angesehen. Sie folgt Wasteland. Ihr Vater war weiß, hat ihre Mutter aber verlassen, als sie klein war. Sie hat noch zwei Schwestern. Sie sieht fantastisch aus und würde alles für Wasteland tun. Sie glaubt an die Rechte der Aborigines, spricht aber nicht oft darüber. Sie ist in einen Psychokrieg verstrickt, den sie und Wasteland mit aller Gewalt austragen. Ich mag sie.

Magic Star Flower ist die letzte in der Gruppe und Cane Toads Freundin. Sie ist nicht ganz echt, aber wir mögen sie alle. Sie hat dauernd einen neuen Trip wie Buddhismus, I-Ging, Tarot, Astrologie, Handlesen und solchen Kram. Sie versucht dauernd, mit dem Rauchen aufzuhören. Sie versucht Cane Toad und uns andere zu überreden, die Drogen aufzugeben, aber sie kann nicht mal selbst die Finger davon lassen. Sie ist das Baby der Gruppe. Ich weiß nicht viel über ihre Vergangenheit, außer, daß sie, wie wir anderen auch, katholisch ist. Sie ist ziemlich von der Rolle und steht auf Yoko Ono, und damit Schluß.

Wir sind alle von der Rolle, und wir sehen alle Gespenster. Wir sind eine sehr bescheidene und gewaltfreie Gruppe, die gemeinsam im großen Traum lebt. Wir alle glauben an die Magie des Traums.«

»Schön!« sagte Abraxas. »Ich verschreibe Injektionen mit Stelazin und Modecate. Ich hole jetzt die Schwester, damit sie dir eine Spritze gibt. Du kennst das ja.«[22]

»Klar.« Und wieder auf Tranquilizern.

Der Arzt schüttelte mir eine meiner wie üblich feuchten Hände, und wir gingen zum Schwesternzimmer, um mir meine Tranquilizer zu verpassen. Immerhin redete er mir nicht ein, ich wäre ein moralisch verkommener Katzenficker. Ich bin so normal wie Siegmund Freud und seine sexgeile Zunft. Ich sag's euch gleich: Meine Zukunft ist eine Raum-Zeit-Sexfalle. Ich wäre lieber Philosoph, aber ich bin Hedonist. Ich wäre lieber Psychologe, aber ich bin ein Playboy. Ich bin ein Adept des Abartigen. Mann, ich hab Pornographie im Kopf, mit nicht jugendfreien Visionen. Jetzt kann ich euch wohl nichts mehr vormachen.

Das Modecate beruhigte mich. Meine Ideen ließen mich wieder friedlich werden. Mein Verstand war jetzt wohlgeordnet und widerstandsfähig. Meine Seele spürte Erfüllung, als mein Bewußtsein aufklarte. Ein erfülltes, einfaches Leben kontrollierter Einsichten. Meine Einsichten waren ein Wechselbad von Lügen und Wahrheit, Blasphemie und Gebet, Lust und Schmerz, Gut und Böse. Die Wahrheit ist nüchtern, präzise, bar aller Schnörkel psychotischer Paradiese. Die Wahrheit schließt die Gesundheit des Körpers mit ein, die ihrerseits die Ideen im Kopf beeinflußt. Hey, Gott. Ich nannte ihn eine Erfindung, die mein Bewußtsein fabriziert hatte, damit ich in eine Kinderwelt flüchten konnte und nie erwachsen werden mußte. Gott scheint nicht auf Realität zu beruhen. Ist die Wahrheit in diesem Religionstrip das menschliche Bewußtsein? Ich hatte den Geist Gottes mit meinem Bewußtsein erspürt. Hatte ich ein Paradox aufgestellt? War ich auf eine Antwort gestoßen, die von meinem Bewußtsein für real gehalten wurde, in Wahrheit aber die List des Jägers war, der mit der Schwäche des Todes rang? Die Rückkehr zum Kind. Da war ich in eine Falle gegangen. Ich machte mir noch eine Zigarette an, trank noch einen Kaffee und dachte über das Problem nach. Es gab keine Antwort als den Glauben, und der Glaube war die Kinderfalle. Die Unschuldigen glaubten an die alles beherrschenden Meister des Labyrinths.

Ich hatte in den Glaskorridoren mit offenen Augen geträumt, mich an alte Zeiten erinnert, als wir Kinder waren und Spiele spielen konnten – die Unsicherheit eines unsicheren Bewußtseins. Der Weg, den wir beschreiten, ist mit Trümmern übersät. Ich wählte meine Schritte mit Bedacht. Drogen können einen Mann verkrüppeln und töten, und selbst Zigaretten können dich physisch lähmen. Meine Zukunft tendierte vage Richtung Sydney, die Stadt, die ich liebe. Eine andere Zukunftsprojektion kam mir in den halluzinogenen Sinn: die Hippiekommunen von Nimbin. Meine pseudopsychotisch-psychedelischen Kräfte stellten sich auf die Freuden eines Bewußtseins ein, das den Himmel auf Erden erfunden hatte. Mein Mystizismus hat euch bewogen, an mich zu glauben. Die nachgiebigen Wände dämpften meinen Enthusiasmus und schützten mich. Die simple Begeisterung eines Gummiballs, der zwischen dem sensiblen Sohn und dem Lover meines Acidchild hin- und hertitschte, gefangen im Realitäts-Irrealitäts-Syndrom.

Ich würde es mir hier ein paar Tage gutgehen lassen und Zigaretten rauchen und Kaffee trinken, bis er mir aus den Ohren kommen würde. Ich würde die Tranquilizer nehmen, bis ich schmerzfrei war, und irgendwann später auf meine Probleme zurückkommen. Ich würde in der Bücherei lesen und neue Dinge finden, die mein Bewußtsein ausfüllten. Das Ringen um Realität nervte auf Dauer. Ich bin nicht ein Traum, sondern tausend zersplitterte Alpträume. Ich war wieder der Verlorene, ein Lehrer schlechter Gewohnheiten, aber die Menschheit hatte es nicht viel besser gemacht als ich.

Ich würde Abraxas täuschen. Meine Gedanken unterbrachen mich ständig. Ich halluzinierte, und ich mußte vernünftig sein, wenn ich hier je wieder entlassen werden wollte. Ich stotterte immer noch vor Unsicherheit. Meine Geheimnisse richteten verheerende Schäden in meinem Denkprozeß an. Ich war ein unsicheres Individuum mit guten Aussichten, den Rest meines Lebens in der Psychiatrie zu verbringen.

Ich trank still und friedlich Ginger Ale auf der Bank. Ich wußte, daß ich Elysiums Liebe verloren hatte. Sie würde sich meinem Wandern und Suchen nicht anschließen. Sie hätte hier sein können, um Gespräch und Körper mit mir zu teilen, aber sie war einen anderen Weg gegangen. Sie muß mich für das hassen, was ich bin.

Der allumfassende Sonnenuntergang senkte sich herab und war so schwarz wie der Trip. Vergessen setzte ein, als der letzte Sonnenstrahl starb. Zwei Gegenkräfte, die mich zerrissen. Ich fragte mich, ob sie je zu mir zurückkommen würde. Jeden Tag sprach ich zu ihr, rief voll Verzweiflung ihren Namen und wartete darauf, sie durch die Tür kommen zu sehen. Ich bin ein Mann, der sich für seine Frau und sein Baby die bestmöglichen Illusionen wünscht und den rechten Moment abwartet, um durch die Musik wiedergeboren zu werden. Himmel und Hölle sind jetzt mit uns.

Ich hatte Blut an den Händen, als ich das Kind hochhob. Das war ein Traum gewesen, den ich gehabt hatte. Ich hatte Barbiturate genommen und war in der Sonne eingeschlafen. Ich fuhr mit Elysium in die Berge. Wir hatten einen Unfall, und sie wurde aus dem Auto geschleudert. Als ich ihren Körper hochhob, war er zum Baby geworden. Blut tropfte mir durch die Hände.

Dieser Traum ängstigte mich, aber am Ende wird alles gut werden. *Elysium, ich werde dir nicht wehtun. Ich habe Körper und Geist mit dir verschränkt, ehe wir auseinandergingen. Unsere Schicksalswege kreuzen sich in zehn Jahren, wenn das Baby groß ist. In zehn Jahren werden wir zusammen sein. Es ist dein Trip, Elysium, das Baby zu bekommen und es zu mir zu bringen. Wir teilen unsere Illusionen, mein kleiner Tripfreak Elysium. Wenn du den Himmel in dieser Welt nicht findest, wirst du ihn nirgends finden. Hier ist unsere Zuflucht vor dem Abgrund.*

20

Sphere tickt nicht ganz sauber. *Rainbow Moonfire*

Einen Monat Gruppentherapie, dann wurde ich wieder auf die Menschheit losgelassen.

»Hey, Alter, Wasteland, vermischen wir unseren Schweiß!« Wir gaben uns die Hand.

»Spring rein, Sphere«, sagte Wasteland. »Du kehrst heim auf die fetten Weiden, wo die gebackenen Kartoffeln grasen.« Wir kletterten in den VW-Bus. »Wie ist die Psychiatrie?«

»Ein Scheißspiel«, gab ich zurück.

»Ja, ist ein Schizotrip.«

»Wie geht's Cane Toad, Rainbow und Magic?« fragte ich.

»Durchgeknallt wie immer. Magic fährt jetzt voll auf Christentum ab. Sie glaubt, Jesus Christus würde auferstehen, um Cane Toad zu heilen. Sie treibt Cane Toad total zum Wahnsinn, aber wir kommen mit ihr klar. Rainbow schafft jetzt vor dem Cross an und sie verdient nicht schlecht.«

»Du meinst, sie fängt mit ihrer Muschi jede Menge Mäuse?«

»Du hast's erraten.«

»Irre. Was war noch los?«

»Wir gehen alle auf Magical Mystery Tour in die Snowy Mountains. Kommst du mit?«

»Ja, da bin ich dabei.«

»Wir hauen morgen ab«, sagte Wasteland. »Wir haben nur gewartet, bis du aus der Klapsmühle kommst, um an unserem krassen Materialismus teilzuhaben.«

»Ich stehe immer noch auf den großen Traum.«

»Rainbow und ich stehen auf Materialismus. Wir sind Marxisten geworden!« entgegnete Wasteland. Eine Weile schweigen wir.

»Hier, mach den Joint an«, sagte Wasteland.

»Danke«, sagte ich.

Wasteland hatte von Elysium gehört. Sie hatte den Hexenzirkel verlassen und war aufs Land in eine Kommune gezogen. Wir hatten eine Tochter, geboren am 27. Dezember – zwei Tage, nachdem Darwin vom Zyklon Tracy zerstört worden war. Vielleicht war der Traum aus. Wir würden in entgegengesetzte Richtungen gehen. Ich hatte sie nackt vor Augen. Ich schüttelte die Vision ab. *Du wirst es schon schaffen, Elysium. Ich liebe dich, aber ich kann dir nicht folgen. Ich bin der Erfinder des Rock and Roll.*

»Da sind wir«, sagte Wasteland. Er parkte den VW-Bus auf der Straße, und wir stiegen die Stufen des Wahns hinauf ins Home Sweet Home, wo man als kultivierter Freak zu psychedelischer West Coast Musik seinen Tee nehmen konnte. Es war ein gutes Jahr für Hysterie, Paranoia und Irrsinn gewesen.

Ich saß kaum, da fing Magic schon an zu erklären, Jesus habe Homosexualität in der Bibel ausdrücklich gutgeheißen, als er sagte »Liebe deinen Bruder«. Außerdem hätte er auch Unzucht mit den Worten »Liebe deinen Nächsten« gerechtfertigt.

»Ja, Jesus ist cool«, sagte Cane Toad.

Magic antwortete: »Er ist mehr als cool, er ist erleuchtet. Warum hat der sonst mit zwölf Aposteln und Maria Magdalena rumgehangen und hat sie vor der Steinigung bewahrt? Euch kann er davor bewahren, stoned zu sein. Bei einer Ehe im Himmel gibt es kein Geben oder Nehmen.«

Cane Toad fiel ihr ins Wort. »Magic, es reicht jetzt. Keiner nimmt dir dein Konzept mit der homosexuellen Dreifaltigkeit ab. Wir wissen, wen wir lieben.«

»Dein Schwanz weiß es nicht«, gab sie zurück. »Dem ist es scheißegal, wer ihn anmacht.«

»Ja, wissen wir, Magic«, sagte Cane Toad, »aber sag's nicht weiter. Wir wissen, wen wir lieben, also steck den runden Pflock in das runde Loch. Ich komme in einen Mann nicht rein, weil mein Kopf nicht zuläßt, daß er steif wird.«

»Wechseln wir doch das Thema«, sagte Rainbow. »Ich will Sphere vom krassen Materialismus erzählen. Wir haben uns eine neue Philosophie zurechtgelegt, Alter. Die ganzen idealistischen Ideologien haben wir uns abgeschminkt. Marx und Moneten sind die Antwort. Wir passen uns der Heroinmentalität an, und wir haben einen Begrüßungsschuß für dich.«

»Ist ja irre!« antwortete ich.

»Hol den Stoff raus, Baron, und gib dem Jungen eine Kostprobe«, befahl Rainbow.

Wasteland holte das Besteck, braute eine Ladung zusammen, und ich ließ mir einen prima Schuß weißes Pulver geben. Alle anderen leisteten mir Gesellschaft. Auf dem Plattenspieler lief Company Caines *A Product of Broken Reality,* als die Nadel in meine Vene glitt und ihre blutrote Musik erklingen ließ.

»Wir spielen jetzt ein revolutionäres Spiel«, erklärte Rainbow. »Wir sind nicht mehr die Arbeitstiere der Kapitalistenschweine und lassen uns von denen ausbeuten. Wir werden sie ausbeuten.«

»Ich arbeite an einem biologisch-evolutionären Traum. Ich bin auf dem Weg in den Himmel«, protestierte ich.

»Von Träumen halten wir nichts!« gab Rainbow zurück. »Wir wollen Realität, und H ist die Realität überhaupt. Der Mohn des Wissens. Das wahre Opium fürs Volk. Wir halten uns nicht mit dem Zweitbesten auf, Alter, sondern gehen direkt in die Vollen.«

»Das ist nur wieder eine Falle«, beharrte ich. »Grass ist das Wahre, weil es die Muttergottheit ist.«

»Rainbow und ich bleiben dabei«, sagte Wasteland. »H ist die beste Droge überhaupt.«

Cane Toad widersprach. »Speed ist das Wahre. Wenn ich auf Speed nachts in meinem Taxi im Neonlicht rumfahre, das ist fantastisch. Ich hab meine eigene Philosophie, und sie ergänzt sich mit Magics Theologie. Ich denke, ich spreche für uns beide, wenn ich sage, wir befassen uns mit der Wissenschaft orbitaler Theorie. Ist das Universum bei oder von Sinnen? Physik und Astronomie sind unser Ding.«

»Jetzt mach mal halblang, Cane Toad!« explodierte Wasteland. »Du bist bloß ein Kapitalistensklave! Schnallst du nicht, daß alles über die Ökonomie zu den oberen zwei Prozent raufschwimmt, nämlich den kapitalistischen Sklaventreibern, die alles kontrollieren?«

»Mach selber halblang!« gab Cane Toad sauer zurück. »Wissenschaft ist schön. Wir wollen nicht mehr, als mit unseren Theorien und Konzepten diesem Narrenschiff klarzumachen, warum wir existieren. Du willst nicht die Wahrheit, sondern schnöden Mammon!«

Die Gruppe saß schweigend da, während Magic als nächste Platte John Lennons *Imagine* auflegte.

»Kommt Leute«, sagte Magic, »streiten wir uns nicht.«

»Okay, Brüder«, antwortete Rainbow. »Behalten wir unseren Scheiß für uns und teilen unsere Trips. Baron geht Acid besorgen, also, wenn ihr einen Trip wollt, gebt uns drei Dollar, und er kauft für uns mit.« Wir kramten in unseren Taschen und lieferten die Taler ab. »Fahren wir doch zum Flughafen und sehen uns den letzten Flieger nach Sydney an«, schlug Rainbow vor.

»Okay«, stimmten wir zu.

Wasteland kam kurz darauf mit Orange Wedges zurück, und wir machten uns auf den Weg zum Flughafen, um in den Wartehallen zu quatschen und uns in den Spiegeln in den Waschräumen zu betrachten, die unsere Spiegelbilder auf gegenüberliegenden Wänden tausendfältig zurückwarfen. Ich sah schrecklich aus, mit fleckigem Gesicht und schaurigen Augen. Dann gingen wir raus auf die Aussichtsplattform, um durchs Fernglas zu beobachten, wie der letzte Jet abhob.

Ein weiterer Trip zog an uns vorüber, und bald waren meine Kiefer und Zähne wie Kalk, und ich hatte Magenkrämpfe. Ich erforschte mein überdrehtes Bewußtsein, während ich schöne Gedanken vor mich hin brabbelte. Ich war froh, daß niemand da war, um mich anzufassen. Ich war allein in meinem abgedrehten Traum und wußte, daß wir die Nacht über wach bleiben würden.

Ich mit knallrotem Gesicht, feierten wir später am Abend mit Aluminiumfreunden in der Disco, wo die Sadisten sich großzügig Bier reinkippten, während nihilistische Philosophie diskutiert wurde. Baron verblüffte uns alle mit dem Geständnis, daß er und Rainbow sein Sperma unter dem Mikroskop untersucht hatten.

Unser Bierkonsum verlangte nach einem dämpfenden Ausgleich, einer Pilze-Schinken-Salami-Austern-Zwiebeln-und-Hackfleisch-Pizza zum Beispiel. Baron fuhr die Gang zu Papa Guisepp's Pizza Parlour. Fünf besoffene Rüpel trotzten in dieser Nacht dem Highway, und als es nicht weiter vorwärts ging, kullerten die trippenden Säufer aus dem VW-Bus, um in unordentlicher Folge erst gegen ein Schaufenster und dann gegen ein Straßenschild zu taumeln. Ziel der Bande war der Pizza Parlour auf der anderen Straßenseite. Wir sahen aus wie die letzten Discoveteranen der Stadt, als wir über den teuflisch tückischen Highway torkelten. Ich schlurfte in den Laden wie der Glöckner von Notre Dame und war ausgesprochen widerwärtig. Die anderen Gäste schienen uns zu bemerken. Cane Toad krönte unseren Auftritt, indem er auf die Theke kotzte. Es war das lustigste Ereignis des ganzen Abends. Boah, wie das stank.

Er entschuldigte sich endlos bei Papa Guiseppe und sagte, er hätte nichts weiter vorgehabt als ein ordentliches Bäuerchen. Wir schafften den armen Hund zurück in den Wagen, wobei ihm ab und zu die psychedelische Kotze aus dem Mund sprudelte. Der Geruch von Erbrochenem war zuviel für mein Verdauungssystem. *Rülps*. Ich bekotzte mich von oben bis unten. Es geht doch nichts über einen Joint, einen Trip und ein paar Bier an einem Samstagabend.

Wir fuhren heim, um uns den spätesten Spätfilm im Fernsehen anzusehen. Die Erde war von außerirdischen Perversen erobert worden. Die bescheuerten Irren. Alles steuerte auf eine undefinierbare Katastrophe zu, als ich meine Bierdose auf den abgetretenen Teppich fallen ließ und mich in tripbedingter Gehirnerschütterung an den Sessel klammerte. Ich kreischte: »Ihr hirnlosen psychologischen Killer!«, während ich mit einem Satz hinter den Sessel verschwand. Ich steckte den Kopf hinter dem Sessel vor, sobald die Spannung übermächtig wurde. Ein paar Perverse zischten durch Space City auf dem Bildschirm. Ich sank auf dem Boden zusammen, schloß die Augen und ließ die Welt in schwindelerregenden Taumel geraten. Alles, was ich noch sah, löste sich ohne jeden Grund in einen Blackout auf. »Laßt mich sterben, laßt mich sterben!« rief ich.

»Bring doch einer den armen Hund Sphere ins Bett!« rief Rainbow.

Ich lächelte. Es ist so schön, geliebt zu werden. Ich taumelte gegen die Wände und gegen Baron Wasteland, um schließlich ins Bett zu fallen und endgültig wegzutreten. Mein letzter Gedanke war, ich hätte in der Pubertät die Flower-Power-Generation gegründet.

21

Wenn du drüber reden kannst, kannst du auch drüber lachen. *Uncle Cane Toad*

Am späten Vormittag des nächsten Tags wurden die Motorräder rausgeholt und der VW-Bus mit Freaks für einen Trip ins Blaue beladen. Die buntgemischte Gesellschaft machte sich auf den Weg, und bald war der VW-Bus weit zurückgefallen, während ich auf dem Sozius einer BMW fuhr, und wenn ich auch ganz und gar kein gewöhnlicher Beifahrer war, reinigte der kühle Wind doch mein Bewußtsein vom Trip der vergangenen Nacht. Ich saß breitbeinig auf dem Bock, mit dem Gesicht gegen die Fahrtrichtung. Das war mein mittlerweile berühmter Rückwärts-Rücksitz-Stunt. Als wir Sydney hinter uns hatten, gaben wir richtig Gas, während ich stoned und wie gebannt auf das Hinterrad starrte, das sich unaufhörlich drehte.

Die Motorräder rasten vorwärts, schoben sich an Autos heran, ließen sich hinter sie fallen, und schossen dann vor, im roten Bereich raus- und drumherumsegelnd, krachend Gänge rauf und runter schaltend, bis Reisetempo 160 erreicht war. Ich war ein Kind des Winds und legte mich in die Kurven, bis Motorrad und Mann auf dem weiß markierten Highway in die Ewigkeit zu einer Einheit verschmolzen.

Wir bogen zum Picknickplatz am Berg ab, und Jedermann, -frau und -kind packte zusammen und räumte das Feld, als die röhrenden Maschinen durchs Gras pflügten. Die Zwanglosigkeit der Gang wußte man nicht zu schätzen. Bald brutzelten Steaks auf dem Grill, während die langhaarigen, bärtigen Barbaren eskimo-kaltes Bier tranken.

Zwei aus dem Trupp hatten eine Abzweigung verpaßt, und bald erreichte uns die Nachricht, daß sie auf einem anderen Picknickplatz einen Unfall gebaut hatten. Mehr haarige Säufer trudelten ein, unter schmutzigen Flüchen und mit verbogenen Radgabeln. Wir schlugen drei Kreuze. Mehr als einen Biker hat sein verhextes Motorrad direkt ins Leichenschauhaus getragen. Nach dem Nachmittagsbier fuhren wir in die Sonne und erreichten einen nie dagewesenen Blutdrucktiefstand des krassen Materialismus.

Die Kolbenringe des VW-Busses waren abgefahren, und er fraß Öl, als würde er bald den Geist aufgeben. Ab und zu hielten wir an, um an einer Tankstelle Altöl zu holen und unsere leere Ölwanne aufzufüllen. Irgendwann auf der Tour wurden die Insassen im VW-Bus beinahe vergast, und hätte der VW-Bus nicht rechtzeitig den Geist aufgegeben, hätten sie einen Crash gebaut. Sie kamen hustend und lachend aus dem VW-Bus gekullert, total benebelt von den Öldämpfen.

Cane Toad, Baron Wasteland und Rainbow flickten den VW-Bus zusammen, während ich dem kleinen Neurone, einem der Kinder der Freaks, unglaubliche Geschichten erzählte. Wasteland stiftete Neurone an, Kartoffelchips aus der Tankstelle zu klauen, während Cane Toad ihn auf frischer Tat photographierte. Wir waren schon ein abgefuckter Haufen Idioten.

Zwei Tage später erreichten die letzten aus der Gang Thredbo Village in den Snowy Mountains. Am nächsten Morgen wurden wir alle kassiert, zusammen mit 112 Marihuanapflanzen, die auf dem Balkon der Wohnung unserer Freunde wuchsen. Die Polizei stürmte die Wohnung, stellte Fragen, durchsuchte und brachte Beschuldigungen vor. Schlechte Karten für jeden mit langem, verfilztem Haar, der die Aussage verweigern wollte.

Die Mädchen kamen mit einem blauen Auge davon, während ich mir eine Anklage wegen Drogenkonsums und -besitz einhandelte. Die Bullen mußten lügen, um uns was anzuhängen. Cane Toad wurde mit Samen und einem Jointstummel erwischt. Die Bullen behaupteten, ich hätte einen Beutel Grass in der Hand gehabt, wenn auch nur für fünf Sekunden, und das galt schon als Drogenbesitz. Vor Gericht logen sie, ich hätte zugegeben, am Abend zuvor einen Joint geraucht zu haben. In Australien bist du schuldig, bis du deine Unschuld beweisen kannst. So wird eben gespielt. Ich lüge auch. Baron Wasteland wurde wegen Besitzes rezeptpflichtiger Medikamente angeklagt. Gegen den Rest der Freaks wurden die verschiedensten Anklagen erhoben. In der Zelle brachte uns eine Spinne, die wir prompt zerquetschten, alle auf Horror, aber mit Hilfe einiger Freunde aus dem Dorf kamen wir ein paar Stunden später gegen Kaution frei, und das einzige, was noch an unsere Kerkerhaft erinnerte, war eine kaleidoskopartig auf dem kalten Zementboden breitgetretene Spinne.

Im Dorf krabbelte Klein-Neurone auf dem ganzen Berg rum und schnorrte die Touristen um Geld an, und Rainbow wollte Orgien organisieren. Aber ich wurde depressiv und trampte, als der VW-Bus endgültig seinen Geist aufgab, nach Sydney zurück. Die letzten Tage waren mir etwas zu hektisch gewesen, und ich brauchte Ruhe und Frieden, also rollte ich mir einen Joint, vegetierte vor mich hin und tat den nächsten Schritt in Richtung meines Plans, die Bibel in mein Leben einzubeziehen.

Der Traum war in der Genesis wahrgeworden, als Kokain aus dem Paradies vertrieben wurde. Ich war bei der Erschaffung des Universums dabei. Ich habe die Bibel miterlebt. Dies ist die letzte Generation. Ich wurde gesandt, um die Welt zu retten. In der Welt, in der ich meine Spiele spiele und meine Träume träume, dort ist die Verwirrung, die der

Mensch verkörpert. Eine unwissende Welt. Eine auf der Erfahrung tausender Generationen des kämpfenden, schwachen Menschengeschlechts erbaute Welt, und die Bibel ist Ausdruck dieser Unwissenheit. Die Bibel ist antiquiert. Die Bibel, die Welt und ich haben eins gemeinsam: Niemand kennt diese Welt. Es ist eine Welt, die ihre Identität und Bestimmung sucht. Vielleicht ist die Wahrheit die, daß wir die Geheimnisse des Universums entdecken müssen. Meine Wahrheit ist das Blabla von Sphere. Ich habe drei Brüder, und wir sind die vier Reiter der Apokalypse. Ich bin ein wahrheitsbringender Geist. Ich bin ein Mann, der mehr Schmerzen erlitten hat als jeder andere auf Erden. Mein Sex ist verstärkt. Mein Sex ist der Traum vom Leben, der uns allen gemeinsam ist. Ich bin der Überzeugung, daß unsere Gedanken frei sein sollen.

»Schwachsinn«, sagt Wasteland.

22

Sex ist erlernt, wie die meisten Dinge.
Das und die Intelligenz unterscheiden uns von
den Tieren. *Magic Star Flower*

Dann stiegen wir in den Alptraum ein, den wir fünf Jahre lang fuhren, und fünf Jahre lang sprach ich kaum ein Wort. Für uns waren die Tage des Heroins gekommen, und wir wurden süchtig. Cane Toad, der Acidfreak, dealte mit Acid, Clear Light, White Lightning, Orange Barrels, Cap Rolls von eintausend Trips für 300 Dollar. Baron Wasteland dealte Heroin, weißes Pulver, graue Rocks, rosa Rocks, während ich Buddha und Hasch unzenweise verkaufte. Rainbow ging anschaffen, und Magic brabbelte wirres Zeug. Es war ein Leben im Drogenkoma, hinter verschlossenen Türen in einer Innenstadtwohnung in Kings Cross. Wir fünf saßen manchmal wochenlang rum und spielten Karten, während wir warteten, daß Käufer kamen. Freaks latschten rein und raus und laberten übers Verrücktsein, während ich mit dem Kopf wackelte und dachte, daß das alles nicht wahr sein konnte. Die Karmawellen prophezeiten uns ein böses Erwachen, und ich wurde immer tiefer hineingezogen.

Wasteland fragte: »Warum besuchst du Elysium nicht in der Kommune?«

»Ich bin ein Messias«, antwortete ich. Rainbow zündete noch ein Rohr an und ließ es rumgehen, während Magic einen Schuß zusammenkochte. Ich gewann immer beim Kartenspielen, weil ich die Karten gezinkt hatte, als wir uns beim Plattenumdrehen abwechselten. Wir hatten eine Kartenpsychose, Fernsehpsychose, Musikpsychose und psychotische Psychosen ganz allgemein.

Wir waren ein altersschwacher Haufen mit gelben Augen von der Hepatitis, die wir uns alle eingefangen hatten. Wir lasen alle. Baron Wasteland las Science Fiction, Rainbow las Schundromane, Magic las die Bibel von hinten und von vorn, unter besonderer Berücksichtigung der Genesis und der Offenbarung, Cane Toad las populärwissenschaftliche Bücher, während ich über Zauberei las, weil ich der Erfinder von Disco war. Meistens saßen wir rum und lasen bei Musik, ließen einen Joint rumgehen und versammelten uns gelegentlich in der Küche für einen Schuß. Im Grunde konnten wir uns gegenseitig nicht ertragen und vermieden jedes Gespräch, weil längst alles gesagt war. Niemand wollte irgendwas sagen. Niemand wollte irgendwas tun. Niemand wollte überhaupt leben.

Auf Trip las ich das neueste Zauberbuch von Castaneda.[23] Ich zog mir eine Augenklappe über das Auge und starrte eine halbe Stunde lang auf den orangenen Lampenschirm, um mich mit der Macht des Geistes zu verzaubern. Dann marschierte ich mit unerschütterlichem Selbstbewußtsein hinaus in den Kampf mit den Mächten der Finsternis.[24] Es war arschkalt, und die Musik von Pink Floyd kam aus einer Wohnung im Hintergrund. Geheime Kräfte belebten die Nacht, und ohne Zweifel war in der Nähe ein Hexenzirkel, der nackt um den Kessel mit brodelndem Pilzsud tanzte, einen Wirbelsturm heraufbeschwor und sich auf die anschließende Orgie vorbereitete. Das Jaulen eines Hundes zerriß die Nacht. Meine Erfahrung sagte mir sofort: *das Zeichen, daß ein Zauberer naht.* Ich gehe wieder rein und genehmige mir mit Cane Toad einen Joint und eine Runde Bourbon. Zu ausgeflippt. Die anderen ahnten nicht, daß ich auf Acid ein Zauberer war. Ich hatte die Welt geheimer magischer Künste betreten. In meinen Augäpfeln lag die Quelle der Macht. Wer immer dieses Buch liest, ist mir untertan. Hinter meinen unbarmherzigen, irre blitzenden Augen verbargen sich schwarze Geheimnisse und geheime Pläne. Ich konnte Gedanken lesen und andere mit meinen telepathischen Sinnen beherrschen. Liebe war einst meine Kraft gewesen, aber nun war der Schmerz meine Herrlichkeit. Magic hatte mir davon erzählt, wie Jesus Schmerzen auf sich genommen und daraus seine Kraft gezogen hatte, und mit meinem Schmerz konnte ich die Welt beherrschen. Ich ging wieder ins Haus.

Die Szenerie wechselte, und während ich in der Nacht Schmerzen auf mich nahm, duschte ich auf Acid mehrmals eiskalt und fing mir eine Bronchitis und dann eine Lungenentzündung ein. Mein unverantwortlicher Lebensstil hatte jeden Winter zu einem einzigen Erkältungs- und Grippeelend gemacht, aber jetzt, wo ich mich im Fieber zu Tode schwitzte, hustete ich Blut und zähen Schleim aus. Tagsüber hustete ich in einer Fieberhölle auf Erden Alpträume aus.

Die fünf Bazillen kamen ins Zimmer, und Magic sagte: »Wir haben einen Astrologen mitgebracht, um dich gesund zu machen, Sphere.«

Der Astrologe beugte sich über mich, redete was von Sternzeichen und Mondaszendenten. Er sah in seiner numerologischen Tabelle nach, las mir aus der Hand und legte mir eine Blume auf die Brust. Dann lächelte er und sagte: »Der Tod steht kurz bevor. Bitte still jetzt, ihr alle.«

Ich rang mir ein mattes Lächeln ab und sank in mein Kissen zurück. »Ihr Arschlöcher!« schrie ich. »Schafft diesen Clown hier raus!« Ich war heilfroh, daß er nichts von Akupunktur verstand, sonst hätte ich bestimmt eine Nadel in der Lunge stecken gehabt.

Rainbow lächelte und sagte: »Nimm die Acidpille hier und ruf uns, wenn du sonst noch was brauchst.« Ich schluckte das Acid und gab mich meinem Fieberwahn hin. Nach einer Stunde ging es mir sehr viel besser, als psychedelische Farben die Wand hochschossen und die Musik eine ganz eigene Bedeutung gewann. Bald war ich wieder voll drauf und fuhr in Satans Hölle hinab. Dann begann der reine Horrortrip, als Halluzinationen auf mich einstürmten. Monster und satanische Teufel paradierten nackt um mich herum, während sie mir Obszönitäten in mein phantasierendes Hirn brüllten. »Laßt mich sterben, laßt mich sterben«, flüsterte ich vor mich hin.

Das Fieber bot seine letzten Kräfte auf und steigerte sich zu einem kochenden Delirium, und im Trip reihten sich die Bilder im Kopf, Blendwerk der Hölle, zu einem Rock-and-Roll-Erlebnis aneinander. Jimi Hendrix war von den Toten auferstanden und spielte meinem Bewußtsein mit seiner elektrischen Gitarre auf. Die Außerirdischen kamen und landeten auf meiner Nase. Ich werde aufstehen, das Universum aus Zigarettenrauch erschaffen und dann wegpusten. Die Beatles traten im Traum auf und spielten den Zapfenstreich. Es waren abgefahrene Momente, in denen lichterloh brennende Wesen an den Wänden auf und ab huschten und Gespenster wirbelnd durch die Luft flogen.

Kurz darauf hatte ich es überstanden und ging aus dem Zimmer an die frische Luft, um mir einen Joint reinzuziehen. Ich weiß jetzt genau, was sie bedeuten, Mann. Ich sehe die ganze Zeit Geister durch den Himmel huschen. Echt irre, wie sie das organisieren. Blitzschnell, wie ein Schuß Heroin. Schätze wie der Wind, von den Männern der Weisheit und Liebe gesammelt und versteckt, von anderen in ihrer Jagd nach Vergnügen kaltschnäuzig mißachtet.

Die Folter der Erde kann manchmal unerträglich werden. Wir leben auf einem der sadistischsten Planeten des Kosmos. In der Erde sind Gold und Juwelen verborgen, und die Menschen kämpfen um sie. Wir werden ständig überwacht, um uns ins große Ganze einzufügen. Der Trick ist, zu wissen, wann man genug gehabt hat, und sich dann zufrieden zu geben. Seine meisterliche Philosophie läßt den noblen Rätsler über alle vier Backen strahlen. Peace, meine Freunde.

Nach dem Fieber war ich stoned, ausgehungert und stand unter einem Zauberbann mit gelegentlichen Realitätseinbrüchen. Sydney, Heimat von Fleischpasteten und Vegemite, lag prunkend im Sonnenschein. Ich haßte die Leute aus der Stadt, weil sie krank waren. Was der Körper, in dem ich lebte, jetzt brauchte, war eine Mastkur – und wie das Schwein fraß! Wo nur noch der Schatten eines Mannes gewesen war, den erst vor wenigen Tagen Fieber und Hunger geschüttelt hatten, ging eine neue und wunderbare Wandlung vor, und meine Wangen blühten wieder rosig auf. Es war paradiesisch, mit einer Karaffe Wein in meinem Lieblingssessel auf der Veranda an der Rückseite des Hauses zu sitzen und der Erleuchtung zuzuhören. Warum den Garten Eden aus tollkühner Abenteuerlust verlassen? Ist alles in deinem Kopf, Junge. Ich bleibe bis zum Ende ein bescheidener Marihuanaraucher.

Wasteland kam raus und setzte sich neben mich. »Immer noch dabei, die Antwort in dir selbst zu finden«, sagte er. »Die Antwort liegt außerhalb. Den Menschen gefällt die Armut, weil sie ihnen Gelegenheit gibt, sich mit sich selbst zu beschäftigen, anstatt mit den schönen Dingen, die uns umgeben. Eingefleischte Eigenbrödler.«

Ich saß da, trank einen Schluck Wein und dachte darüber nach. Ich zuckte die Achseln. »Ja, du hast recht. Wo ist unser Platz in Gottes großem Plan?«

»Wir sind hier«, antwortete er.

»Du bist ja scharfsinnig heute.« Ich gab sein Lächeln zurück.

»Das sind wir doch alle, Alter«, sagte Wasteland, als er mir süffisant grinsend die Zähne zeigte und sich Wein einschenkte. »In letzter Zeit mal was Nettes an Rock and Roll erfunden?«

23

Glück ist da, wo man es findet.   *Uncle Cane Toad*

In Kings Cross wuchs das Marihuana im Garten, und ich hörte mir tausendmal dieselbe Platte an und trank eimerweise Tee. Dann landete ich einen Job als Drogenkurier, also reisten Uncle Cane Toad und ich nach Bali, um die sagenhaften Berge des Wahnsinns zu finden, von denen die Rede ging, dort gäbe es billiges Weed und gute Frauen.

Bei der Ankunft in Bali wollten wir uns möglichst rasch den lokalen Sitten und Gebräuchen anpassen, also schmissen wir 20 kleine Pilze und verbrachten einen schönen Tag trippend am Strand, und am Nachmittag machten wir einen angenehmen, trippigen Motorradausflug auf den Straßen von Bali.

An diesem Nachmittag kaufte ich mir am Strand eine Frau. Wir lagerten uns im Garten der Zeit, als meine Wahrnehmung sich ausdehnte und ein Buschdickicht und ein Kokospalmenwäldchen bemerkte. Meine Phantasie wurde von Verwirrung überflutet, als ich zu ihr sprach: »Ich sage dir, was du tun sollst. Bau mein Ego auf, und ich gebe dir alles, was du willst. Ich möchte, daß du mir alles sagst, was du an mir liebst. Ich will, daß du einen Mann aufbaust, denn das tut die Liebe. Sie nimmt die Furcht und gibt Kraft.« Ich stützte mich auf meine Ellbogen, während sich die Kulisse in sanfter, luftiger Extase wiegte. Vom Traum umspült, sagte sie: »Ja, ich liebe dich. Ich werde dich nicht mit meiner Unsicherheit verletzen. Wirst du mich auch aufbauen und mir sagen, wer ich bin?«

180

»Dein Spiegel steht zu deinen Diensten«, flüsterte ich.

Der Traum blitzte auf und verschwand. Ich spielte in ihrem Bewußtsein, auf dem Bett in unserem steinernen Haus an der Straße zur heiligen Stadt. Ich besah mir die farbenfrohe Prozession, die sich durch unsere Körper und unser Leben wand, und in ihrem Traum lachten wir und wirbelten in Liebe, lieblichster Liebe. »Es tut mir leid, wenn ich die weibliche Rasse verletzt habe«, sagte ich. »Ich war ein Mann, der eure Gefühle nicht verstand. In der Vollendung der Einheit von Mann und Frau«, sagte ich zu ihr, »gehen Schönheit und Häßlichkeit Hand in Hand. Die Anziehung der Liebe kennt weder Schönheit noch Häßlichkeit, nur geteilte Illusionen. Ich werde dir einen Tempel göttlicher Freuden erbauen und zum Geschenk machen. Ich liebe dich, und die Liebe ist der Abschluß einer Reise von mir zu dir. Sieh sie wachsen und in ihrer Kühnheit etwas Schönes erschaffen.«

Nach dem Liebemachen spielte ich Gitarre und erlebte vollkommene Erkenntnis im friedvollen himmlischen Paradies. Ich hatte eine weitere Pforte zur anderen Seite der Wahrnehmung aufgestoßen.[25] Ich bin.

In der folgenden Woche entschied ich mich zu etwas, das ich lange nicht mehr gemacht hatte, und zwar, einen Trip ganz alleine zu unternehmen. Ich stand früh auf, sammelte dreiundzwanzig kleine Pilze und aß sie. Der Trip setzte ein, als ich auf der Veranda Tee trank. Ich saß da und sann vor mich hin, wippte mit den Füßen, rauchte dann zur Abwechslung etwas Opium und unternahm eine Fahrt zum nächsten Strand, wo sich nichts abspielte. Für meine Langeweile wurde ich entschädigt, als ich den Schlüssel des Motorrads im Sand verlor. Ich ging zu Fuß nach Hause, und unterwegs hatte ich eine herrliche Vision. Ich war gerade an einigen Kokoshainen vorbeigekommen und dachte über das Leben nach dem Tod nach, als eine Frau in einem fließenden weißen Gewand, deren Gesicht wie der Mond leuchtete, auf mich zugelaufen kam. Der Hintergrund von Kokospalmen und Dorfhütten war ideal. Sie kam bis zur Mitte des Felds und verschwand in den fließenden Nebeln der Halluzination. Es war meine Elysium Dream.

In dieser Nacht erhellte nach Anbruch der Nacht ein tropischer Sturm die Dunkelheit mit seinen Blitzen. Der Mensch am Morgen der Schöpfung, reingewaschen im Regen. Ich glaubte, mein Traum habe, einem Magier gleich, einen wütenden Holocaust heraufbeschworen. Ich hatte meinen Traum und meine Drogen mit Religion versetzt und den Himmel erschaffen. Ich sah mein Mädchen in ihren weißen Gewändern auf dem Sturm reiten. Sie schwebte in der Luft, und ihre Stimme war Donner und ihre Augen waren Blitze, die die Nacht zum Tag machten. Es war die brillanteste Halluzination, die ich mir je konstruiert hatte.

Ich starrte sie gebannt an, wie sie dort am Himmel schwebte, bis Donner und Blitz verebbten und die Nacht vom Klang gleichmäßigen, triefenden Regens erfüllt war. Völlig ausgelaugt lauschte ich in mein Bewußtsein, das unablässig brabbelte. Ich hatte eine kosmische Seifenoper im Kopf, also schaltete ich um auf eine psychotische Natursendung, dann war es wieder fantastisch.

Ich verbrachte den nächsten Tag stoned auf der Veranda, aber die Welt schien aus den Fugen geraten zu sein. Sie schien gelblich zu schimmern. Die Umgebung hatte etwas Seltsames an sich. Ich schrieb es dem Buddha-Grass zu, das ich geraucht hatte. Cane Toad kam aus dem Bungalow geschlendert und ließ sich in den Rohrstuhl plumpsen. Aus heiterem Himmel sagte ich: »Heute werde ich mit der nackten Wahrheit in die Zeitung kommen. Gestern nacht habe ich den Himmel erschaffen, und heute wird die Öffentlichkeit die Wahrheit über mich erfahren. Ich bin ein Hexenmeister, und wir werden für alle Ewigkeit in Wetterleuchten leben.«

»Dünnschiß, Alter«, antwortete er. »Wann redest du wieder vernünftig?«

»Ich habe ernsthaft vor, nackt wie eine Melbourner Made in die Stadt einzufallen. Ich werde die mit Entsetzen erfüllen, die glauben, etwas zu verbergen zu haben, und die Freiheitsdenker befreien. Ich walke hier alles durch und spüle es dann aus. Als würde ich mir die Bremsstreifen aus der Unterhose waschen.«

»Nur zu, Swamp Fox«, antwortete er.

»Mein neuer Name ist Bent Nail. Das wird als meine jüngste Heldentat Geschichte machen. Eine tolle Kapriole. Ein Gesetz für die Ewigkeit.«

Cane Toad antwortete: »Dein Kindskopf bringt dich noch in Schwierigkeiten. Denk dran, daß wir geschäftlich hier sind.«

»Wen kümmern Geschäfte?« antwortete ich. »Weißt du noch, wie wir bei dem Rugbyturnier waren, und ich blindlings Eier ins Publikum geschmissen hab? Das war ein großer Tag gegen die Apartheid, aber als der nackte Reiter der Wahrheit werde ich die Bevölkerung in meinen Traum einbeziehen. Ich zeige alles. Mein Naturalismus ist wirklich groß. Bent Nail regiert. Der Himmel existiert.« (Cane Toad hatte keine Ahnung, was der »Bent Nail«-Effekt ist, und ich hatte nicht vor, ihn aufzuklären.) [26] Ich brachte einen Kampfschrei gegen die Lackaffen aus. »Zum Ruhm! Knie nieder, Cane Toad, mein treuer Jünger! Der Kiffer-Ranger reitet wieder!« Ich zog mein Hemd und meinen Sarong aus, und die Bestie hing runter.

»Stellst du heute den Familienschmuck aus?« sagte Cane Toad.

»Ja«, antwortete ich. Ich stieß ein heiseres Krächzen aus und trat das Motorrad an. Ich konnte die Blicke, das Flüstern, Klatschen und Jubeln beinahe spüren, als ich, Staub und Steinchen aufwirbelnd, Richtung Ruhm davonbrauste.

Als ich ans Eingangstor kam, traf ich mit ein paar australischen Krankenschwestern zusammen. Ich sprang vom
Motorrad, hüpfte auf und ab und schrie. Dann zwinkerte ich
ihnen mit dem Arschloch zu.

Sie rannten in den Tag davon und kreischten: »Ein Irrer!
Ein Irrer ist los!« Ich schwang mich wieder aufs Motorrad
und wendete scharf. Cane Toad wartete auf der Veranda.

»Nichts gebacken, Jumping Jack Flash?« sagte Cane Toad.

»Hab ein paar Mädchen verscheucht«, sagte ich.

»Steh ich nicht drauf, Alter«, antwortete Cane Toad. »Ach
so, und zieh dir was über das Monster.«

»Oh, klar.«

»Warum gehst du nicht die Schwestern besuchen?« fragte
er.

»Sie werden merken, daß ich wieder stoned bin, und mir
eine Predigt über die Tugend der Enthaltsamkeit halten.
Außerdem hab ich sie gerade auf Horror gebracht«, sagte ich
mit hämischem Grinsen.

»Sie werden's schon überstehen«, sagte er.

»Ich dachte mehr an mich.«

»Wie könnten sie dir widerstehen? Setz dein lausbübisches
Lächeln auf. Das berühmte Spheregrinsen. Nutz ihr Mitgefühl aus. Ein Perverser kann immer mit Mitgefühl rechnen.«

»Danke, Alter.«

»Auf, auf, Bent Nail.« Er lächelte provokant.

»Jetzt wieder Sphere. Ich setze nur diese Maske auf. In
Wirklichkeit habe ich so was nicht.«

24

**Ist dir schon mal aufgefallen, daß eine Ameise,
wenn man auf sie tritt, nicht stirbt,
sondern orientierunslos rumirrt?** *Magic Star Flower*

Ein Tag folgte auf den anderen, und ich saß auf der Veranda
rum und hatte eine klare Vorstellung, wie es im Himmel sein
mußte. Ich holte ein Kilo Smack ab, klebte es mir mit Klebe-
band an die Innenseite des Schenkels und flog zum körperlichen Verfall heim nach Australien, nach einem rundum ge-
lungenen Urlaub für ein abartiges und degeneriertes Schwein
wie mich.

Ich lieferte das Heroin bei Mr. Guzzler Sanes Haus ab,
nachdem ich ein paar Gramm abgezwackt hatte. Mr. Sane
bot mir Platz an und sagte mir ein paar warme Worte übers
Geschäft. [27]

Ich schwitzte.

»Wenn du unsere Regeln brichst, brechen wir dir den
Hals«, sagte er.

Ich saß da, hörte zu und schwitzte noch ein bißchen.
Guzzler war ein Großanbauer und -importeur von Dope
und hatte beschlossen, mich zu seinem Protegé zu machen.
Fürs erste holte er mich in die Organisation. Er begann mich
in Psychologie, Philosophie und Soziologie zu unterweisen.
Er hatte die Universität besucht, daher hatte er einige Lehr-
bücher, die er mir zu lesen empfahl. Ich kam frisch von der
Straße und wußte nichts über die Psychologie und Philosophie des Big Business. Er begann mich auszubilden. Er zog
mich ins Vertrauen, während ich mir die Bücher vornahm.

Eines Tages nahm er mich beiseite und sagte: »Wir sind alle leicht vom Wahnsinn gestreift, aber die Leute, auf die es ankommt, halten sich für nichts Besonderes. Weil ein Mann alt ist, macht ihn das noch nicht allwissend. Aristoteles, Plato, Newton, Marx, Christus, Einstein, Buddha waren alle geisteskrank. Sie sind alle durch ihre ganz persönliche Hölle gegangen, aber was sie so anders machte, war, daß sie sich auf das Spiel mit Gott einließen und gewannen. Sie wußten einfach, daß sie die Wahrheit kannten. Sie waren die ersten und sicherten sich so die Unsterblichkeit. Sie hätten das Geld nehmen sollen, aber sie entschieden sich für den Ruhm. Geld, Macht, Glanz und Ruhm sind die vier Götzen, nach denen wir alle streben, aber laß dir nichts vormachen. Ideale und Idole sind was für Vollidioten. Es tut uns allen gut, gelegentlich daran zu schnuppern, aber keiner von uns kann davon leben. Ich benutze diese Dinge, um das zu bekommen, was ich wirklich will, und das, mein Freund, ist, mir eine Scheibe vom guten Leben abzuschneiden.

Ein Lebensziel und die Antworten auf die Fragen des Lebens, das ist was für Schwafler. Versuch gar nicht erst, ein besonderer Mensch zu werden. Die Geschichte ist voll von deren gutgemeinten Versuchen. Und was kommt dabei raus? Ich sag's dir. Das ist eine Gutenachtgeschichte. Mach dich nie selbst kaputt und halt dich raus, wenn andere Gott spielen. Mach dir still und friedlich ein schönes Leben.

Als ich jung war, fand ich die Wahrheit des Universums heraus, aber ich war high bis zum Umfallen von Benzindämpfen, und meine Wahrheit war bedeutungslos. Wir sind alle geisteskrank, wenn wir denken. Irrsinn ist zuviele Gedanken oder Worte. Sie verkörpern das Universum. Ich benutze meine Hände, um meine Realität zu formen. Ich weiß, daß ich nur über meine Sicht der Dinge rede. Ich bin alles, von dem ich glaubte, du wärst es. Wir sind alle in unserem eigenen Körper und Bewußtsein gefangen. Du mußt wissen, daß es keine Unsterblichkeit gibt, nur Gutenachtgeschichten. Wen kümmert es. Laß es sein. Wir sind alle Scheißer.

Sei kein Traumtänzer, schließlich müssen wir alle über die Realität sprechen. Sei nicht mechanisch, denn Emotion ist Energie. Auch mit Schrott kann man etwas anfangen. Nimm dir immer Zeit, zuzuhören und zu lernen. Selbst schwafelnde Irre haben etwas mitzuteilen. Zeig Interesse an anderen Menschen und teile ihre Sorgen, denn sie sind deine wichtigsten Aktiva. Die Regel lautet: Gib nie mit deinen Eroberungen an, sondern zieh aus deinen Eroberungen die innere Kraft, in Stille zu existieren.

Ich sage dir was über den Hallo-Effekt. Wir gewinnen unsere Eindrücke aus dem, was man uns über andere erzählt. Wir glauben anderen mehr als unseren Instinkten. Das ist der Hallo-Effekt. Such dir deine Freunde immer danach aus, was du über sie weißt, und benutz deinen gesunden Menschenverstand, um Menschen zu verstehen. Ich weiß, daß du einen klaren Blick hast. Wir alle sehen ein und denselben Menschen unterschiedlich. Geh aufs Ganze, und wenn du verlierst, reiß deine Freunde nicht mit in dein Unglück. Du bist auf dich gestellt, und – egal, ob du gewinnst oder verlierst – es kommt darauf an, zu genießen. Setz immer darauf, dich zu steigern, und wenn du dich steigerst, wirst du nie um eine gute Geschichte verlegen sein, um deine Freunde damit zu amüsieren.«

Er legte die Hände auf den Rücken, schritt davon und ließ mich alleine im Garten stehen. Er hatte einmal zu mir gesagt, Lernen sei angeboren. Wir alle wollen lernen, aber am schwersten ist die Lektion zu lernen, daß all unsere Ideale sich zu Geld machen lassen.

Die meisten Menschen streben nach Ruhm, aber der ist auch nur ein Götze.

25

In der Hölle benimm dich wie der Teufel. *Sphere*

Wastelands Worte: »Dein Bewußtsein ist der Raum. Finde den Schlüssel, dann kannst du entkommen; andernfalls wird der Raum dich erdrücken, und du wirst dich im Wahnsinn des kosmischen Raums verlieren.«

Dort spielte sich alles ab. Im kosmischen Raum. Das ist mein Raum. Der höchste Luxus. Das ist es. Der Ort, wo es abging. Die Luft vibrierte von Schwingungen, Alter. Sie sind rings um uns. Die Farben der Schwingungen schimmern richtig von den Wänden. Diese Wellen sind wirklich phantastisch und sie hüpfen und hallen durch den ganzen Raum. Den kosmischen Raum. Der gute, alte kosmische Raum mit seinem sauberen Bett und Bettzeug, seinem Sonnenschein und der Karaffe Rotwein, die im warmen Sonnenlicht schimmert. Eine Karaffe rotes Sternenlicht und eine aufgezogene Spritze.

Da passierte es, Alter. Ich verlor den Kontakt zur Realität und wurde wahnsinnig. Elysium Dream war damals in meinem Bewußtsein. Sie war im Geiste dort. Sie erfüllte den kosmischen Luft-Raum. Dieser Rotwein war gut. Er kam aus Guzzler Sanes privatem Keller. Er wußte, daß ich mich davon bediente, und ich plünderte den ganzen Bestand. Ein liebevoll angelegter Weinkeller einfach weggeschluckt. Geschluckt und direkt durchs Gehirn gezuckt. Ihm war es egal, weil er wußte, daß ein Weinkeller nur ein billiges Statussymbol war. Jahrelang gelagerter Wein floß in mein verrücktes Hirn.

Es war ein sauberer Raum in einem kompakten, belaubten Haus weitläufiger Räume. Genug Platz, die Wohlgerüche des Gartens zu atmen. Ein weißer Wollteppich, weiße Vorhänge und ein Mahagonischreibtisch. Fast jede Nacht hielt die Haushälterin Erdnußplätzchen, Lammbraten und gebackene Kartoffeln bereit. Es war voll durchrationalisierte Versorgung. Es war herrlich, Alter. Jeder Winkel meiner Privatsphäre. Muße aus dem Handgelenk. Leben mit einem Millionär in einem wohnlichen Schloß, versteckt in der Gummibaumvorstadt.

Im letzten Monat war ich aus Bali zurückgekommen. Das Leben war schön. Ich fand die Frauen schön, und auf Tour mit meinem Motorrad war das Leben ein Mysterium. Mein Motorrad und ich teilten viele schöne Momente auf den Straßen. Die altgediente, rostige 500 war mir ein guter Kumpel. Sie verlor Öl, aber sie war ein treuer Kamerad. Die Tage, an denen ich die Kontakte rausriß, weil ich glaubte, wenn das Motorrad stürbe, würde ich auch sterben – das waren schon seltsame Zeiten.

Ich war aus Bali zurückgekehrt, und mich erwarteten Rotwein und gute Frauen. Ich bekam guten, altmodischen Sex, Drugs und Rock and Roll. Ich trieb es mit der Haushälterin, die eine frühere Professionelle war. Das Weed zum Rauchen, das mich jeden Morgen erwartete, war köstlich. Das Grass hatte mich den Mysterien des Universums geöffnet. Im Kosmos wimmelte es von Tausenden Planeten mit intelligenten Leben. Stellt euch das vor: überall kleine Zivilisationen. Ihre durchs Universum schwärmenden Raumschiffe. Das reduzierte mich zu einem winzigen Konglomerat von Atomen, die willkürlich menschliche Gestalt angenommen hatten. Alles ist relativ. Es kommt nicht darauf an. Es ist nur das Universum, das sein organisiertes nukleares Schicksal erfüllt. Kriege, Hungersnöte und Flammen plus Frieden, Liebe und Lebenssinn. Triangeln sind groß in der Melodie des Universums. Ich lebte in kosmischer und spiritueller Verwirklichung, deren Spuren sich an der Vene meines Arms ablesen ließen.

Ein typischer Tag sah mich neben einem halb ausgetrunkenen Pokal mit Rotwein auf dem Schränkchen an meinem Bett erwachen. Ein Schuß. Einen Schluck Roten und unter die Dusche, und dann zurück in den kosmischen Raum, um mich abzutrocknen. Die kleinen Wassertröpfchen über meine Schultern und Schenkel rieseln lassen, noch ein kräftiger Schluck Rotwein, und dann zu einem Eierflip raus in die Küche schlendern. Dann wieder zurück aufs Zimmer, um den Pokal mit dem Rotwein auszutrinken. Ihn wieder nachfüllen und noch einen Drink nehmen. Jeder Schluckspecht kann euch sagen, daß ich im siebten Himmel war. Womit habe ich diese Opulenz verdient? Fangen wir den Tag mit der Vernichtung einiger Gehirnzellen an. Ich segelte über die Kante von Andromeda, direkt vom Planeten runter in die kosmische Wahrnehmung des kosmischen Raums. Ich legte mich aufs Bett und ließ eine Kassette laufen und die Musik durch den Flur schallen. Wirbelnde Musik mit brummendem Schädel, und alles geschah in der Geborgenheit in Raum und Zeit.

Mein Kopf war voller Vibes, die nur darauf warteten, sich zu entladen und das Gefüge der Gesellschaft zum Einsturz zu bringen. Ich wollte etwas aus dieser Welt hinausträumen, also tat ich das. Ich begann zu träumen. Ich nahm ein Fläschchen Schlaftabletten und stellte einen Rekordversuch auf. Ich nahm fünfundzwanzig von den Biestern und schlief ein, um am nächsten Morgen erfrischt aufzuwachen. Der kosmische Raum umhüllt mich wie Flaum. [28]

Guzzler war ein Homosexueller und Kinderpornograph. Ich war ein Traumtänzer in einer Traumwelt.

26

Eine Frau kann es schaffen. Glaub mir, es stimmt.

Rainbow Moonfire

Willkommen im Himmel. Die Worte, die ich an die Wand unseres Hauses gekritzelt hatte. Guzzler hatte uns unser eigenes Dealernest eingerichtet, um unsere Vermögen zu mehren.

Der typische arbeitslose Drogenfreak kann leicht was an Land ziehen, wenn er seine Dealerlöhnung in der Tasche hat und weiß, daß gerade eine Lieferung angekommen ist. Ich rauchte das Kaschmirhasch hinterm Haus und glotzte das Motorrad an. Ich nahm mir das Handbuch. Nach ein paar Wochen auf Droge würde ich noch auf den Trip von dem Typ, der es geschrieben hatte, einsteigen. Es macht die Welt irre, sich an diesem Traum zu berauschen. Es kann nicht schiefgehen. Ein Trip am Rand der Psychose, Alter, auf Happy End programmiert. Baron Wasteland, ein Teufel von Mann, echote aus dem Haus.

Mein Blick wanderte wieder zum Motorrad, das sich für mein überdrehtes Haschischhirn jeder Beschreibung entzog. Ich gebe nie auf, du verdammtes mechanisches Drecksbiest. Die Maschine, die Körperteile wie ein Tier hatte und womöglich die hehren Ideale einer Generation symbolisierte. Ich legte das Buch weg und wartete, wobei ich das Bike untersuchte und über eine Nase Kokain nachdachte. Meine Gedanken schweiften ab. Sieh dir das Bike an. Die Schalthebel klemmten, und mit einem verärgerten Seufzen ging ich rein, um mir einen zu ballern. Der vertraute Raum mit dem von aufgeriffelten Marlboros vollgekrümelten Kaffeetisch.

191

Die vor die Tür gehängte nepalesische Decke. Der Platten-spieler, auf dem Baron Wastelands Blues-Acid-Animal-Rock lief.

Baron Wasteland hing für sich allein irgendwelchen ver-schwommenen Erinnerungen nach, während Rainbow Moonfire in Heroineuphorie schwebte. Mit 160 Sachen un-terwegs, eine Dose Bier in der Hand. In die Enge getrieben, mußte er reden.

»Das Drecksbike ist im Arsch«, sagte ich. »Haben wir Ent-roster?«

»Es war ein heißer Tag«, sagte Wasteland zu Moonfire.

»Verdammt heiß«, bestätigte sie.

»Du verstehst mich nie, Alter!« schrie ich ihn an.

»Brauchst du was zum Frischmachen? Du klingst so«, ant-wortete er.

»Ja, was gibt's? Speed, Kokain oder Testosteron? Mein Sexleben ist am Ende«, antwortete ich.

»Smack«, kam die Antwort.

»Ja, her damit. Das ist ein Drecksleben, weißt du das, Alter. Ich halt's nicht aus. Es ist so heiß draußen.« Wir nahmen Smack und rauchten bis in die Nacht. Später schnupften wir Schnee.

Spät abends hörte ich ihn wieder sagen: »Ja, weißt du, Alter, es war ein heißer Tag. Verdammt heiß. Rainbow, haben wir noch China zum Drücken?«

Sie antwortete: »Wir haben einen Sack mit 'nem halben Kilo, und alles erstklassig.«

27

**Die Pharisäer und Schriftgelehrten binden
schwere Bürden und legen sie den Menschen auf;
aber sie selbst wollen sie nicht mit einem Finger
anrühren.** *Matthäus 23;4*

Auf meinem Bett liegend, Radio hörend, hatte ich eine kleine
Phantasie. Sphere tigerte auf und ab und wiederholte immer
wieder: *Der Penis muß in die Vagina, der Penis muß in die
Vagina.*

Rainbow kam durch die Seitentür herein. »Was hast du
denn für Probleme, Junge?«

Sphere antwortete: »Ich habe gerade entdeckt, wie die
Schöpfung vor sich geht, und jetzt muß ich herausfinden, wie
sich Zerstörung und Tod manifestieren, weil die Nadel in die
Vene muß.«

In diesem Moment wankte Baron Wasteland mit einer
gemein aussehenden, aufgezogenen Spritze aus der Küche
herein. »Hier ist es, Sphere. Ich hab's genau nach deinen Anweisungen gemacht. Das hier enthält genau zwölf Milli-
gramm Acid, ein halbes Gramm Qualitäts-H und andere
Mineralien und Vitamine, die wesentlich zu guter Gesundheit und Wohlbefinden beitragen. Jetzt sind wir bereit für die
Operation Holocaust.«

Die Nadel glitt in die Vene und spielte ihre blutrote Musik
ab, während auf dem Plattenspieler »Gimme Shelter« lief
und der Kolben langsam runter, runter, runtergedrückt wurde. Sphere saß an Händen und Füßen gefesselt auf dem
Stuhl, um Verletzungen vorzubeugen. Das Publikum wartete gespannt. Dann, ganz plötzlich, explodierten Spheres

Bewußtsein und Körper in einem Kaleidoskop psychedelischer, euphorischer, symphonischer Orgasmen, hinausgreifend an die äußeren Grenzen des großen, allumfassenden Traums wirbelnder, gedankenloser Zeitlosigkeit – Bullshit, mit anderen Worten.

Zeit verging, in der seine Freunde immer ungeduldiger wurden, seine ersten Worte zu hören. Zwei Tage später, als sie endlich Sinn in seinen irren, abschweifenden Alptraum bringen konnten, verkündete er die unsterblichen Worte, die bis heute unvergessen und in die Annalen der Geschichte eingegangen sind: »Zuviel Acid, großzügig mit dem H, ein Schuß Ritalin und mehr Pethidin,[29] dann haben wir einen Hit. Ich glaube, ich taufe es den Injakulierenden Superkitzel. Gratuliere, wir haben's mal wieder geschafft!«

Wir lachten alle, als wir meinen Stecher holten und die rituelle Orgie der Gedächtnisauslöschung begannen.

»Was ich gut finde, sind die natürlichen Wirkstoffe«, sagte Rainbow.

»Ich drücke wegen der Wirkung«, ergänzte Wasteland.

»Ich«, lachte ich, »stehe auf die gesellige Atmosphäre bei einem Schuß.«

Aus welchen Gründen auch immer, wir alle spürten schon den erwarteten injakulierenden Superkitzel. Die Bande scharte sich um mich und wollte wissen, was sie erwartete. Ich empfing einige Offenbarungen. Langsam sprach ich: »Ich ging durch einen Holocaust und brachte den Dritten Weltkrieg selbst über mein Haupt. Ich bin der Heilige Geist. Dies ist der letzte psychologische Krieg. Ich will euch eine kleine Geschichte erzählen. Sie begann, als ich sieben war, beim Brennball, einem Spiel, das wir in der Schule spielten. Ich stolperte und schrammte mir auf dem Asphalt die Knie auf, und als ich zu den Nonnen ging, um mich verarzten zu lassen, entdeckten sie Blut an meinem Knöchel, und als sie mir die Socke auszogen, fanden sie eine zweieinhalb Zenti-

194

meter lange, klaffende Wunde, die mit sechs Stichen genäht werden mußte. Dann, zehn Jahre später, stolperte ich, als ich eine Schrotthalde plünderte, und schnitt mich ins Handgelenk. Seht mal, auf meiner Stirn könnt ihr die Wundmale der Kreuzigung sehen. Ich habe alle Wundmale der Kreuzigung. Der Stein, den die Erbauer zurückwiesen, ist zum Eckpfeiler des Tempels geworden. Ich bin der Heilige Geist. Das Lamm, das seit Anbeginn der Welt geopfert wurde.«

»Wer sich am Heiligen Geist versündigt, wird niemals Vergebung erlangen«, sprach Rainbow feierlich.

»Wir sind wahrhaftig im Angesicht des Höchsten«, sagte Wasteland.

Ich sprach wieder. »Ich kam, um die Kirche zu zerstören und dann einen besseren Tempel zu bauen, und diese Kirche ist mein Verstand. Freunde, ich habe ein Bekenntnis abzulegen. Ich bin bisexuell. Ich bin Mann und Frau. Ich bin drei Wesen in einem, denn ich bin außerdem ein Neutrum. Die Vernichtung meiner selbst in Punk Rock wird weitergehen, bis ich mich selbst auferstehen lasse und in die Unsterblichkeit entfliehe.«

»Sphere ist ein warmer Bruder«, lachte Wasteland

»Ich liebe meinen Bruder. Ich stehe auf Penisse, und ich reihe sie in meine sexuelle Plattensammlung ein.«

»Du bist trotzdem ein Arschloch«, sagte er darauf.

»Ich bin ein Mann«, antwortete ich. »Sex und Gift und Rock and Roll.«

»Du bist 'ne Schwuchtel«, lachte Wasteland. »Schwuchtel, Schwuchtel.«

28

Das ist ein Trip nach Überall. *Magic Star Flower*

Uncle Cane Toad und Magic Star Flower trafen ein, und Cane Toad sprach: »Wir haben ganz beschissene Neuigkeiten für euch. Die schlechte Nachricht ist, daß wir das Universum erschaffen haben.« Er lachte nervös. »Wir sind verrückt. Hawkwind haben recht. Wir sind der Mittelpunkt des Universums. Magic und ich haben das Universum erschaffen. Wir sind Götter.«

Rainbow lachte, während Wasteland sich zurücklehnte. »Sagt bloß«, sagte er. »Zuviel Speed«, nickte er mir zu.

»Laßt mich mal erklären!« kreischte Cane Toad. »Magic und ich haben gestern nacht auf Acid gebumst und dabei Hawkwind gehört, und als ich nicht abspritzen konnte, hat sie mich zum Orgasmus masturbiert. Magic hat jetzt das Universum in der Hand. Es ist entweder in ihrer Hand oder in meinem Kopf … oder in der Waschmaschine.«

»Laß mich mal deine Hand sehen«, bat Rainbow. »Ja, sieht ganz so aus, als hättest du das Universum in der Hand, mit diesen ganzen funkelnden Schweißperlen.«

»Ich halte die sieben Planeten in meiner Hand!« rief Magic aus. »Wir sind alle in der Ewigkeit gefangen. Wir haben uns selbst erschaffen.«

»Ballern wir uns einen«, setzte Wasteland hinzu. Nach dem Schuß fragte Wasteland: »Wie kommt ihr auf die Idee?«

»Weißt du noch, wie du letzte Woche geglaubt hast, die Polizei würde uns über in unsere Zähne implantierte Transmitter abhören?«

»Ja, ich erinnere mich«, gab Wasteland zurück. »Rainbow und ich waren auf den Trichter gekommen, daß die Bullen nur deshalb so gut über Guzzler Sanes Geschäfte informiert waren, weil sie uns in der Zahnklinik Transmitter in die Zähne implantiert hatten. Du meinst also, die Transmitter haben euch die Macht verliehen, das Universum zu erschaffen?«

»Du sagst es, Junge«, antwortete Cane Toad.

»Die Regierung ist wahnsinnig«, sagte Magic schaudernd.

»Ja, sie sind irre«, gab Cane Toad zurück. »Sie haben uns das Universum erschaffen lassen. Das Universum endet nie. Es wächst bloß weiter in alle Ewigkeit und wird dabei kleiner und kleiner, während es aus dem Zentrum herausstrahlt.«

»Gott, laßt mich raus hier!« sagte ich. »Das ist paranoid.«

»Wir sind die Götter, Alter«, erklärte Magic, »und jetzt, wo die Regierung Bescheid weiß, wird sie versuchen, die Welt zu zerstören.«

»Ich hab auf Acid masturbiert«, sagte ich, »und ich habe einen Transmitter, was bedeutet, daß ich auch das Universum erschaffen habe – den Crab-Nebel vielleicht; und so habe ich den Rock and Roll erfunden.«

»Du meinst, das ist alles wahr?« fragte Wasteland. »Du glaubst das?«

»Darauf kannst du dich verlassen, Junge!« rief ich. »Die Götter des Universums sind in diesen Raum herabgestiegen.«

»Das Sperma hat sich gerade in meiner Hand entmaterialisiert«, stotterte Magic. »Mir ist schlecht. Das Universum ist wahnsinnig. Wir sind alle verrückt. Ich bin Gott, und ich bin wahnsinnig. Wir sind wirklich für die Ewigkeit verloren. Was machen wir nun? Die Regierung wird stürzen, und es wird Anarchie herrschen, wenn die Welt die Wahrheit herausfindet.«

»Ich glaube, ich bring mich um«, antwortete Cane Toad. »Los, opfern wir uns. Nehmen wir alle eine Überdosis Heroin.«

»Wie lange geht die Sache mit diesen Transmittern schon?«
fragte ich.

»Jahre, höchstwahrscheinlich«, sagte Wasteland sarka-
stisch. »Wahrscheinlich ist dir schon als Baby ein Transmitter implantiert worden.«

»Ein Transmitter!« schrie ich. »Ein Transmitter. So haben
sie das angestellt! So hat die Welt meine Gedanken belauscht.
Gott, es wird in alle Ewigkeit nichts als Schmerz für uns
geben. Wir existieren, um das Ritual der Schöpfung zu wiederholen. Wir sind alle verloren. Verloren in der Ewigkeit.
Der Grund, warum wir jetzt leben, ist, daß wir in der Ewigkeit gefangen sind. Wenn wir die Götter sind, erklärt das
alles. Wir, die Götter, können das Ritual nicht aufhalten, weil
wir in einem anderen unendlich kleinen Universum irgendwo
im Kosmos in einer anderen Milchstraße wiedergeboren
werden.«

»Laber du nur, Sphere«, lachte Wasteland.

»Was sollen wir machen?« fragte Magic.

»Wir verhalten uns still. Spielen Tag für Tag mit, bis dieser
ganze Irrsinn weggeblasen wird«, erklärte Wasteland. »Ihr
Spinner! Ihr könnt machen, was ihr wollt, aber ich verpasse
mir noch einen Schuß Speed. Ich mach mich zu, so zu wie es
geht, Alter.«

»Wir müssen es schaffen, dieses Ritual aufzuhalten. Du
weißt nicht, wie das bei meiner Geburt war.«

»Nicht schon wieder dein melodramatisches Scheißgewin-
sel! Es ist nie passiert!« schrie Wasteland. »Frauen vergewaltigen keine Babys.«

Cane Toad unterbrach das Gespräch. »Wenn wir rausge-
hen, sehen wir die Sterne. Wir erschaffen das Universum in
unseren Köpfen.«

»Haben wir das Universum erschaffen, oder hat das Universum uns erschaffen?« fragte Moonfire.

»Das ist die Millionen-Dollar-Frage«, schoß Wasteland

zurück. »Aber ich vermute, das Universum hat uns erschaffen.«

»Ich hab's auf Acid und auf Speed gemacht. Ich hab's abgewischt, und das Universum ist in der Waschmaschine gelandet!« rief Magic. »Das Universum existiert in einem Materie-Zeit-Kontinuum in der Waschmaschine. Ein Junkie hat das Universum erschaffen.«

»Ich dachte, dieses Sperma hätte sich durch irgendeinen orgasmischen Materietransmitter in deiner Hand dematerialisiert?« merkte Wasteland an.

»Ich weiß es nicht mehr.« Magic fing an zu weinen. »Ich weiß nicht.«

»Keiner von uns weiß es«, sagte Cane Toad mitfühlend. »Tatsache ist, daß wir existieren, weil andere uns real machen.«

»Ich steige aus Sanes Organisation aus und in die Religion ein!« redete ich dazwischen. »Ich gebe alles auf. Sogar den Rock and Roll.« Ich ging ins Badezimmer und schaute durch zwei schwarze Löcher, die mich aus dem Spiegel ansahen, in mein Bewußtsein, und dort war das Universum. Ich hatte das Gegenteil von Elysium Dream gefunden. Alles klar in der Hölle. Wir waren die Zwillingstore der Ewigkeit. Ein Computer, die Summe aus Eins, und als ich in den Spiegel schaute, sah ich Gott, sah ich mich selbst, sah ich die Hölle, sah ich das Universum, und ich sah einen astrologischen Planeten, der zum toten Stern im letzten Stadium geworden war. Ich legte mir die Hände über die Augen und preßte sie gegen die Höhlen, bis ich den Abgrund meiner Kindheit sah, wobei die flimmernden Quadratblitze auf Speed zu tanzen und zu halluzinieren begannen.

29

**Frauen lieben Status, Geld und Männer,
in dieser Reihenfolge.**   *Magic Star Flower*

Diese Woche. Geschrieben vom bösen Baron Wasteland.
   Choreographiert von Rainbow Moonfire.
   Halluzinogener Trip Nr. 456.
   Gefangen in der Ewigkeit.
Sphere, der Erfinder des Rock and Roll, hatte als Baby einen
Transmitter in den Zahn implantiert bekommen, war dann
brutal vergewaltigt und ermordet worden, aber er überlebte
trotzdem, als die Kugeln zu rollen begannen, um seine Ge-
danken der Liebe über die ganze Erde zu senden. Erst war da
Moses, der Vater, dann Jesus Christus, der Sohn, und jetzt
Sphere, der wahrheitsbringende Geist.

   In der letzten psychotischen Episode hatten Uncle Cane
Toad und Magic Star Flower mit einem Transmitter, der zum
Transmaterialisator geworden war, das Universum erschaffen, und nun erkannte Sphere die schreckliche Wahrheit. Wir
alle sind in der Ewigkeit gefangen. Wir sterben und werden
wiedergeboren und leben dasselbe Leben wieder und wieder,
und darum sind wir jetzt hier.

Sphere trabte vor und zurück und rauchte einen Joint, während er vor sich hinmurmelte: »Es existieren unendlich viele
Universen. Tragisch, wie tragisch.«

   Magic flüsterte ihm sanfte Worte zu. »Es macht nichts, wir
finden einen Ausweg.«

   »Du verstehst nicht«, antwortete er. »Ich werde wieder

Entsetzliches durchmachen müssen. Immer wieder. Es endet nie.«

Baron Wasteland trat durch eine Seitentür ein und warf Magic Star Flower einen strafenden Blick zu. »Wir müssen die Bombe schmeißen!« brüllte er.

Sphere, der auch ein anerkannter pseudonuklearer Physiker war, antwortete: »Du verstehst nicht, Wasteland. Das Universum wichst rein und raus. Wir müssen die Wichserei aufhalten. Wenn du die Bombe schmeißt, wird das zu Blutvergießen führen, aber wenn das gesamte Universum in sich zusammenwichst, werden wir mit in den Strudel gezogen und, voila!, eine neue Schöpfung! Es gibt nur eine Lösung. Jesus Christus muß uns von den Toten auferwecken. Auf zur Kirche, Männer!«

»Es gibt zwei Lösungen«, fügte Wasteland hinzu. »Ich mache mir einen Druck und gehe Fischen. Ich höre, im Hafen wimmelt es von Snappern. Wo ist dein Piekser?«

»Ist schartig.«

»Laß mich mal sehen.« Wasteland besah sich die Scharten, die die Haut aufreißen können, und begann dann die Nadel mit den Zähnen zu glätten. »Wo ist die Zahnpasta?« fragte er. Kurz darauf schärfte er sie in der Lösung in seiner Handfläche und hatte nach fünfzehn Minuten einen Schärfungskoller. »Wie oft hast du die Nadel hier benutzt?«

»Zwanzig bis vierzig Mal«, antwortete Magic.

»Mein Gott, du bist widerlich! Ich hab eine neue italienische Glasspritze mit einer Schachtel Nadeln. Ich hab sogar einen Draht, um sie zu reinigen, wenn sie verstopft ist. Ist besser, als sich mit 'ner verstopften Spritze abzustrampeln. Man muß trotzdem aufpassen, weil man manchmal, wenn sie verstopft ist, die ganze Nadel wegschießt.«

Wir ballerten uns alle mit Mandrax zu, die wir zu einer weißen Paste zermatschten und injizierten. [30]

»Abraxas kommt heute nachmittag«, sagte ich.

»Wir werden auf ihn vorbereitet sein, oder, Kids?« sagte Wasteland.

Uncle Cane Toad hatte sich wieder im Griff, bis Abraxas kam. Wasteland fand ihn unberechenbar, aber wir hielten uns ja alle für verrückt. Wasteland schärfte Cane Toad ein, Abraxas gegenüber nichts von dem Transmitter zu sagen. Abraxas trat ein und betrachtete die Szenerie aufgeriffelter Zigaretten und leerer und halb ausgetrunkener Bierdosen auf dem Kaffeetisch. Als er eintrat, kam Uncle Cane Toad direkt zur Sache. »Es ist eine Plage, ewig so durchs Universum zu trudeln«, sagte er.

Tranquilizer-für-alle-Abraxas lächelte wissend und sagte: »Wie steht's, Kids?«

»Gefreakt«, warnte Magic.

»Ich halt's nicht mehr aus«, seufzte Cane Toad.

»Ich gehe die Wände hoch«, antwortete Wasteland.

»Na schön, kann ich Sphere sprechen? Er ist mein Patient. Wie geht's, Sphere?«

Ich blieb einige Sekunden stumm. Ich war so ängstlich darauf bedacht, die Illusion nicht zu zerstören, daß ich ihn erst nicht verstand. »Bestens«, antwortete ich. »Könnte gar nicht besser sein.«

»Da hast du Glück. Es gibt Schizophrene und Schizophrene. Manchen zerstört das ihr ganzes Leben. Ich verschreibe euch anderen auch Antidepressiva. Also, komm mit ins Schlafzimmer und laß die Hose runter für deine Modecate-Spritze.«

Abraxas ging. Ich ging raus, um mein Rezept einzulösen, und als ich zurückkam, hatte Uncle Cane Toad sein Teleskop rausgeholt und versuchte, den Himmel in der Waschmaschine zu finden. Er hatte die verrückte Idee, dort würde er als in der Trommel schwebender Traum existieren. Er fand aber nichts, also suchte er alles nach dem Himmel ab. Er suchte auf dem Mond, im Klo und lokalisierte ihn schließlich im Mittelpunkt der Sonne. Triumphierend verkündete er: »Wir leben noch eine Ewigkeit von Zeitaltern, nachdem wir durch die Feuer der Hölle gereist sind. Die Sonne lebt und denkt.«

Dieser Irrsinn war uns zuviel, also schmissen wir die Antidepressiva, und ich wachte mitten in der Nacht auf und ging die Wände hoch. Ich wußte nicht, wo ich war, als ich im Dunkel meines Raums herumpolterte und -schepperte.

30

Vom Himmel trennt uns nur ein Gedanke.   *Sphere*

Eines Tages brach alles über uns zusammen, als Baron Wasteland als körperlich überlegener, speedverseuchter Busschaffner einen Fahrgast beschimpfte und erst suspendiert und dann gefeuert wurde. Cane Toad und Magic lebten am anderen Ende der Straße von Taxifahrten, Speed, Heroin, Kokain, Haschisch und Muffins. Cane Toad sprang aus seinem Taxi und wurde in die Psychiatrie gebracht, wo er sich die Pulsadern aufschnitt.[31] Beim Cricket legte sich Baron mit den Bullen an und wurde wegen Beamtenbeleidigung festgenommen.

Nach einigen Wochen trafen wir uns als kleinlautes Trüppchen wieder und zogen nach Bondi Beach. Mit dem übermütigen Beschimpfen von Nachbarn und den Nackten auf dem Vorgartenrasen war Schluß. Die fünf Musketiere waren wieder vereint und bereit, gutes Drogenwetter zu machen. Vielleicht starben wir dort. Ich fing an zu singen und Gitarre zu spielen.

I've got anxiety blues
Down to my shoes
Right to the soles of my feet
Yeah, I'm a dead beat
Testing, one two three
I need to do a pee
Into the sea of destiny
Hee-hee, my urine's free

My bladder Japanese
Maybe Chinese

Wenn ich groß rauskommen will, muß sich mein Punk Rock stark verbessern.

Der Phantast verließ den Beton, ließ sich die Sonne in die Augen scheinen und schlenderte, stoned von einem Schuß Himmel, runter zum Strand. Am Geländer gingen mir fast die Lichter aus. Als ich an diesem Frühlingsmorgen bekifft runter zum Laden an der Ecke ging, umringt von Millionen Menschen, die zum jährlichen City-to-Surf-Rennen gekommen waren, dachte ich, sie wollten mich zum Papst weihen. Ich ging wieder rein und verpaßte mir noch einen Joint mit braunem Hasch und einen Schuß H. Diese Leute rannten wie die Lemminge zum Meer. War alles zuviel für mich. Drinnen spielte der unermüdliche Plattenspieler die Charlie Daniels Band.

Wieder raus, und rund und rund um die zerklüfteten Felsen flitzte der Drogenstrolch. Vielleicht wird es Zeit, zu erklären, wer wir sind. Wir sind hier, um Gott zu finden, diesen großen, von Menschen erschaffenen Perfektionisten.

Ich zog meine Gummischlappen an, spazierte über die grauen Felsen und sah mir die Schalentiere des Meeres an, die sich in Spalten verkrochen hatten. Die See überspülte die zerklüfteten, vernarbten Felsen am Strand und gab sie wieder frei. Es war das Ende des Regenbogens. Ein Hund, der seinem Schwanz nachjagte. Was nützt es, sein Wissen auszubreiten, wenn man nichts anderes sieht als sich selbst? Irrsinn. Ich stromerte auf den Boulevard, um irgendwen zu finden, der mit beiden Beinen auf der Erde stand. Der Schmerz wurde immer durchdringender.

Du hast die Wahl. Willst du einsteigen? Sprich lauter, ich kann dich kaum hören. Du störst bei nichts Wichtigem.

Was du brauchst, ist Gott. Du bist kein großer Irrer, nur ein Philosoph, der sich geirrt hat. Geh auf die Reise, wenn du das Zeitalter deiner Tochter suchen willst. Die Extreme werden sich treffen, und das strahlende Licht wird schwinden. Der Traum wird Realität werden, und mehr als das kannst du nicht tun. Es liegt alles in deinem banalen Bewußtsein. Es ist Zeit, der Welt mit der fleischfressenden Kenntnis des gesamten Rock and Roll-Plans entgegenzutreten. Intelligenz, die darauf wartet, sich zu materialisieren, um einen Körper bilden zu können. Materie wird zu Energie. Die Energie, die in blankem, krassem Alptraum freigesetzt wird, dem urzeitlichen Funken des Universums, der die Leere ausgleicht, in der der Ursprung des Entsetzens sich Substanz werden sieht. Alle für die Liebe, und Liebe für alle. Die dauerhafte Schönheit der Sinnlosigkeit des Todes. Von fießenden Emotionen beseelt, war es ein Segen für mich, der Einsicht zu entsagen. Ich übersah sie einfach und ließ sie an mir vorübergehen. Die Geschichte ist in die Wellen geschrieben, und es ist eine Affenschande, das warme Wasser zu verlassen.

Gefangen in der Droge des Eingesperrten. Wie kommst du dazu, einen Farbfernseher zu wollen? Drinnen nur Wände, und draußen wird rückwärts buchstabiert. Das Gesetz beachtest du. Es gibt kein Gesetz, wo immer du hingehst. Tod, das ist, wo ich bin. Bondi Beach. Eine Mikroben-Soap-Opera. Drinnen reitet die Freiheit in meinem Wildleder, Leder und Outdoorflanell. Sie wird mich auf dem letzten Trip nach Bondi Beach zu diesem Traumbild tragen. Acidchild, deren Haar auf meine Schulter fiel. Es liegt Schönheit in der Sinnlosigkeit. Könnte ich eine wählen, würde ich die eine Menschlichste wählen. Meine Tochter. Wie ein Blinder entlockte ich einer funkelnden Gitarre ein Klimpern. Auf der Esplanade menschliche Gestalten, die aus Champignon-Pizzas herauswachsen, während die

Möwen sich um die Kruste streiten. Ich entdeckte, daß Kinder bisher noch nichts von Mathematik wissen. Der doppelte Infinitiv ist ihnen unbekannt. Sie sind noch immer in der Vergangenheit verhaftet. Integrieren und differenzieren und dann man selbst sein. Warmes Wasser fließt durch meine Leber und entwickelt sich zu glasklarem Schweiß, der wie oh so schöner Urin aus meinem Körper rinnt. Das blaue Meer und die Sonnenanbeter. Es war ihr Wiederaufleben, ihre externe Realität, die ich so sehnlichst zu berühren wünschte. Meine Augen liebkosten den Wein. Sagte ich schon, daß ich nicht mehr will? Meinem Bewußtsein war sein Scheitern klar. Dies ist meine Erde, meine Zivilisation und meine Schöpfung. Ich bin ein Mann.

Mann, das wollte ich so dringend sagen. Meine Träume wandern in die Transparenz, weil man von Drogensüchtigen verlacht wird. Keine Zeit für lange Ausführungen, weil ich glauben muß, ehe Tätigkeit alles in Luft auflöst. Häßlichkeit im Angesicht der Schönheit. Die Philosophen auf der Esplanade sind wie ich, als sie aus ihren Augen treten und sich ansehen, was sie sehen wollen, ihr eigenes Bewußtsein und ihren eigenen Planeten. Die Bewegung der Liebe. Wenn's doch gut wäre. Verlassen lag mein Volk im zermahlenen Quarzsand, während sich mein Bewußtsein in bezeichnendem Überschwang zum Himmel reckte. Nichts geht verloren. Die Maschine, mein Bewußtsein, will Tempo machen, davonschießen und dem Blick entschwinden. Vielleicht wird sie mich in einen romantischen Tod führen. Mausetot. Es könnte so leicht sein, in die Ewigkeit heimzugehen, ohne mich umzubringen. Christus wird mit seinen loyalen Engeln zurückkehren, und ich werde noch immer hier sein und am Strand warten, Lippen und Bewußtsein aufgesperrt im ungläubigen Schock der Hölle. Du hast all das gegeben, was du versprochen hast, aber Begehren lebte in meinem Bewußtsein weiter. Die Städte, die sich in die Unendlichkeit erstreckten, waren nicht die mir beschiedene Heimat. Ich bereiste die großen Visionen und sah niemanden als Sklaven an. Es arbeitete sich gut als Gärtner der Zivilisation. Schizophrenie. Die Kinder waren lieblich, und die Liebe ließ sie wachsen. Verzerrte ich nicht die Wahrheit? Log ich nicht? Ich trinke den Wein. Ich will nicht ewig leben.

Ich wollte Acidchild, wollte ihre Zukunft träumen und planen. Ich selbst würde für immer alleine sein mit meiner Unlust an Veränderung und Permanenz. Elysium, jetzt erkennst du die Wahrheit über diese hedonistischen Drogenwichser. Wie das Leben bist du aufgeblüht und vergangen. Die Realität sah so aus, daß sie einen Traum versprochen und einen Alptraum brachte. Mit etwas mehr Selbstkontrolle hätten wir es schaffen können. Ich habe die Nerven verloren. Die Vergangenheit ist endgültig vorbei, und die Guten wissen es jetzt. Es ist eine Stufe über dem Universum. Man kann die Vergangenheit nicht ändern, nur versuchen, sie loszulassen.

Friß es und vergiß es. Kühl dich mit ein paar Spritzern Meerwasser im Gesicht ab. Will ich die Wahrheit sagen oder mich selbst belügen? Es ist überall um uns, während die Träume von Liebe schlimmer werden. Nein, ich weiß nicht, was ich will, nur, daß geistige Gesundheit das ist, worauf wir hinarbeiten müssen. Wenn ich ehrlich sein darf, ich leide schlimme Qualen. Mir mißfällt diese Existenz. Spaß, das Leben ist ein einziger Spaß, lachendes Kind. Ich habe ein eingebildetes Magengeschwür. Es ist Punkt zwölf, und das Leben ist unser höchstes Gut, wenn man zweimal am Tag heiß duscht, um im Einklang mit der Natur zu bleiben. Was für ein Spaß, ich verrecke in der Hölle.

Nach dem Trip auf dem Boulevard. Gehe kurz ins Geschäft, um mir Vitamin C zu holen. Fühle die Brise und die Morgen-

sonne. Schlendere wieder nach drinnen und höre mir Great-
ful Dead an. Rede mit Cane Toad, der gerade aufwacht.
Schlendere in die Wine Bar und trinke ein paar Ciders. Komme gegen den Wind zurück, um zu duschen und mehr Musik zu hören. Sieht aus, als wäre ich für den Rest des Tages
erledigt. Eine Pizza und Orangensaft zum Lunch, und dann
gehe ich völlig fertig nach drinnen, mit singenden Gefühlen,
und es sieht danach aus, als würde ich den Weg des Wahns
gehen. Sie werden mich ermorden.

The messiah walks along the beach
A shot is fired and he hits the ground
People watch, but they can't explain
What it's like to feel his pain
What it's like to see his brain
Stinking in the concrete drains

31

Viele Leute verlieben sich nie.   *Baron Wasteland*

Ich machte den Entzug durch. Ich hatte nur ein halbes Gramm von dem Dreck pro Tag genommen, also konnte ich zu Hause entziehen. Ich verwandte meine gesamte Energie darauf, Drogen aufzutreiben, also landete ich schließlich in meinem Schneckenhaus nackter Gier und Not. Meine innere Unruhe ließ mich nicht stillsitzen. Meine kalten, klammen Hände und die Angstkrämpfe in meinem Magen und meiner Brust setzten sich fort bis in die Nervenenden, und ich war übersensibel. Ich konnte keine Dusche ertragen. Ich hatte Durchfall. Die Ängste verzehnfachten die Entzugserscheinungen. Ich hatte Glück, denn wenn ich auf einem Gramm pro Tag gewesen wäre, hätte ich richtig schlimme Schmerzen gehabt und meinen Entzug im Krankenhaus machen müssen. Ich wäre trotzdem gerne in der Klinik gewesen, aber ich biß einfach die Zähne zusammen und versuchte, an etwas anderes zu denken. Es war nur eine Frage der Zeit, des irren, schmerzhaften Wahnsinns. Die Tage gingen langsam herum, und ich war ziemlich durchgedreht, als es vorbei war.

In mich gekehrt, alleine, spielte ich Schach mit den Ameisen.[32] *Sie waren die künftigen Beherrscher der Erde und hatten Computerhirne. Ich sah, wie die Ameisenmännchen mich beobachteten. Langsame Präzisionsbewegungen, die das genaue Gegenteil meiner raschen, agilen Bewegungen waren, in denen sie meine Fehler nicht bemerkten. Die automatischen Ameisen. Was ist versus was sein wird. Elvis ist tot. Ich hatte verloren, aber ich hatte die mechanischen Ameisen getäuscht. Sie würden mich an diesem Tag nicht mehr behelligen. Während des Traumtags wurde das imaginäre Schachspiel in die Erinnerungen meines Bewußtseins verbannt.*

Ich spielte Schach mit dem traumlosen Eidechsenmann. Er war mein nächster Partner im Unbewußten und ein leichterer Gegner. Als der Eidechsenmann verlor, kam er rübergekrochen und stieß das Brett zu Boden. Der Eidechsenmann war die Vergangenheit. Ich stand mittendrin und ließ die hohle Kuppel, die mein Genius erschaffen hatte, nicht aus den Augen.

Es waren seltsame Tagträume, einer wie der andere. Der Laden an der Ecke wurde von einem chinesischen Spion geführt, und bald würde die Atombombe fallen. Das Ende der Welt stand kurz bevor.

Ich spielte Schach mit den Küchenschaben. Sie wimmelten übers Brett und versuchten, dem Licht auszuweichen, aber nach einer Weile hockte ich nur noch in der Ecke und versuchte mich warm zu halten. Die Küchenschaben spielten immer mit Schwarz, aber ich kannte ihr Spiel, also schrien sie innerlich auf, als ich sie zermalmte.

Es nahm kein Ende, als der Wind ihn zauste. Sein T-Shirt flatterte um seinen Körper. Er ging, bis er den Ort erreichte, von dem aus er die ganze Stadt sehen konnte. Meine Mutter und meinen Vater, sie habt ihr auch gekreuzigt. Die Abstraktion, die ihr Kunst nennt, der Lärm, den ihr Musik nennt, der Wahnsinn, den ihr Fernsehen nennt, die Gesellschaft, auf die ihr euch beruft. Alles falsch. Alles Wahn. Ich schreie dich an, Jerusalem, die du noch immer die Propheten steinigst. Was hat dir solche Angst gemacht? Vielleicht eine Kulmination jahrhundertelangen Umbruchs. Ihr alle habt eine andere Antwort. Warum tatet ihr es? Was nützt es? Ich bin euer schlechtes Gewissen.

Ich stieg von meinem Podest und machte mich auf den Weg in die psychiatrische Klinik.

32

Wo sind meine Selbstmordpillen?   *Sphere*

Der auf dem Krankenhausbett sitzende Schizophrene ist Sphere. Er ist ruhiggestellt worden, und er weiß nichts. Er ist ein Zombie. Er kann nicht denken, weil die Medikamente ihm seinen Traum genommen haben. Wußtet ihr, daß sie Medikamente haben, die einen zu denken aufhören lassen? Das sind kleine weiße Pillen, die alles auslöschen und dich nur noch vegetieren lassen. Sphere vegetierte nur noch. Er existierte noch, hatte aber kein Bedürfnis, zu denken. Er wollte nichts weiter, als an die Wände starren und sich – in kurzen Sätzen – fragen, wie er entkommen sollte. Er hatte Schmerzen, aber sein Bewußtsein war weggeschlossen, und den Schlüssel wollten sie ihm nicht geben. Sie ließen ihn nicht frei, also wehrte er sich, und sein Bewußtsein und sein Körper starben halbseitig ab, so daß er vorübergehend verkrampft und deformiert war. Er hätte nicht gegen die Pillen ankämpfen sollen, denn jetzt war die Hälfte seines Bewußtseins leer, verzerrter Schmerz lastete auf seinen Schultern. Die Medikation wird geändert. Alles ändert sich.

Er wurde der Gruppe-A-Therapie zugeteilt, also erzählte er ihnen, wie er den Rock and Roll erfunden hatte. Sie gingen auf ihn los, also hüllte er sich in Schweigen, und als sie feststellten, daß er kaum einen zusammenhängenden Satz herausbrachte, wurde er aus Gruppe A ausgeschlossen. Er ging zur Beschäftigungstherapie und zum Winke-Winke-Machen in Gruppe C. Über Rock and Roll wurde wenig gesprochen,

213

aber er malte viele lustige Bilder, machte Tontöpfe und unternahm allerlei fröhliche Spaziergänge.

Wußtet ihr, daß einige Menschen glauben, Sydney läge in den USA und Schizophrene kämen von einem anderen Stern? Manche Menschen glauben, das Ende der Welt sei gekommen. Die meisten Drogenfälle waren sich der (kann ich das denken?) Realität durchaus bewußt. Sie wollten fruchtbar sein und sich mehren.

Ich verliebte mich in Forever, den schwarzen Stern der Nacht, eine Alkoholikerin, und wir teilten unsere Ansichten. Ich erklärte, warum ich Abraxas haßte, weil er mir beim ersten Mal keine Tabletten gegen die Nebenwirkungen des Modecate gegeben hatte, weswegen ich sechs Monate lang mit der Bettdecke über dem Kopf im Bett gelegen hatte.[33] Außerdem erklärte ich den Rock and Roll, und daß er seit den Anfängen der christlichen Kirche geweissagt worden war. Die Urkirche spaltete sich in den römischen Vatikan und Konstantinopel, Alpha und Omega ist, wenn der Rock and Roll in die Magnetfelder zurückgreift, um Imperien zu erschaffen. Ich ziehe das Rollen dem Rocken vor.

Ich kämpfte mich nachts in den Schlaf und kämpfte mich morgens zu meinen Nadeln, Pillen, Mahlzeiten und meiner Therapie aus dem Schlaf. Die meisten Leute da waren unheilbare Säufer und Drogenwracks. Ich lief weg und versuchte zu entkommen, aber die Schwestern wußten, daß ich mit mir leben mußte, also gibt es keine Flucht aus der Schizophrenie. Halbtot von den Medikamenten schleppte ich mich durch die psychiatrische Klinik und glaubte halbherzig an Abraxas' Behauptung, ich hätte eine Chance von eins zu drei, je wieder zu Verstand zu kommen. Mit der Zeit verloren sich meine Träume unter der Einwirkung der Medikamente, und ich wurde wieder in die erweiterte Gruppentherapie übernommen. Ich erzählte meine Geschichte, natürlich geschönt, weil ich mich nicht bloßstellen wollte. Ich stieß in mein verborgenes Unterbewußtes vor, und die Stammelei wurde deutlicher; aber ein Hoch auf die ehrlichen Menschen, Menschen, die glauben, daß man seine Zunge hat, um sie zu benutzen. Auf die Narren, die die Wahrheit sagen. Ich mag völlig falsch liegen, aber ich bin ein unwissender Trottel. Ich schrieb einen Brief an meine Elysium Dream:

Liebe Elysium,

Ich schreibe dir aus der Psychiatrie. Die Halluzinationen haben jeden Tag bizarr gemacht, und so war es jahrelang. Ich will dir einige wichtige Dinge erklären, damit du mich nicht vergißt.

Ich wollte die Welt retten, und das ist der Grund, warum ich nicht bei dir bleiben konnte, nachdem du schwanger geworden warst. Ich beschloß, verrückt zu werden, als ich fünfzehn war, weil ich wußte, daß ich das durchziehen und trotzdem geistig gesund daraus hervorgehen konnte. Ich wurde als Baby sehr verletzt, und damals durchlebte ich den Wahnsinn. Mein großer Traum ist ein großer Alptraum. Als Kind nannte ich meinen Alptraum Traum, weil es vorbei war. Ich besitze das Geheimnis des Wahnsinns. Eines Tages werde ich Abraxas das Geheimnis sagen. Bitte denk an mich, denn ich bin sehr durcheinander. Ich weiß nicht, ob ich diesmal rauskomme, weil ich nie richtig drin gewesen bin.

Ich will nicht in die Details gehen, aber du mußt verstehen, daß ich daran glaube, den Rock and Roll erfunden zu haben. Ich will ganz ehrlich zu dir sein, Elysium, aber ich weiß, daß ich verrückt bin. Ich kann nicht allein leben und ich kann nicht mit dir leben. Dieser Brief soll dich wissen lassen, daß ich noch an dich denke.

In Liebe, Sphere.

33

**Sphere, deine Chancen, je wieder zu Verstand
zu kommen, stehen eins zu drei.** *Dr. Abraxas*

Ich schwang mich auf die 500 und fuhr in den Traum davon,
nach Bondi Beach. Magic Star Flower nahm mich an der
Haustür in Empfang. Sie war völlig zugeballert mit Barbitu-
raten, um den Heroinentzug zu überstehen. Auf dem Plattenspieler liefen The Who.

Uncle Cane Toad saß auf Kissen auf dem Fußboden und
wartete, daß Wasteland und Rainbow aus dem Drugstore
zurückkamen. Wasteland war in eine Arztpraxis eingebro-
chen und hatte einen Rezeptblock erbeutet, und jetzt war er
Experte im Ausstellen von Rezepten für Physeptone, der All-
gemeinheit besser als Methadon bekannt. [34]

Normalerweise ging Rainbow in die Drugstores, um den
Apotheker auszuchecken, der die Medikamente ausgab, und
wenn der Apotheker nicht allzu hinterhältig aussah, ging sie
raus und sagte Wasteland, daß alles cool sei. Dann ging
Wasteland mit seinem Rezept in der Hand in den Laden, und
wenn der Apotheker sagte, in zehn Minuten hätte er alles fertig, konnte man davon ausgehen, daß alles glatt lief. Wasteland wartete ab, ob der Apotheker das Rezept abstempelte
oder ans Telefon ging. Wenn der Apotheker das Rezept nicht
abstempelte oder einen Anruf machte, ließ er den Traum sausen und ging in den nächsten Laden.

Manchmal beobachtete Rainbow auch, woher der Apotheker die Schlüssel für den Schrank mit den rezeptpflichtigen
Drogen holte. Dann schnitt Wasteland den Magnetstreifen

der Alarmanlage mit einer Rasierklinge durch, und wenn der Alarm nach zwanzig Sekunden losging, waren Wasteland und Rainbow längst abgehauen. Der Apotheker stellte dann den Alarm ab, weil er nicht wußte, warum er losgegangen war, und stellte morgens fest, daß sein Laden aufgebrochen worden war. Wenn wir die Schlüssel nicht hatten, brauchten wir manchmal zwölf Stunden, um den Safe von der Wand zu kriegen. Wir hatten etliche Safes mit abgeschweißten Ecken hinterm Haus. Wenn sie in einen Drugstore einbrachen, machten sie sich direkt an den Schrank mit den rezeptpflichtigen Drogen und ließen die Kameras und andere Schätze links liegen, oder sie griffen die Spritzen ab, wenn wir Schwierigkeiten hatten, welche zu beschaffen.

Manchmal kochten wir an die zwölf bis fünfzehn Tabletten ein, aber normalerweise nur acht (wobei wir darauf achteten, sie nicht zu stark zu erhitzen, weil sie dann verklumpen), und setzten uns einen schönen Hit mit unseren Wegwerfspritzen.

Wasteland und Rainbow kamen wieder zurück, und alles war cool, aber dann bekam Rainbow nach dem Schuß plötzlich Krämpfe und rang nach Atem, und ehe wir uns versahen, war sie blau angelaufen und tot. Wir rasteten alle aus. Wasteland gab ihr Mund-zu-Mund-Beatmung. Er schüttelte sie und hämmerte auf ihren Brustkorb, bis er erschöpft schlappmachte.

Uncle Cane Toad sagte: »Schnell, ruft den Notarzt, und dann räumt den Laden auf!« Wir versteckten das Besteck und warteten auf den Notarzt und die Polizei.

Wir wurden alle wegen Drogenbesitzes und Rezeptbetrugs angeklagt, und wir verloren eine Freundin. Wir hinterlegten Kaution, und als wir wieder zu Hause waren, saßen wir in entsetztem Schweigen da. Rainbow war eine Frau mit starkem Willen gewesen, und dafür hatte ich sie geliebt. Sie hatte einen freien Geist, den kein Mann besitzen konnte. Sie rannte mit ihrer Spritze rum und drückte mehr weg als jeder andere von uns. Jetzt war nichts mehr.[35]

Ich setzte mir einen Schuß, taumelte auf den Fußweg raus und übergab mich, während sich die Kids aus der Nachbarschaft den Junkie ansahen. Dann schmiß ich die 500 an und schoß wie der blanke Selbstmord auf die Überholspur. Ich sah die Autos vorbeirasen und fetzte mit hundertsechzig Sachen über die Harbour Bridge in den Stoßverkehr. Mein Kopf war leer und meine Augen vom schneidenden Wind voller Tränen. Die Tränen liefen sternförmig auseinander und zogen ihre Spuren bis zu meinen Ohren, um dann in den Haaren zu verschwinden. Ich legte eine Vollbremsung hin und blieb schlingernd und mit aufheulendem Motor stehen, ausgepowert und mit zitternden Händen. Ich atmete schwer, mein Herz raste, und mein Adrenalinbewußtsein war schwarz und stockstill.

Die folgenden Tage waren eine Aneinanderreihung von Kurzgeschichten, Faseleien und allgemeinem Irrsinn. Ich fuhr jeden Tag Motorrad, sang vor mich hin und lebte meine Frustrationen und Phantasien auf der Straße, auf der Maschine und in meinem Kopf aus. Ich wollte bei Rainbow sein, weil sie die Glückliche war, die die Scheiße hinter sich hatte. Der Psychiater, Abraxas, hatte mich als paranoiden Schizophrenen bezeichnet, und ich wußte nicht, ob ich einer war oder nur ein verstörter Junge, der in einem Trip gefangen war, den er nicht im Griff hatte. Schizophrenie, ein chemisches Ungleichgewicht im Gehirn. Ich entschied mich, das Modecate abzusetzen, um festzustellen, ob ich verrückt werden würde. Die Geschichte meines bisherigen Lebens hieß *Verrücktwerden nach Absetzen der Neuroleptika*, aber vielleicht würde es diesmal anders sein.

Ich war bei Wasteland zu Besuch, und ich hatte Grass dabei. Wir setzten uns, um Speed und einen Joint reinzuziehen. Speed treibt mich wirklich zum Wahnsinn; Heroin läßt mich ausrasten, aber Kokain ist okay, solange ich nicht zuviel davon schnupfe. Naja, das Speed setzte meine Gedanken in Gang, und sie liefen weiter und weiter und weiter und weiter. Der Wahnsinn gibt keine Ruhe. Ich brauchte was zu trinken. Ich brauchte die perfekte Droge, um mich zu Verstand zu bringen. Ich hatte mit dem Heroin angefangen, um mich von den Trips runterzubringen, und ich benutzte Speed, um mir in meinem sedierten Zustand das Denken zu erleichtern, aber wie üblich hatte ich zuviel genommen und drehte halb durch. Uncle Cane Toad und Magic hatte die Amphetaminpsychose erwischt, aber Wasteland konnte eine Tonne von dem Dreck einpfeifen und immer noch klar denken. Klar, er fluchte und trank viel Alkohol dabei, und ihm war nach Schreien zumute, aber er blieb immer cool.

Wasteland erzählte mir, Rainbow hätte ihn letzte Nacht ausgesperrt, und er hätte ein Fenster aufbrechen müssen, um reinzukommen. Scheiße, sogar Wastelands Hirn beim Teufel! Rainbow war seit einem Monat tot!

Niemand weiß, wie es ist, verrückt zu werden, aber ich wußte es. Er war mein Freund, und jetzt waren wir Brüder. Jetzt war auch noch Wasteland verrückt geworden. Das sagt wohl einiges über die Drogen. Jetzt verstanden wir einander.

Ich sagte meinem Freund Baron Wasteland auf Wiedersehen, weil ich wußte, daß er genauso schwach und zerbrechlich war wie wir anderen. Cane Toad würde ihn auch verstehen, nachdem er verrückt geworden war. Wir alle kannten das Irresein, aber ich kannte es besser als jeder andere. Ich weiß, wann ich verrückt bin, weil ich dann leide, aber das Komische daran ist, daß diese Lektion schwer zu lernen ist, während es mir leichter fällt, zu vergessen, daß ich ein paranoider Schizophrener bin.

Nach einem Schuß Speed ist es nicht leicht, das zu vergessen und sich Wahnideen hinzugeben. Ich vergaß es, als ich Motorrad fuhr, laut singend, ich überfuhr und schnitt die

weißen Mittellinien und überholte mehr Autos, als ich hier
aufzählen möchte, und raste dann geradewegs in eins rein.
Ich rappelte mich hoch und stand mitten auf der Straße und
betrachtete mein zerdrücktes Motorrad unter den Vorder-
rädern des Autos. Mein Haar wehte mir in die Augen. Ich
hätte sterben und ein völlig neues Leben anfangen sollen.
»Hast du das aus dem Kino?« fragte ein anderer Fahrer.
»Hast du das Band?« fragte ich den Transmitter.

*Der Transmitter antwortete: »Dein Freund, Baron Waste-
land, will im Krieg sterben. Wir sind die Sadomasochisten,
und wir werden ihm seinen Krieg geben, weil wir euch
martern werden. In den telepathischen Kriegen werdet ihr
euch unbarmherzig martern.«*

34

Ich bin das Universum. *Magic Star Flower*

Wastelands Krieg kam. Mein zerbrechliches Bewußtsein kämpfte im Bewußtseinskrieg. Ich saß im Jetzt, während meine Gedanken in die Erinnerungen der Vergangenheit zurückreichten, und die Zukunft mit meinen Plänen verschmolz. Das ganze letzte Jahr hatte ich auf meine Selbstmordpillen gewartet, weil ich auf den Krieg gewartet hatte. Wie ich das mit dem Experiment herausfand, weiß ich nicht, weil es sich ganz natürlich im Tagtraum meines Bewußtseins ergab. Die Bewußtseinswellen der gesamten Menschheit waren zu einem Rasternetz angeordnet, ähnlich wie Metallspäne in einem Magnetfeld. Die Träume jedes Menschen trugen ihn auf eine Reise in den imaginären Krieg am Ende der Zeiten. Theorien kamen auf und verschwanden. Meine Gedanken wurden in die ganze Welt ausgestrahlt.

Die Sadomasochisten, die das Spiel kontrollierten, machten tödlichen Ernst, und Selbstmorde und Morde waren in diesem Stadium des Gottspielens an der Tagesordnung, während die menschliche Rasse zum Wahnsinn getrieben wurde. Die Sadomasochisten taten sich zusammen, um Sphere zu besiegen, und es gab schwere Verluste auf beiden Seiten, in einer Armee arbeitender Menschen, die alle glaubten, normale Leben zu führen, eigentlich aber dem Wahnsinn nahe waren. Es war das einzige Leben, das sie kannten, und durch Telepathie zerfetzten die Psychopathen ihre Träume. Wer war der stärkste Telepath auf Erden?

Laßt mich erklären: Die Sadomasochisten, die an den Schaltstellen der Macht saßen, hatten einen Bewußtseinskrieg beschlossen, also setzten sie Psychopathen Transmitter ein, um den letzten Krieg auszufechten. Die Elektrizität hatte das atomare Gleichgewicht des Planeten gestört, der bald in die elysischen Felder umgeformt würde, während andere Wellenlängen in den Abgrund geschleudert werden würden. Es war der letzte Krieg, und die Sadomasochisten beschlossen, sich in ihren letzten Tagen gut zu unterhalten: Eindringen in die Köpfe von Männern und Frauen. Es war der Bewußtseinskrieg.

Aus all dem entsprang Sphere, der Liebhaber von Acidchild, der in der Mitte des Zwanzigsten Jahrhunderts von englisch-irischen Eltern geboren wurde. Ein dunkler Typ mit Bart und schulterlangem Haar war unser Held, ein Motorradfahrer, der den Autos auswich, wie es nur jemand kann, der die Gedanken ihrer Fahrer kennt. Er war ein Prophet der Highways, ein Messias der Wege zu Verdammnis und Freiheit. Ein Mann, der mit einer Hand eine Frau kontrollieren und mit der anderen einen brennenden Joint halten konnte. Er war ein Mann auf der Höhe seiner Kraft, der sein eigenes Schicksal kannte, so dachte er wenigstens. Er war seinen Freunden und Feinden ein Rätsel.

Systematisch wurde einigen Individuen auf der Erde klar, daß mit ihren Ideen etwas nicht stimmte, und als Sphere als erster die Wahrheit herausfand, glaubte er, der alleinige Erfinder des Rock and Roll zu sein. Seine Wahrnehmung bewies ihm, daß er ein Telepath war, gefangen in einer Welt, die ihn haßte und anbetete. Tod dem Hexenmeister!

Er fand einen Job in einer Druckerei, um seine Invalidenrente aufzubessern, machte seine Arbeit und erinnerte sich nur gelegentlich an den Transmitter. Er konnte gegen die Regierung des Testgeländes nicht ankämpfen.

Ich arbeitete an einer Kollationierungsmaschine, die Bücher zusammenlegte. Mein Bewußtsein lag anderswo, während ich an der Maschine arbeitete, die mit einem Fußpedal bedient wurde. Es war ein monotoner Job, und ich neigte zu Tagträumen. Ich arbeitete auf eine Entdeckung hin, die komplex und gleichzeitig grundeinfach war. Ich zählte die Atome im Universum. Wie oder warum ich die genaue Menge herausfinden wollte, konnte ich nicht sagen. Es artete in Streß aus, als die Zahl immer größer wurde. Träumend ging ich meiner Arbeit nach. Der Computerteil meines Gehirns mußte die exakte Menge der Atome im Universum wissen. Liebe war nötig, um in die Gleichung einbezogen zu werden. In der Fabrik war ein neues Mädchen mit hübschem Gesicht und hübscher Figur. Sie war klein, anziehend und blond. Ein Mädchen mit liebenswerter Veranlagung, das gerne tanzte. Sphere war zu lange mit seinen Terrorträumen allein gewesen und brauchte Gesellschaft. Er mußte jemanden lieben.

»Hallo, bist du neu hier?« fragte Sphere.

»Ja.« Sie schaute zu Boden.

»Ich heiße Sphere. Ich arbeite an der Kollationierungsmaschine. Wie findest du deinen Job?«

»Er ist okay«, antwortete sie. »Er könnte interessanter sein, aber das macht mir nichts.« Wir setzten uns eine Weile und unterhielten uns, eine Kunst, in der Sphere unbewandert war. Wenn er nicht zu sich selbst und imaginären Freunden sprach, war er ein Einzelgänger, und er war die letzten fünf Jahre allein gewesen. Er empfand immer noch Liebe für seine erwählte Frau und sein Acidbaby. Er war alleine gewesen, seit dieser wundervolle Traum geendet hatte, und jetzt war sein Leben verarmt.

»Was für Musik magst du?« fragte Sphere. Er stellte nicht gerne Fragen, aus dumpfer Erinnerung an die Schule, aber er bewies echtes Interesse an dem Mädchen. Sie war auf ihre eigene Art schüchtern, weniger intelligent als Sphere, aber trotzdem eine scharfe kleine Nummer. Sie mochte Disco, und ich erinnerte mich: Ich werde sie Eternal, meine Weiße Königin, nennen.

»Warum gehen wir nicht zu meinem Bruder in die Wohnung und sehen heute abend fern?« M.A.S.H. lief im Fernsehen, und ich wollte sehen, wie es mit dem psychologischen Krieg voranging.

Die Sadomasochisten spielten den Nachrichtenmedien Informationen zu. Nicht die ganze Wahrheit, sondern ein Häppchen hier, ein Häppchen da, um das Publikum anzulocken, bis endlich die Sensationsnachricht kam, daß wir eine sanfte Rasse von Telepathen waren und ein Krieg geführt wurde, um die Zivilisation auszulöschen. Menschen bekämpften andere Menschen mit ihrem Bewußtsein. Menschen saßen an ihren Computerterminals und hörten auf die Stimmen des Transmitters. Die Sadomasochisten wurden nervös, weil die Zukunft gefährlich für sie aussah.

An diesem Abend ging ich mit Eternal aus, und es war ein herrlicher, samtschwarzer Abend. Die Sterne besaßen, wenn ihnen auch die Leuchtkraft der Stadtlichter fehlte, immer noch majestätische Pracht. Im Radio lief »Dreadlock Holiday« von 10cc.

Wir fuhren durch das Wunderland orangener Straßenbeleuchtung und farbiger Neonreklamen. Ich legte den Arm um sie und zog sie an mich. Ich war in der richtigen Stimmung für Liebe. Wir fuhren zum Haus meines Bruders und wurden am Gartentor von Snuffit Dog begrüßt. So heißt er, weil er dran glauben muß, wenn er sich noch ein einziges Mal in der Marihuanaplantage wälzt. Ein stinkendes Vieh. Der Hund sprang uns liebevoll an. Eternal hatte zuerst etwas Angst vor dem grauen, verzottelten Hütehund, also gingen wir schnell den Weg entlang, daß der Kies unter unseren Stiefeln knirschte. Snuffit war kurz hinter uns, schwanzwedelnd und herumtollend. Wir trafen den Kleinen vom Kleinen an der Tür.

»Tag, Kleiner«, sagte er.

»Tag, Kleiner«, antwortete ich.

Wir wurden hereingebeten und setzten uns vor den Fernseher.

Es dämmerte mir, als ich fernsah. Das Radio sagte mir das gleiche. Wie einem Propheten wurde mir immer klarer bewußt, daß ich bereit sein mußte für den Tag, an dem sie mich mit den Bandaufnahmen meiner Gespräche konfrontieren würden. Den Tag, an dem sie den Erfinder des Rock and Roll erkannten. Die Welt würde sich mit all ihrer Bigotterie, ihrer Gier, ihrem Stolz und Haß, aber auch mit ihrer Vernunft, ihrem Mitgefühl und ihrer intelligenten Auffassungsgabe zeigen. Es war ein schmerzliches Los, das mich getroffen hatte, aber mein eigener Einfallsreichtum würde mich retten. Ich machte mir große Sorgen um Eternal. Ich konnte alleine sterben. Ich würde ihnen allein entgegentreten müssen.

Sphere sah in den Fernseher, die vielleicht wichtigste Erfindung des Jahrhunderts. Nur durch dieses Medium und das Radio konnte ich die Ereignisse des psychologischen Kriegs verfolgen. Das große Experiment mit Massentelepathie ging voran. Der Fernseher, mein Fenster zur Welt, hatte genug Information, um das Volk zu schulen. Durch Geschichtenerzählen konnte das Fernsehen eine Welt regieren. Ohne einen Diktator würde die Welt in Weisheit wiedergeboren werden. Ich träumte von einer Universalregierung, die die Antwort eines irdischen Königreichs bereithielt.

Die Sadomasochisten waren sich des psychologischen Fortschritts ihrer Patienten nicht bewußt. Für die Sadoma-

sochisten ging etwas Seltsames vor sich. Die Computer schnitten die Gespräche mit und hörten das Summen schlafender Gehirne ab. Sie waren noch nicht in der Lage gewesen, den Code der schlafenden Gehirne zu entschlüsseln.

Später am Abend fuhren wir nach Hause, und nach einem feurigen Abschied versprachen wir uns ein Wiedersehen am nächsten Morgen. Ich kam am Trag darauf wieder zur Arbeit und trat meinen Job an, als die Uhr 8.30 zeigte. Ich lächelte ihr über die Werkbänke zu. Am Abend waren wir wieder verabredet.

»Hallo, wie behandeln sie dich?« fragte ich.

»Nicht allzu schlecht«, antwortete sie mit einem Funkeln im Auge.

»Keine Probleme?«

»Keine Probleme.«

»Gut, wir sehen uns dann. Muß wieder an die Arbeit.« Sphere trottete davon, und sein Bewußtsein blieb still.

Ich hatte seltsame Träume, wenn ich an der Kollationierungsmaschine arbeitete. Träume von einer Natur, die völlig jenseits meiner gegenwärtigen Vorstellungskraft lag. Ich träumte, ich sei auf einem Planeten im Zentrum der Galaxis. Die Menschen waren Teiltelepathen, die andere Menschen in ihr Bewußtsein lassen konnten, wann immer sie wollten. Sie hatten eine perfekte Zivilisation. Die Geschichte verzeichnete keine Kriege, und jeder Einzelne war glücklich in einer Umwelt, in der es an nichts fehlte. Es gab keine Überbevölkerung in einer Zivilisation, die Harmonie mit der Natur erreicht hatte. Ihre Gedankenschiffe hatten die Galaxis nach Spezies durchkämmt, die ihren technologischen Stand noch nicht erreicht hatten. Ihre Schiffe waren Kugellager, Phantome, pure Gedanken, aber sie erlaubten Funkkontakt in beide Richtungen. Ihre Rasse ließ die meisten Zivilisationen in Ruhe, weil ihnen nichts daran lag, deren Gesellschaften zu manipulieren. Sie vermaßen den astrologischen Gedankenplan, der die gesamte Inselgalaxie umfaßte. Sie studierten und klassifizierten die Erde, hielten sich aber immer noch fern, bis die Erde ihre eigene evolutionäre Entdeckung machte und sich den friedfertigen Rassen des Universums anschloß. Was Sphere tat, war, eine Gleichung aufzustellen, um der Erde einen Punkt im Weltall zu liefern, der ein Gedankenbild ermöglichen würde, das die mathematisch perfekte Galaxis bereisen konnte. Ein Gedankenschiff. Immer mehr rechnete ich zu den anwachsenden Blöcken hinzu, und der Computer in meinem Bewußtsein würde der Welt die Antwort bringen. Die Antwort der totalen Selbstverneinung, der Reise zur anderen Seite der Zeit und der Informationen über den Liveempfang des großen schizophrenen Traums. Wir konnten die Galaxis bereisen, ohne den Planeten zu verlassen. Warum bin ich hier? Ich bin hier, um der Welt zu sagen, daß die Engel, die ihre Plätze verließen, in der Ewigkeit gefangen waren.

Ich schnappte einen verirrten Gedanken aus dem Pool unendlicher Intelligenz auf. Ich dachte bei mir, wenn ein Mann sein Bewußtsein mit Hilfe einer Maschine schleudern könnte, dann könnte die Zeit zu einem Ort verzerrt werden, an dem alle Gedanken ihren Ursprung und ihr Ende hatten. Das mythische Königreich des Himmels. Es gab ein unverkennbares Muster, das darauf schließen ließ, daß wir am Vorabend einiger großer wissenschaftlicher Entdeckungen standen.

Der künstliche Gehirncomputer der Sadomasochisten, der Gehirnwellen in verständliche Sprache übersetzte, war beinahe fertiggestellt. Dann würden sie in der Lage sein, meine Gedanken zu lesen. Ohne daß ich es wußte, war diese Mission bereits erfüllt. Die Sadomasochisten hörten meine geheimsten Gedanken ab.

Die Radiokommentatoren nahmen als erste mit mir Kontakt auf. Ich hörte dem DJ bei der Arbeit zu, als mir klar wurde, daß er über den Äther zu mir sprach. Es war der Moment gewesen, auf den ich gewartet hatte. Sie hatten den Erfinder des Rock and Roll aufgespürt. Sie konnten mit meinen Augen sehen. Die Radiosender hatten seit geraumer Zeit von dem Experiment gewußt, und viele sympathisierten mit mir. Sie hatten nach geschmuggelten Geheiminformationen ihren eigenen Computerkonverter gebaut und hörten meine Gedanken ab.

Ich schrie auf, als ich die Wahrheit herausfand. Sie halten mich zum Narren! In meinem Bewußtsein schrie ich. Mein Bewußtsein verwandelte sich in schwarze, brodelnde Energie. Sie werden die Wahrheit nicht erklären. Ich ging durch einen nuklearen Holocaust von Antimaterie, der mich an den Anfang des Universums zurückschleuderte. Ein Schauspiel der Hölle. Die erste Wellenlänge des Schmerzes.

Ich mußte mir den Rest des Tages freinehmen. Ich hatte die Scheißerei.

Magic Star Flower machte sich Sorgen um mich. Ich war völlig desorientiert. Der erste Tag hatte über den Ausgang des Krieges entschieden. Am nächsten Tag ging ich wieder zur Arbeit, völlig mit Mogadan vollgepumpt.[36] Ich konnte nicht arbeiten, also nahm ich mir den Rest des Tages frei.

Später am Abend fuhr ich mit Eternal herum, meiner Weißen Königin, und sprach über magische Dinge, die nur wir beide teilen konnten. In dieser Nacht liebten wir uns. Meine Finger streichelten ihre enge, trockene Ritze. Rauf und runter gingen meine Finger, bis ihre Lippen sich öffneten und mein Finger tiefer hineinstieß. Ich ging runter und leckte sie, während mein verdrehtes Bewußtsein Liebe, Liebe, Liebe rief, als ich sie abschleckte. *Ich brauche dich, um das Schreien in meinem Hirn zu stoppen.* Ich war in heftigem Zwiespalt, als ich endlich von ihren tiefen Seufzern begleitet in sie eindrang. Langsam teilte sich ihre enge, trockene Vagina vor mir, und langsam war ich tief drin. Ich fand mein altes Selbst und meinen inneren Frieden wieder. Ich fühlte ihre Schamhaare in ihre Vagina gleiten, als ich in sie hineinschob. Ich wechselte das Bewußtsein mit ihr. Ich glitt langsam in ihrer engen, trokkenen Vagina vor und zurück. Die Weichheit zwischen unseren Augen mischte und vereinigte sich, bis wir eins wurden, als ich in unserer sanften, schlüpfrigen Entrückung kam. Meine Wahnideen verloren sich in väterlicher Sorge, Güte und Wärme, die das Erbe der Liebe sind, und die Liebe schützte mich. Mit meiner Hand in ihrem Haar konnte ich ihre Augen lesen. Sie war schüchtern. Sie war mein. Meine Weiße Königin kam ins Rollen.

Sie sprach. »Ich bin vor einem Jahr vergewaltigt worden. Ein Drogensüchtiger hat mich vergewaltigt, und ich wurde schwanger und habe abgetrieben.«

Manche Frauen haben große, feuchte Vaginas, manche Frauen sind trocken, manche Frauen wissen nichtmal, warum.

Mir war, als würde ich vergewaltigt werden.

Sie sprach weiter. »Früher hatte ich Spaß am Sex, aber das hat sich jetzt geändert. Ich hoffe, er bekommt eine harte Strafe. Ich muß in einem Monat vor Gericht aussagen.« Die Worte verklangen. Wir sprachen über die Natur der Menschen. Zwei ganz normale Leute, die ihre Gedanken austauschten. Sie war wie ein Kind. Wir waren gut füreinander. Die Stimmen verklangen.

Am nächsten Tag auf der Arbeit gingen meine Träume an der Kollationierungsmaschine weiter.

Ich fand mich im Zentrum der Galaxis wieder; durch meinen Schmerz hatten meine Gedanken das Ende des Uni-

versums erreicht und waren zu Sphere zurückgekommen. Eine Kappe wurde mir mit großem Zeremoniell auf den Kopf gesetzt. Ein vielfarbiger Raum mit Meßuhren und Schaltern und Knöpfen umgab mich. Ich war auserwählt, das Gedankenschiff zu fliegen. Die Gesamtmenge der Atome im Universum. Dem Planeten entfliehen. Mein Bewußtsein wurde zu einem Kaleidoskop von Landschaften. Mein Schiff wurde ins Weltall gedacht, als es das totale Wissen meines Bewußtseins empfing. Ich konnte das Bild nicht halten. Ich hatte einen geistigen Zusammenbruch. Die Zahl, die durch mein Bewußtsein hallte, war bekannt.

Ich verließ die Maschine und wußte, daß ich nicht mehr an ihr arbeiten konnte. Sie war exakt bei der astronomischen Gesamtmenge der Atome im Universum stehengeblieben. Ich ging nach Hause, um in seelisch-geistiger Erschöpfung zusammenzubrechen.

»Kann ich den Rest des Tages frei haben. Ich fühle mich nicht besonders«, fragte Sphere den Vorarbeiter demütig.

Ich bekam den Rest des Tages frei. Als ich die 500 warmlaufen ließ, sah ich das Magnetfeld.

Hochspannungsdrähte, die kreuz und quer über die Erde liefen. Ich konnte nie wieder zu dem Job zurückkehren. Ich hatte die Gleichung »Denken ist bedeutungslos« abgeschlossen. Ich mußte mit der nächsten Gleichung weitermachen, bis die Erde in elysische Felder umgewandelt worden war. Weitermachen, bis der nächste Bericht veröffentlicht wurde. Das sagte die Stimme in meinem Kopf. Der Krieg wurde wiederholt.

Ich war mit den Nerven am Ende und dem Selbstmord nahe. Drinnen und draußen herrschte Verwirrung. Menschliche Natur gegen spirituelle Natur. Das Reale und das Phantastische. Instinkt gegen Intelligenz. Die gesamte primitive Emotion kämpfte in gegenstandslosen Gedanken.

Um meinen Verstand zu retten, mußte ich die harten Drogen aufgeben, aber ich rauchte noch und trank Alkohol. Mein Selbstbild war hin, und es gab keinen Sphere mehr. Überleben in einer surrealen Landschaft wurde alles. Es war ein grausamer Krieg, der sich ewig hinzuziehen schien, aber ich mußte das Ritual durchlaufen und dann zu Verstand kommen, genau wie am Anfang. Alleine im Feld stehend, hatte ich direkte Verbindung zur Unendlichkeit. Ich kontrollierte die Welt. Auf mir ruhte die Aufmerksamkeit der menschlichen Rasse. Ich war der einzige mit einer Nervenstörung, die meine Gehirnwellen verstärkte. Ich beherrschte die Welt durch den Traum. Ich war der Erfinder des Rock and Roll, aber die Welt weigerte sich, mich zur Kenntnis zu nehmen.

Die Stimme in meinem Kopf sagte, ich müsse perfekt sein, um die Welt zu beherrschen. Mit Hurerei und Drogen muß Schluß sein. Ich war zwei Wesen. Eins war der heilige Geist, und eins war der Versucher der ganzen Welt. Es war das Ende der Suche des Menschen nach Einklang mit der Natur. Ich war die Bestie, der Teufel, der Drache, alles, das man verabscheute. Es tobte ein innerer Krieg um die Überwindung des Todes. Die Stimmen ließen mir keine Ruhe. Dann war ich, und war wieder nicht. Es zerriß mich. Ich schrie in meinem Bewußtsein laut, daß nichts an mir perfekt sei. Irres Lachen, als meine Hände sich eng um meine Brust legten wie eine angeborene Zwangsjacke. Ich sah fern, hörte Radio und lebte in Halluzinationen. Ich nannte sie Nazis, aber sie antworteten, ich sei der fiese Sphere. Ich beschimpfte sie wüst. Ich unterhielt mich mit ihnen, aber sie wollten nicht hören. Für den Schizophrenen gibt es kein Gesetz. Ich mußte meinen eigenen Weg aus dem Labyrinth der Apokalypse finden.

35

Den Schizophrenen bindet kein Gesetz. *Sphere*

Nun war ich allein. Die ersten ernsten Konsequenzen traten auf. Tropische Monsunregen wurden durch die erweiterte Wellenlänge meines Bewußtseins umgelenkt. Stürme von unkontrollierbarer Heftigkeit verwüsteten Städte, und sie waren von Gott gesandt. Blitze erhellten den Himmel, Erdbeben erschütterten Kontinente, und sie waren von Gott gesandt. Ich wußte, daß ich in meinem irren Wüten mehr und mehr Menschen tötete – unschuldige Menschen, die mir nie etwas getan hatten – und jeder Tod mich näher an den Punkt ohne Wiederkehr brachte, ein vor Kummer brennendes Bewußtsein. Die Wetterkarte zeigte die Hochs und Tiefs, die meinen wechselnden Stimmungen entsprachen. Ich zog mich in einen Kokon zurück. Eine Schale bildete sich über meinem verkrusteten Gesicht. Bettlaken wurden jede Nacht um mein Bett verstreut. Ich warf mich hin und her und schlief unregelmäßig. Die Nacht wurde zum Tag und der Tag zur Nacht. Jeder Tag ein Alptraum. Die Spätfilme trieben mich zum Wahnsinn, da ich mich in ihnen als Schöpfer wiedererkannte.

Gott kontrollierte die Zeit, und er wurde alles. Ein einziges Stück Materie kann vor und zurück bewegt werden, bis es alles wird. Dann gerät es in eine Zeitschleuse zwischen Anfang und Ende. Unser Leben ist in einer Sekunde vorbei, aber zwischen Sekunden liegt eine Ewigkeit. Es hält den Menschen in der Ewigkeit gefangen. Die Sadomasochisten erschufen Gott, und darum sind wir in genau dieser Sekunde hier. Mit unserem Bewußtsein können wir alles erreichen. Das Gesetz bindet das Denken nicht. Wir stehen außerhalb des Gesetzes. Die Phantasie ist real.

Ich entwickelte mich in die Kindheit zurück. Vor Jahren, als ich geboren wurde, dachte sich die Schwester: *Penis und Skrotum*. Sie verkündete der ganzen Versammlung: »Es ist ein Junge.« Junge, war ich rot. Ich kam mit einem Spiel Tarotkarten und speziell angefertigtem astrologischem Scheiß auf die Welt, weil ich am kürzesten Tag des Jahres geboren war. [37] Alter, ich hatte mich durch tiefsten I-Ging-Sumpf zu kämpfen, um hierher zu kommen. Und da war ich, das durchschnittliche, übergewichtige, fette, käsige Geschwisterchen, das nichts lieber tut, als in die Badewanne zu pupsen und zu kacken. Ein liebliches, engelsgleiches Baby ohne Zähne. Ein Wichtel der Weisheit.

Dann änderte sich meine Welt. Meine Lungen schrien nach Luft, und ich wurde in die weite Unendlichkeit eines gequälten Bewußtseins geschleudert. Leben in einem Kreislauf des Schmerzes, für alle Ewigkeit. Schwarze Karbonhölle, von dem Gewicht von Millionen Tonnen erdrückt zu werden. Der unheimliche, kreiselnde, schimmernde Abgrund ummauerter Hölle, die ins Unendliche abfiel. Dann, in der Nacht, begannen die Kugeln zu rollen. Dann wiederholte sich die Sequenz. Ich war zu klein, um in der Ewigkeit gefangen zu sein. Ich war gebläht wie ein Ballon. Jetzt war ich wieder dort. Das entsetzliche Gewicht auf mir. Die unendliche Weite eines Bewußtseins, das als kleiner Funke im Schmerz existiert. Eine verheerende Explosion, in der ein winziges Stück Materie in die unwirtliche Weite des Raums zerstreut wird, in dem blauen, verzerrten Gesicht und dem unentwickelten Bewußtsein eines Kindes.

Ich besitze eine Million mehr Alpträume, als ihr je besitzt. Ich konnte im Haus des gerechten Gottes nicht leben, also wurde ich für immer in die Ewigkeit verstoßen. Ich bin in der

Ewigkeit gefangen. Vielleicht gibt es ein Kind mit glasklarem Bewußtsein. Es gibt viele große Träume, die ich zusammengeführt habe. Ich erinnere mich an die Beschneidung und Masturbation der Wahrheit. Ich erinnere mich an die sexuellen Träume der Pubertät. Ich erinnere mich an die Acidtrips, durch die ich reiste, bis hin zu den Smacktagen des Wahnsinns in der Psychiatrie; aber es gibt eine Kategorie von Träumen, an die ich nicht denke.

Ich habe euch von den sadistischen Nonnen erzählt, die nicht nur grausam waren, sondern keine Liebe kannten. Ich sah sie vor Jahren, als ich mich auflehnte und sie mich die Matheaufgabe wiederholen ließen. Es war mein Traum, die Träume zu organisieren. Die Bibel auf den neuesten Stand zu bringen und die letzten zweitausend Jahre aufzuzeichnen.

Jetzt erinnerte ich mich, als ich auf der 500 fuhr. Religion. Ich konnte meine eigene Religion erschaffen, aber das ist nicht das, was ich will. Ich will eine Religion zerstören.[38] Ich kam, um eine Kirche umzustürzen und einen Mann zu zerstören. Jetzt, Brüder, kenne ich eure Motive. Weiß ich, wie ihr euren Bruder liebt. Ich ging in eure Homosexuellenschule, wo Jungen neben Jungen sitzen. Wie ihr die Boshaftigkeit haßt. Wie ihr innerlich von einer zweideutigen Religion verbogen seid. Ich weiß von eurer Unsicherheit und Angst und eurem Irrsinn. Ihr seid nicht im Gleichgewicht. Ja, ihr seid wahnsinnig, gemordet von eurer eigenen Unsicherheit und Einsamkeit und Angst. Wenn ich gehe, nehme ich ein paar von euch mit. Ja, ich kann euch mitnehmen. Ich weiß, wie ich eure Kirche zerstören kann, die Stange, auf der ihr hockt. Ich weiß, wie ich den Glauben in euch zerstören kann. Ich weiß, ihr seid homosexuell, bisexuell, normal und asexuell.

Ich erinnerte mich der Zerstörung eines Mannes, als ich mich ins ewige Vergessen stürzte. Auch ich bin homosexuell. Bisexuell, wie sie es nennen. In meiner Phantasie nahm ich die Leute mit in die nächste öffentliche Toilette. Ich liebe

Penisse. So empfindsam. Ich liebe sie weiß, mit Vorhaut. Die Haut zurückzustreifen und den purpurnen Helm zu sehen, die Homosexuellen beobachten, während ich sie zum Orgasmus masturbierte. Männer anzumachen. Ich liebe die neue Erfahrung, einen Penis erkunden zu können. In meinen Studien fand ich heraus, daß 50 Prozent einen Knick hatten, daß die Durchschnittslänge klägliche elfeinhalb Zentimeter war. Manche hatten winzige Eier, manche kriegten ihn niemals hoch, und die meisten waren beschnitten.

Ja, ich hatte den Punkrock erfunden.

36

Ich bin ein sexuelles Wesen. *Sphere*

Dies ist mein Selbstmord, um mich selbst als Opfer darzubringen, mit dem das Ende des schuldbeladenen Sextraums vergessen sein wird. Ich lebe in der Hölle. Ich habe die Masturbationsnarbe. Ich werde mich kastrieren. Ich werde meine Genitalien abschneiden, und das wird den Sextraum besiegen, der nur aus kochenden Körpersäften und den perversen Spielchen eines kranken Freaks bestanden hatte. Ich erschuf das Universum und hatte die Rasierklinge noch in meiner Hand, da war das Blut aus dem zentimeterlangen Schnitt bereits an der Innenseite meines Penis' hinuntergesikkert, und mit ein wenig mehr Schmerz wäre mein Penis abgeschnitten gewesen. Bei drei verschiedenen Gelegenheiten hatte ich versucht, mich zu kastrieren, aber ich konnte es nicht. Es ist die Kulmination jahrelanger Schmerzen, und diesmal wird es mir gelingen.

Der Schmerz war die Elektrizität, und sie hatte mich gefoltert. Die Elektrizität besitzt Intelligenz, und der Blitz war der Anstifter der Evolution. Jetzt ist ihre Intelligenz an Computer angekoppelt. Das würde ihre letzte Ruhestätte sein, von der aus sie die Menschheit regieren wird. Die Elektrizität ist wahnsinnig. Die Elektrizität des Gewitters ist gut, und wer will sagen, welcher besser ist, Wechselstrom oder Gleichstrom?

Die einzelnen Teile meines Bewußtseins sind zu wirbelndem Haß geworden. In mir selbst findet eine völlige

Umwandlung statt, während eine schwärzere und tiefere Folter aus meinem ohnehin schon verfinsterten Bewußtsein auftaucht. Die Elektrizität treibt mich zum Wahnsinn. Mein Bewußtsein ist voll von Gewalt, die sich in jedem Winkel windet wie die Zuckungen eines ertrinkenden Wurms. Mein Bewußtsein kribbelt und brennt von den Martern der Elektrizität. Die Elektrizität hat Freude daran, mich zu martern. Sie hat die Erde seit Ewigkeiten regiert, und jetzt, mit den Computern, wird sie die Welt elektrisieren.

Ich habe versucht, mein Leben zu bereichern und ihm mehr Sinn zu geben, mit neuen, wiederbelebten Erfahrungen, die keine ehrliche Arbeit erfordern. Ihr wißt nicht, wie es war, ich zu sein. Ich gebe nicht vor, diesen Wahnsinn zu verstehen. Den Wahnsinn der Welt. Gott wird mich immer martern. Ich brauche Ruhe. Ich brauche den Tod.

Ich kann es nicht tun. Ich kann mich nicht kastrieren. Die Schmerzen sind zu groß.

37

Ich glaube, daß alle so sind wie ich.

Magic Star Flower

Baron Wasteland, Magic Star Flower und Uncle Cane Toad entschieden sich für einen bewaffneten Raubüberfall auf einen Drugstore. Ich hörte mir ihren Plan an, aber ich hatte kein Interesse daran, mir Chemie zu besorgen. Am nächsten Abend setzten sie ihre Skimasken auf und starteten einen Direktangriff auf den Nacht-Drugstore. Der Überfall lief gut, und sie erbeuteten jede Menge Chemie, die sie in derselben Nacht injizierten.

Am nächsten Tag umstellte die Polizei das Haus, hämmerte an die Tür und stürmte dann rein, die Waffen im Anschlag. Anscheinend waren sie vom Apotheker erkannt worden, weil sie da ihre Nadeln kauften. Die ganze Gang wurde festgenommen. Die Polizei erhob Anklage gegen die anderen und versuchte, mir eine Anklage wegen Beihilfe anzuhängen.

Schließlich kam ich davon, nachdem ich auf der Polizeiwache zur Schnecke gemacht worden war. Die anderen kamen ins Gefängnis.

38

Ruhm ist ein Götze. *Sphere*

Ich hatte den Traum mit Realität verwechselt, und es gab kein Entkommen vor dem Transmitter, also beschloß ich, Wasteland im Gefängnis Gesellschaft zu leisten. Ich ging schlafen und wachte am folgenden Morgen auf. Der Morgen dieses Septembertags war so schön, wie man ihn sich nur wünschen konnte, mit einem Hauch von Tau auf dem Gras. Ich traf Vorbereitungen und holte das 22er und vergewisserte mich, daß kein Bolzen im Gewehr war. Ich wollte nicht zu lange im Bau sitzen. Ich fuhr im Auto los, auf Leben oder Tod. Mad Dog Spheres Nerven waren bis zum Zerreißen gespannt. Ich fuhr in den Kriegstraum. Es war noch früh, und die Banken hatten noch nicht geöffnet, also fuhr ich über die Gladesville Bridge in den Süden von Sydney. Das Autoradio lief wie üblich. Bald war es zehn, und die Bank öffnete ihre Türen einem bewaffneten Räuber.

Ich betrat die National Bank mit einem Gewehr Kaliber 22, das ich in einen blauen Sarong gewickelt hatte. Ich ging an den Auszahlungsschalter. »Das ist ein Überfall; stecken Sie das Geld in den Beutel.« Ich tigerte auf und ab und behielt das Personal im Auge. »Schluß jetzt mit dem Geschisse, und tut die Zwanziger und Fünfziger in den Sack.« Die Kassierer stopften die Mäuse in den Beutel. Ich spazierte mit 15 000 Dollar hinaus.

Als ich aus der Bank kam, sah ich mich nach rechts um und sah zu meinem Erschrecken einen Bullen, der anderthalb Meter neben mir stand. Automatisch wirbelte ich herum und zielte aus der Hüfte mit dem Gewehr auf ihn. Der Bulle warf sich in einem Ladeneingang in Deckung. Die Käufer rannten in Deckung. Ich drehte mich um und ging weg. Ich glaube nicht, daß er eine Waffe hatte.

Ich stieg ins Auto, ließ den Motor an, sah in den Rückspiegel und ordnete mich in den fließenden Verkehr ein. Ich fuhr um den Block und warf, um die Sadomasochisten zu irritieren, ein Bündel Ein-Dollar-Noten vor der Bank in die Luft. Der Transmitter war in meinem Bewußtsein, also hatte ich keine Chance, zu entkommen.

Ich wußte nichts mit dem Geld anzufangen. Es bedeutete nur mehr Drogen für einen Drogenabhängigen. Es waren Papierfetzen. Es tat einem psychiatrischen Fall nicht gut, also warf ich im Fahren Tausende von Dollars aus dem Autofenster. Ich zog das Gummiband von einem Bündel Banknoten und warf sie in die Luft. Die Geldscheine schwebten durch die Luft wie Konfetti.

Nach einigen Meilen holte mich die Polizei an einer roten Ampel ein. Ehe ich mich versah, stand der Polizist neben dem Autofenster und hielt eine Waffe auf meinen Kopf gerichtet. Als ich dann die Ampel umspringen sah, scherte ich aus dem Verkehr aus auf die andere Straßenseite und schlug vor dem herankommenden Gegenverkehr eine scharfe Rechtskurve über die Kreuzung ein. Die Polizeisirene war kurz hinter mir. Ich fuhr die Hauptstraße entlang und dann in eine Seitenstraße ein. Scheißspiel. Es war eine ärmliche Sackgasse. Meine Fahrt fand ein abruptes Ende.

Ich überlegte mir, was ich tun sollte.

»Halt! An die Wand!« schrie der Bulle.

Ich stieg aus dem Wagen und ging auf den Polizeibeamten zu. Selbstmord.

»Halt! An die Wand!« Der Bulle war nervös. Er hatte sich geduckt und hielt eine Waffe auf meinen Kopf gerichtet.

Ich ging weiter auf ihn zu und schloß meine Augen, als er dabei war, abzudrücken. Tod. Langsam tat sich das Universum in der Dunkelheit auf. Ich öffnete die Augen, als der Tod näher kam.

Schieß aus allen Rohren und puste mich ins Weltall.

Ich streckte die Arme aus und legte meine Hände auf seine Schultern. Seine schnellen Reflexe ließen seine Pistole über meine rechte Stirnhälfte und dann noch einmal gegen meine linke Schläfe schnellen. Ich ging für einen Moment benommen zu Boden und war lammfromm. Handschellen wurden so eng um meine Handgelenke gelegt, daß der Blutkreislauf abgeklemmt wurde. Ich wurde am Boden zum Polizeiwagen geschleift. Der Bulle forderte hektisch Verstärkung an. Hunderte von schmierigen Kindern und Müttern in sackartigen Kleidern hingen aus den Fenstern, während zusätzliche Polizisten eintrafen. Ich wurde in den Mannschaftswagen geladen und zum Verhör auf die Polizeiwache gebracht.

Sie fragten mich, warum ich es getan hätte.

Ich sagte: »Wegen der Publicity.«

»Das ist wohl die irrste Geschichte, die ich je gehört habe.«

Die Zellentür wurde abgeschlossen, und eine Träne rann mir die Wange hinunter.

Ich wurde ins Gericht gebracht und den Richtern vorgeführt, aber Sphere fürchtete sich nicht. Ich wurde einer Reihe von Vergehen angeklagt, unter anderem des tätlichen Angriffs auf einen Polizeibeamten. Ich zeigte auf die Schnitte an meiner Stirn und sagte, das sei ein Angriff gewesen und er sei ein Flachwichser, und das sei eine Beleidigung. Kaution wurde nicht gewährt, nachdem ich den Richter beschimpft hatte. Ich kam ins Gefängnis von Long Bay in Untersuchungshaft. Die Leute haben für einen ausgeklinkten Anzac-Hillbilly mit gefletschten Zähnen und schlechtem Atem einfach nichts übrig.

In süßer Haft tat es richtig gut, den Wahnsinn draußen zurückzulassen. Es war verrückt da draußen, wo die Hälfte der Autos in die Gegenrichtung fuhr. Ein Glück, daß ich nicht tot war. Ich konnte mich mit meinem Transmitter entspannen und auf die Stimmen lauschen, die durch die dicken Betonwände hallten. Es war herrlich, eingesperrt zu sein. Ich wollte alles um mich herum tot sehen. Keine Spur lebenden Grüns. Im Gebäude befand sich noch jemand anders mit einem Transmitter, und ich konnte ihn den Zellenblock auf und ab gehen und vor sich hin lachen hören. Wir werden alle verrückt werden. Wir sind alle verrückt, ihr Melbourner Mistböcke.

39

Gott ist ein linkes Aas. *Baron Wasteland*

Als die Schließer herausfanden, daß ich Invalidenrente bezog, wurde ich in einer psychiatrisch betreuten Abteilung untergebracht. Jeden Morgen ließ man uns im vorderen Hof antreten, in dem es eine Bank, eine Toilette und einen Gummiball gab. Wir waren von den normalen Häftlingen abgesondert, und es war ein erbärmliches Fliegenparadies. In jedem Hof warteten gewöhnlich ein paar Knastvögel, auf den Beton gehockt oder an die Wand gelehnt, auf die Sonne, während sie sich Musik aus dem kommunalen Radio anhörten. Ich lebte lustig und verrückt in bekloppter Gesellschaft.

»Napo« war Mussolini, und ich konnte hören, wie er seine politischen Reden schwang. »Crowbar« war ein Buckliger, der wegen Brandstiftung saß. Er hatte einen Hare-Krishna-Tempel niedergebrannt, und ich hörte ihn »Hare Krishna, Hare Krishna, Hare Rama, Rama, Rama« singen. In der Zelle am Gangende saß ein Amerikaner wegen Mordes, der auf seine Auslieferungspapiere wartete. Die anderen waren das übliche Sortiment von Vergewaltigern, Heroinschmugglern, Transsexuellen, Dieben und Mördern. Wir waren ein buntgewürfelter Haufen von Irren.

Einmal kam ich in eine Zelle mit einem Kinderschänder. Er war von Parramatta verlegt worden, nachdem sie ihn dort zusammengeschlagen hatten. Knackis hassen Kinderschänder. Sie konnten ja nicht ahnen, daß ich auch mal fünfzehn gewesen war.[39] Er wurde jetzt geschützt, weil Knackis

243

Kinderschänder hassen. Sie hassen sie wirklich, und ihr Leben ist keinen Pfifferling wert.

Ich dachte, sie würden mich nach zehn Tagen freilassen, aber sie taten es nicht. Die Sadomasochisten blockierten den Transmitter und versuchten, meine Körpersubstanz in Gummi umzuwandeln. Also mag ich die Schmerzen. Ich wurde als Psychopath eingestuft, nachdem ich die Schließer angeschrien und bespuckt hatte. Ich hatte körperlich vollkommen abgebaut, weil ich manchmal tagelang nichts aß.[40] Ich geriet mit anderen Knackis in Streit, also wurde ich isoliert. Es gab einen guten Schließer, der mich drängte zu essen, andernfalls wäre ich verhungert. Ich magerte ab, wurde apathisch und klappte jedesmal beinahe zusammen, wenn ich aufstand.

Um mich zum Schweigen zu bringen, sperrten sie mich mit der Bestie zusammen. Er stahl eine Rasierklinge aus der Dusche und ritzte »Fantasy Encounter« in die Zellenwand. Ich dachte, er würde mich aufschlitzen, als er nachts rumschrie und tobte. Keiner von den Knackis brüllte ihn an, gefälligst die Schnauze zu halten, darum dachte ich, die Russen hätten Q-Bomben auf Sydney geworfen, und wir stürben alle an der Strahlenkrankheit.

Eines Tages brüllte ich, nachdem ich vom Hofgang zurückgekommen war, einem der Schließer eine Prophezeiung entgegen. Am nächsten Tag kam der Schließer in meine Zelle, gab mir eins über den Schädel und beschuldigte mich, ihm einen Vorderzahn ausgeschlagen zu haben. Ich bekam zusätzliche einundachtzig Tage Haft und zwei Wochen Einzelhaft aufgebrummt, aber da ich bereits in Isolation lebte, machte mir das nicht viel. Ich konnte Dinge sehen, die nicht da waren. Ich mußte weg. Die Träume, die ich benutzte, um abends einzuschlafen, richteten sich gegen mich. Ich war ununterbrochen auf Trip. Da war ein böser Geist, der um mich herum heulte. Die Welt war hypnotisiert. Der böse Geist bedrohte mich.

Mein Mund verzerrte sich im Wahn. Ich glaubte, in der Burg des Satans gefangen zu sein. Satan war überall um mich.

Ich wurde schließlich zu vier Jahren mit möglicher Bewährung nach zwei Jahren verurteilt.

Wieder zwischen den alten Gefängnisinsassen, schnitt ich mir in dieser Nacht in wahnsinniger Verzweiflung die Handgelenke, Arme und Füße auf. Ich sah das durchtrennte weiße Fleisch rot werden, als das Blut zu strömen begann. Ich blutete purpurnes Blut auf den Zellenboden. Es war eine Kreuzigung, die mich an mein Bett nagelte, während an meinen Seiten scharlachrotes Blut hinunterströmte. Ich stand auf und lief im Blut herum, während es spritzend aus meinen Venen pumpte. Ich sah mich sterben, so wie die Wissenschaftler den Vorgang über den Transmitter verfolgten. Das wunderschön scharlachpurpurne Blut bedeckte meine Arme und die ganze Zelle. In meinen Wunden gerann schon das Blut. Das Blut hatte die Pritschen durchtränkt, war durch meine obere Pritsche in die untere getropft. Nur halb bei Bewußtsein erkannte ich, daß kein Platz zum Schlafen, zum Sterben da war. Literweise Blut überall in der Zelle verspritzt. Mein Zellengenosse hämmerte gegen die Tür, und dann kam ein Schließer. Ich stand da mit faszinierenden Mustern aus rissigem, angetrocknetem Blut auf den ausgestreckten Armen. Sie brachten mich ins Gefängniskrankenhaus. Mit einem Tropf im Arm schlief ich ein und erlebte meinen ersten gesunden Schlaf seit langer Zeit.

Drei Monate blieb ich im Gefängniskrankenhaus [41] und dreimal versuchte ich, mich umzubringen. Ich wurde von einer Million tierischer Flashbacks fertiggemacht, und die Schwestern gaben mir Tranquilizer. Ich ertrank im Schmerz des Unverstandenseins, weil der Premier mich in die Salzminen zu schicken drohte. Dem werde ich Salz geben. Unverschämtheit. Dieses Schwein.

Die Eindrücke des Wahnsinns wichen von mir, als die Wirkung der Tranquilizer einsetzte. Ich war wieder ein Zombie.

40

**Doc, ich bin am 21. Juni 1953 geboren.
Als ich zwei Jahre alt war, wurde der erste Rock-
and-Roll-Song Nummer eins in den Charts.** *Sphere*

Als ich erwachte, fand ich mich in einem Schlafsaal in Gott-
weißwo wieder. Ich wachte meistens so auf, ohne zu wissen,
wer ich war, warum ich war oder wo ich war. In den frühen
Morgenstunden kamen die Alpträume in meinem Bewußtsein zu voller Blüte. Ich orientierte mich schnell, und mein
Bewußtsein paßte sich dem Traum an. Meine Leidensgenos-
sen waren allesamt auf unbestimmte Zeit in Sicherheitsverwahrung, die kriminellen Geisteskranken. Ich war die Ausnahme. Ich war ein politischer Gefangener. Jetzt erinnerte ich
mich. Der Fehler. Ich war gestern aus dem Gefängnis Long
Bay angekommen, war medizinisch untersucht worden,
hatte ein paar Anweisungen bekommen und war dann in den
Hof gelassen worden. Das hier war das Morisset Hospital,
Station 21, Hochsicherheitstrakt für die kriminellen Geisteskranken. Das goldene Dreieck der Psychiatriekandidaten.
Wasteland war hier. Wir waren beide als kriminelle Geistes-
kranke eingestuft. [42]
In meinem Bewußtsein redeten die Stimmen weiter:

*Die Drecksäcke. Warum erkennen sie mich nicht? Ich kann
auch ihren Traum mitspielen, aber ich habe das Träumen
satt. Sie haben mein Leben zerstört, und sie werden sich
selbst und die zerbrechliche Welt, auf der ich stehe, zerstören. Deren gottverdammter Traum. Wenn ich ihnen den*

vermasseln und ihre Gehirne so durcheinanderbringen könnte, daß ihnen keine Stille mehr bleibt, kein Versteck und kein Ort, an dem sie Ruhe finden, dann würden sie sich und meine Welt im Wahn zerstören. Wie soll man da gewinnen? Wie soll man Vergeltung üben? Wie soll man aus diesem Traum rauskommen?

Wahnsinnig.

Der verstörte Mensch. Der gefallene Mensch. Der wahnsinnige Mensch. Ich glaube, wir sind alle gottverdammt wahnsinnig. Eine Milliarde Jahre lang habt ihr getötet und lebt auf Erden. Dies ist der Todesplanet. Willkommen in der Hölle. Willkommen in der Welt des Wahnsinns.

Die Stimmen lachten.

Im Halbschlaf glitt ich in den Traum hinein und wieder hinaus, als die unablässigen Stimmen und Halluzinationen ein, zwei Augenblicke Ruhe gaben. Während ich auf dem harten Bett lag, versuchte sich mein Bewußtsein nach dem Alptraum zurechtzufinden.

Sie werden dich heute morgen wieder quälen. Warum kreuzigen sie die Propheten?

Sind wir alle verrückt?

Meine Gedanken flackerten und wanderten wieder in den großen Traum zurück. Ich träume wieder im Land der Vergangenheit. Ein Land schöner Ausblicke, schmerzlicher Gefühle und einer Million wechselnder vergewaltigter und geplünderter Illusionen.

Elysium, der Traum hat begonnen, und du weißt, wann und wo meine Alpträume herumstreifen. Ja, sie sind in meinem Kopf. Oh Gott, Elysium!

Ich lag da auf dem harten Bett, während mein Bewußtsein rollte. Die Alpträume hatten mit der Nacht aufgehört, und es gab noch keinen Grund aufzustehen. Also lag ich nur da und ruhte mich aus, schloß meine Augen und versuchte, der Realität wieder zu entkommen.

Ich habe Schmerzen. Diese Psychos sind Dummköpfe. Ich fürchte nur den Schmerz. Sie werden mich wieder quälen. Ich muß meinen Traum schützen.

Ich war in einen neuen halluzinogenen Alptraum gefallen. Ich erwachte wieder, schloß meine Augen und fiel wieder in Halbschlaf.

Ich fügte ein Puzzle zusammen, und einer der Knackis kam an und warf mir die Teile durcheinander. Ich fing in meinem Traum an zu trippen und zu halluzinieren. Die Szenerie wechselte. Ich fuhr in einem Bus, und zwei Frauen saßen in der hintersten Reihe. Bei näherem Hinsehen war die eine Elysium mit acht Jahren, die zurechtgemacht war wie eine ältere Frau, und die andere war Rainbow, so zurechtgemacht, daß sie jünger aussah. Die Szenerie wechselte zu blitzenden Kugeln. Ich war in einer Höhle, und dort gab es einen Traumfelsen, und wenn man an Gott glaubte und sich auf den Felsen legte, hatte man herrliche Träume. Ich legte mich auf den Fels und begann zu halluzinieren, ich würde für immer in einem Wirbel des Wahnsinns trippen.

Ich wurde des Fehlers gewahr, aber ich erkannte, daß er nichts zu bedeuten hatte. Ich rief nach Elysium.

Die Gedanken liefen in meinem Kopf weiter, als ich aus meinem halluzinogenen Schlaf erwachte.

Der Erfinder des Rock and Roll, für immer zum Wahnsinn verdammt. Die Drecksäcke. Warum erkennen sie mich nicht? Ich kann ihren Traum auch mitspielen.

Ich träumte mit wispernden, mißtrauischen Stimmen in meinem Bewußtsein.

Warum behandeln sie mich wie einen Hund, ein Tier, eine Nummer in ihrem System? Ich bin ein menschliches Wesen. Ich bin der Heilige Geist. Ich bin Gottes Stellvertreter auf Erden.

Die Stimmen lachten.

Die unablässigen Stimmen in meinem Bewußtsein wurden für ein, zwei Momente von einer Halluzination zerstreut. *Warum kreuzigt die Menschheit die Märtyrer? Vielleicht waren sie auch alle verrückt. Alles Wahnsinn. Meine Gedanken flackerten und wanderten in den großen Traum zurück.*

Sie sind in meinem Kopf.

Ich träumte wieder, in einem Bewußtsein, das seine eigene Zeit und sein eigenes Land durchstreifte. Als Überwachungsmonitor, auf dem ein Endlosvideo lief, sprach ich zu mir selbst. Ich konnte mich nicht abstellen. Daran war nichts Ungewöhnliches. Ich denke, wer ich bin. Ich bin, wer ich denke, daß ich bin. Jahre konstanten Drogenkonsums hatten ein Bewußtsein bis zu einem Punkt isoliert, an dem ich den Kontakt zur normalen Realität verloren hatte. Bin ich geisteskrank? Diese Streitereien verwirren mich. Mein Denken läuft beständig, einförmig, ohne mir je Ruhe zu gönnen. Ich kenne keinen inneren Frieden. Ich kenne keine Ausgeglichenheit. Mein Bewußtsein macht keine Pause. Haltet den Traum an. Bitte holt mich hier raus. Ich habe einen Transmitter in meinem Zahn, ich habe einen stummen Schrei ausgestoßen. Ich kann diesen Leuten nicht trauen. Ich habe Schmerzen. Diese Psychos sind Dummköpfe. Ich fürchte sie nicht. Ich fürchte nur den Schmerz. Sie werden mich wieder quälen in dieser Anstalt. Ich muß meinen Traum schützen. Mein Bewußtsein.

Jesus, ich muß aufstehen. Mein Bewußtsein ist nur halb-
wach, und ich muß mich ihm stellen. Meine Hände schwit-
zen. Ja, sie fangen jetzt an zu schwitzen. Ich hoffe, niemand
faßt mich an. Ich schwitze mehr. Sie werden mich anfassen.
Sie werden wissen, daß ich mich fürchte. Ich will nicht ange-
faßt werden. Die Gedanken begannen, verloren sich aber,
ehe sie zu einem logischen Schluß kamen. Das rituelle Miß-
trauen kreiste mein Bewußtsein ein. Ich schwitze. Ich
schwitze. Ich schwitze. Sie werden wissen, daß ich mich
fürchte. Sie werden mich nicht mögen. Ich schwitze. Sie mögen mich nicht. Sie werden wissen, daß ich mich fürchte.

Mein Bewußtsein wechselt. Es ist Tag, und das gequälte
Bewußtsein und die Geister lachen und spielen und heulen
noch im Inneren. Ich fange im selben Moment an zu lachen,
als die Schatten sich nähern.

»Steh auf, Sphere.« Die Schwester schüttelt mich. »Zieh
dich an.«

Ich wühlte mich ins Bett, zog die Bettdecke fester um mich
und sagte: »Bitte, quäl mich nicht.«

»Steig aus dem verdammten Bett und zieh dich an.«

»Gott, nein.« Ich stand auf, zog mich an und wanderte
durch die Türen auf den Zellengang hinaus.

Er hat mich als geisteskranken Kriminellen klassifiziert.

Ja, ich bin geisteskrank.

Flüstern in meinem Bewußtsein.

Schwesternreport: »Er glaubt, er hätte einen Transmitter
in den Zahn implantiert.«[43]

Flüsternde Verdächtigungen in meinem Bewußtsein.

Schwesternreport: »Er redet auch mit Radio- und Fernseh-
sendern.«

Flüstern in meinem Bewußtsein.

Schwesternreport: »Er ist ein chronisch paranoider,
manisch-depressiver Schizophrener.«

Stimmen in meinem Bewußtsein.

Ego.

Erkennen und Abreißen der Verbindung zwischen Intellekt und Emotion.

Ich lächelte unter Schmerzen und träumte wieder.

»Ich habe einen Transmitter im Zahn!« schrie ich und versuchte dabei, einen Zahn zu lockern. Ich öffnete meinen Mund und krallte nach meinen Zähnen. Wenn sie meine Zähne entfernen, werde ich zu Verstand kommen.

Wahnträume sind Bilder, die die Liebe in den großen Traum eingeführt hatte. Ich erschuf mich größer als ich bin. Ich bin ein Träumemacher. Schmerz und Wahnsinn sind Geschwister. Ich habe Schmerzen. Ich kann über Dinge lachen, die ihr für morbid haltet. Der Tod hat für mich keinen Schrekken. Mich schrecken nur Schmerzen. Ich muß meine Gewaltträume schützen.

Ich stand auf und schlenderte langsam davon. Es war ein frischer Tag. Ich spazierte aus dem Schlafsaal, durchs Fernsehzimmer und auf die Veranda hinaus. Eine große Kanne Kaffee wurde aus der Küche gebracht, und die Patienten wurden in den Hof gelassen. Dort würden wir bis 8 Uhr 30 bleiben, wenn das Frühstück serviert wurde. Ich hatte Angst, also rief ich nach Elysium und halluzinierte. Der Morgen verging langsam, während ich mit gekreuzten Beinen unter dem Jasminbaum saß und mit Baron Wasteland redete, der lachte.

»Na, da hast du uns wieder in 'ne schöne Scheiße geritten«, sagte ich.

»Es sah aus, als würde das Leben an uns vorbeigehen. Keine Drogen, Alter.«

Ich zog mich in die selbstauferlegte Isolation des großen Traums zurück.

Das Frühstück kam. Die Oberschwester brüllte: »Dann man los!« Der Speisesaal wurde aufgeschlossen, und der Mob strömte hinein. Ich setzte mich auf den Stuhl, den die Schwester mir zuwies. Das war mein reservierter Platz.

Schlabbriges Porridge, dann Bacon und hartgebratene Spiegeleier mit gezuckertem Tee, alles lauwarm. Mein Partner an der anderen Seite des Tischs ließ das Essen übrig und aß die Sauce, und schließlich war sie zu Cornflakes auch besonders appetitlich. Er glaubte, sie wollten ihn vergiften. Er schrie den ganzen Laden zusammen, also probierte die Schwester sein Essen. Gott, Alter, du bist ekelhaft. Die Messer und Gabeln waren aus weichem Plastik, also bestand keine Gefahr, daß sich irgend jemand die Pulsadern aufschnitt oder einen Mithäftling oder eine Psychiatrieschwester niederstach. In dem Laden spukten immer noch die Knastbrüder herum, die sich in den Schlafsälen und Einzelzellen erhängten.

Morisset bot wenig Unterhaltung. Es war in toter Ort mit einem Gemüsegarten. Früher war es eine richtige Schlangengrube gewesen, aber dank moderner Tranquilizer ist es jetzt das reinste Altersheim. Der Mob schlang seinen Fraß hinunter und strömte nach draußen, wo sich alle zappelig ihre Zigaretten anzündeten. Einige wenige Vertrauenswürdige hatten Feuerzeuge, die abends eingesammelt und morgens wieder ausgegeben wurden. Verrückte lieben Feuer, und wieder verbrennen die Flammen meinen Bruder. [44] Ich durchschreite die Flammen, während sie mein Bewußtsein verbrennen. Schmerz, Schmerz, Schmerz. Vor Jahren rannte ich als erster nach draußen, sah den Holzschuppen in Flammen stehen und schrie und rief dem Kleinen vom Kleinen zu, rauszurennen. Er kam nicht raus. Ich rannte weg, um Hilfe zu holen, schreiend und unter Schock. Ich fand ein totes Huhn und verging mich an ihm.

Nach dem Frühstück wurde Volleyball gespielt, wobei die Schwestern die Hälfte des Teams stellten. Es war ein gutes, schnelles Spiel, das normalerweise damit endete, daß der Ball über den Zaun ging, und ja, da fliegt er schon, nachdem ein unbeherrschtes Arschloch ihn rübergekickt hat.

Ich hörte auf und ruhte mich aus, wobei mir der Schweiß übers Gesicht rann. Die Musik kam von Baron Wastelands

Kassette. Die Eagles liefen, während Baron Wasteland auf dem Spielplatz seines Bewußtseins über seine eigenen Gedanken lachte.

Vor uns lag das Hunter Valley mit dem Lake Macquarie im Hintergrund und dem Gemüsegarten des Krankenhauses im Vordergrund. Drei Hindernisse trennten uns von der Außenwelt: eine Ziegelmauer, ein Stacheldrahtzaun und ein elektrischer Zaun. Null Fluchtchancen, aber ich wollte auch gar nicht fliehen. Ich war zufrieden.

Abraxas wollte mich sehen.

Wir gaben uns die Hand. »Deine Hände sind feucht, Sphere.«

»Für meine Gefühle kann ich nichts.«

»Schwitzt du immer?«

»Meistens. Ich habe einen geringen Hautwiderstand. Ich habe einen Transmitter im Zahn. Ich habe den Rock and Roll erfunden.«

»Du hast also einen Transmitter? Erfinder des Rock and Roll? Das ist dieselbe Geschichte, die du mir beim letztenmal erzählt hast.« Er notierte es sich. »Laut diesen Berichten hältst du uns für Sadomasochisten. Wir werden deine Medikamentendosis verdoppeln müssen.«[45]

Es begann zu regnen, und wir traten in die Welt von Donner und Blitz ein. Die antiken Götter zeigten ihr Einverständnis, indem sie Regen schickten. Ich habe feuchtes Wetter immer gemocht, weil es alles zudeckt. Da ist das Zwielicht und die Sicherheit der Häuser. Eine Gelegenheit, sich im Buch des Lebens selbst zu finden. Ich war ungeduldig, und meine gehobene Stimmung stieg sprunghaft durch den Regen.

»Ich habe den Regen gemacht«, sagte ich zum Doktor. »Ich kann Regen machen.«

Durch diese schöne, schmerzliche Vision schlug meine Stimmung sofort um, und meine Augen fanden Abraxas.

»Ihr glaubt, ihr könnt mich für immer in der Psychiatrie verstecken und mir nie die Wahrheit sagen? Warum fügen sie mir Schmerzen zu, Abraxas? Warum bringt ihr mich nicht zur Maschine? Der Maschine, die meine Gedanken lesen kann?« Ich glitt in den Traum.

»Wir haben keine Maschine«, antwortete Abraxas.

»Die Maschine. Ihr kennt meine Gedanken. Ich habe euch alles gegeben, als ich diesen Traum durchlitten habe, oder nicht? Abraxas, ich will sterben. Geben Sie mir ein paar Pillen, dann könnte ich sterben. Wir könnten alle sterben, und ich wäre bei Elysium. Rainbow ist gestorben.«

»Das kann ich nicht tun.«

»Ja, ich weiß, Doc, aber ich weiß nicht warum. Ich habe Ihnen geglaubt wie ein Kind, aber Sie haben gelogen. Ich habe mir eine so perfekte Story ausgedacht, weil ich wollte, daß Sie mir glauben, aber Sie sind ein falscher Hund. Ich habe Ihnen vertraut, und Sie haben mir Schmerzen zugefügt. Ich habe zu Ihnen aufgeschaut, und Sie haben mich betrogen.«

»Was meinst du?« fragte Dr. Abraxas. »Möglicherweise brauchst du eine Elektroschockbehandlung gegen Depressionen.«

Ich erkannte schnell, daß ich den runden Pflock in das runde Loch würde stecken müssen, weil es für dieses kleine häßliche Entlein keine Elektroschocks geben würde. Man lernt schnell, daß man ihnen kein Wort zuviel sagt. Selbst dann nicht, wenn man tot ist. Gib den Psychiatern eine oscarreife Vorstellung. Ich weiß, wie abgewichst Psychiater sind, Alter.

»Wie würden Sie Elektroschocks finden, Mann?«

»Nur ruhig. Ich bin nicht psychotisch. Erzähl deine Geschichte.«

»Unsere Gesellschaft geht am Stock. Am zwölften Stock. Sie ist ein Hochhaus, dessen Fundamente bröckeln. Dann baut ihr noch ein Stockwerk an.[46] Zivilisation ist ein Hirngespinst. Sie werden sie verschwinden lassen. Ich sehe hinter die Lügen dieser Welt. Nein, ich lebe nicht ewig. Nein, ich bin nicht von Bedeutung. Der Traum ist nicht allmächtig. Ich hätte gut sein können, aber der Schmerz war zu groß. Sie wissen nichts, oder? Wie würden Sie Elektroschocks finden?«

»Ich bin nicht psychotisch«, antwortete Abraxas wieder.

»Sie sind ein Fall für die Klapsmühle«, antwortete ich. »Ich verstecke mich hinter meinen irren Halluzinationen. Ich verstecke mich hinter einer fanatischen Intelligenz. Ruhm und Ehre, danach suche ich. Dieses Universum erhält sich selbst. Wir leben für alle Ewigkeit in dieser Welt.«

»Ich verstehe dich nicht«, sagte Abraxas.

»Lassen Sie mich scheißnochmal ausreden, das ist alles, worum ich bitte. Ich bin mit Angst großgeworden, aber, Scheiße, ihr bestimmt nicht mehr über mich. Habe ich Ihnen je von den Spinnen erzählt? Schreiben Sie es auf, Abraxas. Die Bullen werden irgendwas finden, was sie mir anhängen können, höchstwahrscheinlich Spinnen. Der Tag wimmelt von krabbelnden Spinnen. Machen Sie die blinkenden Lichter aus. Stellen Sie den Projektor langsamer. Öffnen Sie Ihre Augen der Realität, die überall um uns ist, und die Monster verschwinden mit dem fiebrigen Schweiß. Es ist nur ein Traum, Abraxas.«

»Da hast du mir ja einen schönen Vortrag gehalten«, sagte der Doc.

»Ich halluziniere alles in Grund und Boden.«

»Du bist schizophren, das weißt du doch?«

»Ich bin ein Bewußtseinsarbeiter, Doc.«

»Du bist geisteskrank.«

»Ich liebe sie.«

»Wen liebst du?«

»Ich muß mich erinnern, weil die Hunde mich beschnitten haben, Mann.«

»Ja, ich weiß. Du schämst dich. Du wirst es überwinden. Okay, du kannst jetzt gehen.« Und als ich hinausging, kam die Halluzination über mich.

Wasteland wartete draußen. »Wie hast du es geschafft, hier zu landen, Alter?« fragte ich.

»Ich hab immer bei offener Tür geduscht, und sie standen nicht drauf, daß ein Hippie ihnen den nackten Arsch zeigte, also haben sie mich nach hier verlegt. Ich wollte nur mal Tapetenwechsel.«

Ich bemerkte Cactus, einen Freund von einer meiner Stippvisiten in psychiatrischen Kliniken. Er stand am Zaun und starrte in die Ferne. Ich wandte meine Aufmerksamkeit wieder Baron Wasteland zu, der hysterisch lachte.

»Ich könnte einen Scotch, einen Schuß und einen Joint vertragen.« Wir lächelten beide und stellten uns an, um uns eine Tasse Tee und Kekse zu holen. Der Tee schmeckte nach Spülmittel und stank nach Zucker, aber ich trank ihn, weil er meine einzige Stärkung war, bis um viertel nach eins der Lunch ausgegeben wurde.

Ich ruhte mich aus, trottete durch den Hof, saß unter dem Jasminbaum und kratzte mich, weil mich vom Largactil juckte: Das Medikament reizt die Haut, wenn sie in die Sonne kommt, und gibt ihr eine seltsam purpur-blaue Färbung.[47] Im Sommer ist es das reine Elend. Ich unterhielt mich mit Psycho-Bob und Baron Wasteland über unsere Lieblingsgifte. Unsere Unterhaltung lief im Kreis, und wir benahmen uns wie ungezogene Kinder, als sei die Zeit stehengeblieben. Es herrschte eitel Eintracht, als wir über uns selbst lachten. Wir waren Erwachsene im zwanzigsten Jahrhundert. Wir waren die Kinder der Atombombe. Wir hatten uns die nötige Gelassenheit zugelegt.

41

Frauen haben den Masturbationseffekt.
Entladung nennt man das.   *Magic Star Flower*

Ich träume nicht von Stimmen. Wir werden aus dem Speisesaal auf die Veranda entlassen, wo wir nach Wahrheit suchen
oder uns in unseren Träumen verstecken. Die Erfahrung hat
mich gelehrt, keinen Staub aufzuwirbeln, dann wird man
bald als geistig gesund akzeptiert. Ich habe keine Gründe
mehr, mich im Wahnsinn zu verstecken. Ich werde aus
Morisset entlassen werden, weil ich die Antworten gelernt
habe. Auf Chemie bin ich stabil. Die Medikamente verlang-
samen das Denken, und darum kann man mit sich selbst
zurechtkommen. Es ist ruhig, friedlich, und es ist natürlich,
entspannt zu sein. Ich wartete einen Moment länger, einen
Moment, um zu vergessen. In Morisset hat man viel Zeit, zu
vergessen. Meine Gedanken griffen ineinander und verflochten sich. Ich ging in den Garten, um den senilen Stimmen zu
entkommen und mir über mich Gedanken zu machen. Das
Oberstübchen war vom meisten Gerümpel befreit. Ich fragte
mich, warum es je zu meinem Wahnsinn gekommen war.
Die Antwort lag auf der Hand. Ich versuchte, der Realität zu
entfliehen. Ich versuche mich in etwas zu flüchten, das ich
nicht bin.

Nachts tigerte der Professor ohne Kleider durch die Station. Das Geräusch von Schritten weckte mich auf. Psycho-
Bob stand auf und zog seinen Pyjama aus. Ich folgte auf dem
Fuß und wir tigerten nackt hin und her. Die Nachtschwester
der Psychiatrie schnauzte uns durch die Gitter an, wir sollten

wieder ins Bett gehen, aber wir ließen uns nicht stören. Es ist natürlich, in einer mondhellen Nacht frei und ruhelos zu sein. Den Körper kann man gefangensetzen, aber nicht die Seele. Ich sehe ihre Penisse und weiß, daß ich nicht der einzige mit der Narbe bin. Die Schwester gab mir eine doppelte Largactil durchs Gitter, und ich schluckte sie, legte mich aufs Bett und fiel in erholsamen Schlaf. Am nächsten Morgen zupfte mich Psycho-Bob am Arm, um mir zu sagen, er würde ausbrechen, nach Cairns reisen und die Stadt im Guerillakrieg einnehmen. Er wollte mir den Oberbefehl übertragen.

Der Tee wurde rausgebracht, und die Psychiatriekandidaten versammelten sich wieder einmal um die Teekanne und erzählten sich ihre Lebensgeschichten. Der Strafvollzug hielt uns in Form und bei guter Gesundheit. Angenehme Gespräche waren ungemein bereichernd für uns, und von meinem Kreuzzug gegen Zigaretten abgesehen, lebte ich in Frieden mit mir. Irgendwie schaffte ich es immer, daß mir der Selbstdrehtabak ausging, der uns gestellt wurde, und ich den großen australischen Schnorr bei meinen Kumpels abziehen mußte. Meine eitlen Freunde waren nur an sich selbst interessiert.

Abraxas rief mich in sein Sprechzimmer. Ich setzte mich. Heute mußte ich mir etwas von der Seele reden. Ich war nervös, weil ich Abraxas heute in mein Geheimnis einweihen wollte. Den Grund, warum ich verrückt und drogensüchtig bin.

»Es gibt etwas, das ich Ihnen sagen muß. Ich bin ein Kinderschänder. Als ich fünfzehn war, machte ich Sexspielchen mit einem Jungen und einem Mädchen von nebenan. Mit dem Mädchen hätte ich fast Geschlechtsverkehr gehabt, dabei war sie erst acht. Der Junge war neun. Ich fühle mich, als hätte ich ihre Leben und mein eigenes versaut.«

Er sagte: »Erzähl das niemandem.«

»Abraxas, ich war einmal mit Elysium Dream zusammen, aber ich konnte nicht bei meiner Frau bleiben. Der Traum kam wieder über mich, und ich wollte mein Kind nicht verletzen. Ich weiß, wer ich bin, und deshalb bin ich im Wahnsinn gefangen. Ich bin in meiner eigenen Schuld gefangen, die Vergangenheit zu durchleben und nie zu vergessen. Jeden Tag erinnere ich mich daran. Wissen Sie, wie es ist, jemanden zu lieben und nicht daran zu rühren und von einem Fehler verfolgt zu werden? Vom eigenen Bewußtsein zum Wahnsinn getrieben zu werden und nie entkommen zu können? Die eigene Tochter nie lieben zu können, weil sie einen an diese Fehler erinnert?«

»Warum hast du Sexspiele mit diesen Kindern gemacht? Erzähl mir davon«, bat Abraxas.

»Ich hatte damals eine Freundin, aber sexuell war mit ihr nicht viel los. Ich lebte in sexueller Frustration. Meine Freundin sagte mir, ich wäre unreif, also habe ich sie brutal bestätigt. Ich suchte sexuelle Ebenbürtigkeit und fand Ablehnung. Ich wurde damals langsam verrückt, und durch die Masturbationsnarbe wußte ich, daß ich durchdrehte.«

»Was ist die Masturbationsnarbe?« fragte Abraxas.

»Das ist ein verfärbter Ring um den Penis, der vom Masturbieren kommt.«

»Ich habe nie davon gehört«, sagte Abraxas, »und ich bin sicher, daß das nie wissenschaftlich dokumentiert wurde.«

»Sie haben nie davon gehört?«

»Nein, so etwas existiert nicht. Es gibt keinen medizinischen Begriff dafür. Du kannst es nennen, wie du willst.«

»Ich nenne es einfach die Masturbationsnarbe. Ich dachte, ich wäre der einzige mit der Narbe, aber Baron Wasteland hat die Narbe, und an Nacktbadestränden haben mindestens 30 Prozent die Narbe, und Sie sagen mir, sie existiert nicht? Zehn Prozent der männlichen Bevölkerung haben die Narbe, und die medizinische Wissenschaft hat keinen Namen dafür? Ich glaube, das war der Grund, warum Adolf Hitler die Juden haßte. Die Narbe hat höchstwahrscheinlich den Zweiten Weltkrieg ausgelöst. Der Grund, warum die meisten Alkoholiker und Drogensüchtigen anfangen, Drogen zu nehmen, ist die Narbe. Gott, auf dieser Welt sagt kein Mensch die Wahrheit.«

»Reg dich nicht auf«, sagte Abraxas.

»Tja, also, als ich fünfzehn war, glaubte ich, ich sei der einzige mit der Narbe, also wurde ich geisteskrank.[48] Ich bin schon so lange geisteskrank. Ich kann meine Neffen und Nichten lieben, aber bei meinem eigenen Kind könnte ich nicht bleiben.«

Abraxas lehnte sich in seinem Stuhl zurück und sagte: »Die Gesellschaft trägt die Schuld daran, und du mußt dich von deinen Selbstbezichtigungen freimachen. Auch ganz normale Männer lassen sich von kleinen Mädchen erregen. Das ist in psychologischen Tests bewiesen worden. Vielleicht sind Mütter legalisierte Kinderschänder. Wer weiß? Aber mach dir nicht nach all der Zeit noch Vorwürfe. Du kannst deiner Masturbationsnarbe einen Namen geben und ihn der Welt mitteilen, aber ich glaube nicht, daß sie irgend jemand sonst beunruhigt.«

Mir wurde klar, wie feierlich dieser Augenblick war. »Ich werde es ›ring-wund sein‹ nennen.« Wir schüttelten uns die Hand, und ich ging. Ich dachte bei mir: *Ich kenne das Geheimnis des halluzinogenen Pilzes. Er ist phallisch, neurotisch, atomisch und psychotisch.*

Draußen kam ein Irrer zu mir und sagte: »Auf Kampfstation, Männer.«

Ich antwortete: »Ich weiß nicht, wo die ist.«

Seife soll ja den Magen zu reinigen, aber trotzdem hatte ich einen sehr nahegehenden Traum, der mich nicht ruhen ließ. Ich vermißte Elysium und unsere Tochter. Sehr wahrscheinlich war sie auf Droge und sorgte für unsere Tochter.

Baron Wasteland wurde immer rastloser, und eines Tages sprang er einen alteingesessenen Psychopathen an, der mal eine Psychiatrieschwester im Gemüsegarten mit der Gartenschere umgebracht hatte. Baron Wasteland kam hinter Gitter, um sich abzukühlen. Ein paar Wochen später versuchte er eine Schwester zu ficken und wurde von vier Schwestern festgehalten und verdroschen. Er wurde zwangsweise mit Elekroschocks behandelt. Er sagte, er hätte sie vor der Elektroschockbehandlung noch alle beisammen gehabt, sei aber mit jeder Sitzung konfuser geworden. Er ist ein Mann, und ich hoffe, er kriegt den Trip wieder unter Kontrolle. Ich malte hinter Gittern Ölbilder zusammen mit einem Vergewaltiger, der sagte, wenn er rauskäme, würde er alles nochmal machen. Noch mehr vergewaltigte Frauen.

Ich genoß es, in der Sonne zu sitzen und einen zu erzählen, und bald würde ich außer den schlichten Alltagsfreuden nichts mehr haben, worüber ich reden konnte. Nur im Tod werde ich die unsterbliche Wahrheit entdecken. Ich hatte immer noch Selbstmordgedanken, aber ich sagte Abraxas nichts davon. Ich hatte noch immer den Wunsch, erfüllt zu sterben. Mein Leben lag offen vor mir, und die aufgedeckte Wahrheit verlor sich schnell. Ich wollte mich selbst verstehen. Ich wurde alt, und ich wollte jemanden, der für alle Ewigkeit nicht verschwinden würde. Ich wollte eine Frau, die ich lieben konnte. Ich wollte in eine Frau.

Abraxas rief mich hinein. »Gibt es was zu erzählen?« fragte er.

Ich antwortete: »Ich habe das Universum erschaffen. Das wurde mir im Buch befohlen.«

»In welchem Buch?« fragte er.

»Die Bibel. Offenbarung. Ich habe die Sieben Sterne in meiner rechten Hand.«

»Oh Gott, was soll ich sagen? Das ist nicht möglich, Sphere. Ich weiß nicht, wie das Universum erschaffen wurde, aber es ist nicht einfach möglich, daß du das Universum erschaffen hast. Besprich das mit deinen Freunden, und sie werden dir die Wahrheit sagen. Du bist nur ein Mensch, Sphere, also versuch nicht, ein Heiliger zu sein, sei einfach du selbst. Du bist ein sehr verängstigter junger Mann.«

»Ich bin nicht die große Hure?«

»Nein. Haben deine Eltern je mit dir gesprochen?«

»Nein.«

»Sie haben dich nicht geliebt?«

»Nein.«

»Jemand sollte sich ausführlich mit dir unterhalten.«

42

Der Teufel ist ein Schizophrener. *Sphere*

Wie viele Male hatte ich die Penisnarbe vervielfältigt, meine Schützlinge? Ich verfiel in meinen sedierten Monaten in wirre, unbewußte Träumereien, aber bald wurden Baron Wasteland und ich gefilzt, mit Handschellen gefesselt und in den Bus geladen, um von Morisset Hospital ins Gefängnis Long Bay transportiert zu werden.[49] Die Türen schlossen sich, und die Schließer ließen den Motor an.

Als wir wieder an der Bay waren, wurden die Morisset-Kandidaten auf eine Tasse Tee in die Zelle des Professors eingeladen. Der Morisset-Mob steckte fast immer zusammen, weil in Morisset alle angehalten sind, sich mit Vornamen anzusprechen, daher sind wir meistens eine kongeniale Gruppe. Nachdem ich spitzbübisch Psycho-Bobs Zigaretten versteckt hatte, kamen wir auf Morisset-Geschichten zu sprechen: die Zehenabschneider-Gang, das miese Essen, den Mangel an Freiraum, die Heißmangel, die Typen, die dafür sorgten, daß die Irren sich in dem Laden zu Hause fühlten. Ich weiß noch, wie Digger ohne Kleider als Hohepriester Satans herumlief und nach dem Schurken brüllte, der ihm die Unterhosen gestohlen hatte. Baron Wasteland wusch sich unter dem Hydranten im Hof; ein neununddreißigjähriger Bettnässer; Gehirnamputierte und übel gelaunte Arschlöcher. Weiter war nichts passiert, außer den Zwischenfällen, die ich vergessen möchte, die Einschüchterung durch Elektroschocks und die unfähigen Psychiatrieschwestern.

In Morisset sind die schlimmsten geisteskranken Kriminellen des Staates untergebracht. Sie wissen, was Sache ist. Wenn sie wieder im Strafvollzug sind, stellt sich meistens heraus, daß sie ihre besten Freunde abgeknallt, abgestochen oder erwürgt haben. Siebzig Prozent sind auf unbestimmte Zeit in Sicherheitsverwahrung. Diese Leute gelten wegen Geistesgestörtheit als schuldunfähig. Sie sitzen normalerweise zehn mit Tranquilizern vollgepumpte Jahre ab, während die Lebenslänglichen durchschnittlich 12 3/4 Jahre absitzen.

In Long Bay ist es genauso. Achtzig Prozent haben ihre Verwandten umgebracht. Crazy Joe hat seine ein und zwei Jahre alten Töchter erstochen; Wilderness Willie hat seinen sechsjährigen Sohn getötet; Skunk hat seinen Zwillingsbruder erschossen; Tape Worm hat seinen alternden Vater erwürgt; Psycho-Bob hat seine Mutter erschossen; Digger hat seine senile Großmutter erwürgt; Spider hat seine Freundin und Cousine erschossen; der Professor hat seine Frau in tausend Stücke zerhackt. Sie haben jeden vorstellbaren Verwandten auf alle erdenklichen Arten um die Ecke gebracht. Einige reden nicht darüber, und niemand fragt, und es ist besser so. Glückliche Unwissenheit. Es gibt kein Urteil, daher auch keine Sühne. Wer du jetzt im Moment bist, darauf kommt es an. Tritt auf die Skorpione, dann töten sie dich. Man kann sich seine Gesellschaft nicht aussuchen.

Liebe Elysium Dream,

Jahre sind vergangen, und ich dachte, für meinen eigenen Seelenfrieden sollte ich Dir einen Brief schreiben. Nur eine kurze Mitteilung, um dich wissen zu lassen, daß es mir gut geht. Ich bin übrigens im Knast, Honey. Der Commissioner hat die psychiatrischen Langzeitpatienten in den Strafvollzug entlassen, und es sind nicht wenige Morisset- und Callan-Park-Patienten hier. Ich bin von der Welle erfaßt worden; andernfalls hätte ich meine Strafe in Morisset abgesessen. Wie es scheint, finden wir uns alle am selben Fleck zusammen. Der Klinik. Keine große Veränderung hier, aber das Leben scheint besser zu werden. Ich weiß nicht, wie lange ich hierbleiben werde, aber es besteht eine gute Chance, daß ich auf Bewährung rauskomme. Ich habe das Gefängnis aus meinem Kopf verbannt und denke an angenehmere Umgebung. Ich nehme es einfach, wie es kommt. Ich schreibe ein Buch und komme ganz gut voran. Es läßt die Zeit schneller vergehen und rückt mein Leben in Perspektive. Es ist eine echte Chronik unserer Zeit. An den größten Teil meines Lebens erinnere ich mich nicht, also erfinde ich es. Ich hoffe, ich kann ein bißchen Geld damit machen. Ich bin ein Giermonster mit kunterbunter psychedelischer Scheiße. Es ergibt nicht viel Sinn, aber als Therapie ist es Spitze.

Neulich ist etwas Ungewöhnliches passiert. Wir wurden nach dem Lunch aus unseren Zellen gelassen und warteten auf den Büchereiappell, als ein Knastbruder auf den Rasenplatz in der Mitte rausging, wartete, bis alle zusahen, und dann seine Hosen runterließ, sich seine Genitalien abschnitt und sie auf den Boden warf. Ein Wärter kam angerannt und packte ihn. Dann kam ein anderer Wärter, und beide hoben ihn hoch und trugen ihn in die Klinik. Zehn Sekunden später hob ein Knacki den Penis und das Skrotum auf, hielt sie in angemessener Entfernung von sich und rannte zur Klinik. Ein paar von den jüngeren Knastbrüdern kippten um, andere kotzten. Es war das Gesprächsthema im Knast. Zum Glück gab es an diesem Abend keine Würstchen zum Tee. Am nächsten Tag sprach sich herum, daß sie ihm die Dinger mikrochirurgisch wieder angenäht hatten.

Neben meinen persönlichen Fortschritten in geistiger Gesundheit geht der Gefängnisalltag weiter. Es ist acht

Jahre her, seit ich das letzte Mal von Dir gehört habe, also erwarte ich keine Antwort. Rainbow ist tot. Mehr will ich nicht sagen, aber es war schrecklich. Paß einfach auf Dich auf, und, falls ich es Dir noch nicht gesagt habe, ich liebe Dich.

Jetzt, wo es vorbei ist, gibt es nicht viel zu sagen. Ich werde bis an meinen Todestag stabil-instabil bleiben. Interessant ist übrigens, daß das Melleril mich steril macht.[50] Es kommt nichts als heiße Luft, wenn ich masturbiere. Sie versuchen mich impotent zu machen, aber die Chemie wirkt nicht. Ich masturbiere noch immer und empfinde Lust, aber wenn ich komme, habe ich kein Sperma. Wenn ich eine Frau wäre, würde ich nicht menstruieren. Ich wünschte, sie würden eine Impotenzpille erfinden, damit ich ihn nicht mehr hochbekäme.

Wenn ich Dir etwas sagen könnte, würde ich sagen, gib auf die isolierten Träume acht. Ich bin ein kleines Eckchen in der psychiatrischen Klinik der Gesellschaft. Wenn ich schreien könnte, würde ich es tun, aber das würde nicht viel nützen. Ich höre nachts mit Ständer Musik aus den anderen Zellen, und ich frage mich, was mein Fehltritt war. Soweit die Erinnerungen. Ich werde eine andere Frau finden. Es wird schwer werden, weil du die schärfste kleine Nummer bist, die ich je kennengelernt habe.

In Liebe, Sphere.

43

Ich habe ein tiefes Bedürfnis nach anderen Menschen.   *Baron Wasteland*

Das Rasseln von Schlössern, die aufgesperrt werden, weckt mich auf, und ich höre, wie im unteren Gang die Riegel zurückgeschoben werden. Das gibt mir Zeit, mich anzuziehen, ehe die Schlösser oben entriegelt werden. Ich bin Ein Mann raus, das heißt, allein in einer Zelle. Ich werde aus der Zelle gelassen, um in den unteren Gang runterzugehen, meine Thermosflasche zu füllen und in meine Zelle zurückzubringen. Dann gehe ich raus in den Innenhof, bis der Block geräumt ist.

Ein Schließer brüllt: »Ein Mann krank in der Zelle!«
»Alles klar!« brüllt ein anderer Schließer zurück.

Der Mob strömt zurück in den Zellenblock, um sich jeder eine Schale mit Porridge zu füllen, sich eine Tüte Milch, nach Wunsch Cornflakes oder Müsli, Toast und ein Portionsbeutelchen Marmelade zu greifen. Ich nehme nichts außer der Milch. Ich habe den Knastblues. Wir zockeln nach oben und werden zum Frühstücken wieder in unsere Zellen geschlossen. Präzise um drei Minuten nach acht werden mit einem weit hörbaren Rumms der Bolzen die Schlösser entriegelt. Wir werden in den Innenhof rausgelassen, wo wir uns zum Appell aufstellen. Die Wäschereiarbeiter sammeln sich im Schatten des Basketballkorbs. Die Five Shop-Leute stehen links von uns, Wartung und Instandhaltung hinter uns. Die Namen werden aufgerufen, und wir treten weg, um zur Wäscherei rüberzuspazieren.

Ein Schließer fragt mich: »Wo ist dein Namensschild?«
»In meiner Zelle«, antworte ich.

»Na, dann geh's holen, Saftarsch!«

»Klar, Boß.« Ich trotte zurück.

In der Wäscherei schnüren wir unsere persönlichen Wäschebeutel und schmeißen sie in die Waschmaschine. Die Waschmaschinen haben vier Fächer, und jedes faßt ein Wäschebündel von etwa 40 Kilo. Meine Wäsche wird gewaschen, und ich trage mich für die Klinik aus. An einem kalten Morgen braucht ein Mann sein Melleril, um seine fünf Sinne beieinander zu halten.

Unter dem Vordach hat sich das übliche Grüppchen versammelt und wartet, daß die Schwestern kommen und das Fenster öffnen. Die Dauergäste sind da, und ich kenne fast die ganze verdammte Bande von dreißig Knastvögeln, die klinisch betreut werden. Diese Abteilung der Bay ist Hochsicherheitsbereich für medizinische und Arbeitshäftlinge. Es gibt eine Maurer- und eine Wäschereischicht. Der Rest sind Medizinische. Ein Trupp ausgemusterte Krüppel, eine explosive Mischung aus Drogensüchtigen und Lebenslänglichen mit keinerlei Respekt vor nichts und niemandem.

Das Klinikfenster wird um acht Uhr dreißig geöffnet, und ich warte, bis ich an der Reihe bin, der Schwester guten Tag zu sagen. Sie kennt mich gut; wir sind alte Freunde von tausend Morgen. An manchen Tagen machen wir einen Witz, aber normalerweise reiche ich nur mechanisch meine Karte für Melleril rüber.

Ich mache mich auf den Weg in die Wäscherei und bin versucht, in meiner Zelle Halt zu machen und die letzte Tasse Kaffee aus der Thermoskanne zu trinken. Ich schlage mir den Gedanken aus dem Kopf und setze meinen Rückweg zur Wäscherei fort. Ich bin ein Gefangener wie aus dem Bilderbuch. Ich rassele am Schloß, um den Schließer auf mich aufmerksam zu machen. »Kann ich durch?«

Ich gehe in die Wäscherei, wo ich wieder am Schloß rassele und der Beamte das Tor aufschließt. Wieder in der Wäscherei, sammeln wir uns in Grüppchen zum Lachen und Geschichten erzählen. Einige gehen zu ihrer Freistunde mit den angebotenen Veranstaltungen, aber ich bleibe in der Wäscherei, bis ich um zehn Uhr meinen Yogakurs habe. Um neun Uhr werden die Laken aus den Trocknern geladen und in Körben hinausgebracht. Ein Teil der Knastbrüder faltet die Laken der Länge nach, während andere die einmal gefalteten Laken in die Heißmangel einlegen. Am Ende werden die säuberlich gefalteten Laken in Körbe geladen, um zum Five Shop gebracht zu werden, von wo die Laken an andere Gefängnisse und Krankenhäuser ausgeliefert werden. Für jeden Tag der Woche ein andersfarbiges Bündel Laken. In den Überstunden machen wir Krankenhauslaken. Man muß auf Bakterien, Nachgeburten und Kacke achten. (Jesus, einmal hatte ich Kacke, so eine grünlich-gelbe – Mann, die stank vielleicht. Mir kam es fast hoch. Glücklicherweise hat man es normalerweise nur mit der üblichen Sorte schwarzem Stuhl zu tun.) Die Überstunden sind für die Maniacs, die sich für sechs Überstunden 3 Dollar 20 verdienen wollen. Die sechzehn Stunden, die wir jede Woche arbeiten, bringen uns 8 Dollar ein, genug, um bei Kaffee, Tabak und anderem Kleinkram unheimlich zuzuschlagen.

Am Montag gehe ich in meinen GROW-Kurs, am Mittwoch in die Bibelstunde und am Freitag zum Yoga. Am Sonntag besuche ich den Gottesdienst im Central Industrial Prison.

Um elf Uhr fünfzehn wandern wir zurück zum Metropolitan Reception Prison, wo wir in unsere Zellen zurückgehen oder im Innenhof spazierengehen. Um halb heißt es Zellen räumen, also wandern wir zehn Minuten im Innenhof rum, bis die Vertreter der Krone »Antreten!« brüllen und wir uns vor unseren jeweiligen Zellenblocks sammeln. Ein weiterer

Appell wird abgehalten, und ich spaziere rein, um mir einen Packen Sandwiches, irgendeine Tütensuppe, Orangensaft und ein Stück Obst abzuholen. Die Riegel werden vorgelegt, und wir werden wieder eingeschlossen. Ich höre Transistorradio, während ich mein Mittagessen verspeise. Hinterher sehe ich in der Fernsehzeitung nach, welche Filme laufen. Ich suche mir einen Film aus und lege mich auf die Pritsche, um mich auf die Handlung zu konzentrieren.

Ehe der Film aus ist, kommen die Schließer vom Mittagessen zurück, und die Zellen werden geöffnet. Ich weiß nicht, von wie vielen Filmen ich eine Stunde und siebzehn Minuten gesehen und nie das Ende mitbekommen habe. Es geht nach draußen zum Wäschereiappell und einen weiteren Nachmittag mit stumpfsinnigem Leintuchfalten. Die zwei Stunden vergehen langsam, und dann sind sie rum: Es ist endlich viertel nach drei, und es wird zum letzten Appell in der Wäscherei gerufen. Wir tröpfeln zurück in den normalen Strafvollzug. Ich besuche einen Freund in der Zelle, um zu ratschen und tratschen. Ich trinke eine Tasse Kaffee und zucke nervös mit dem Bein. Halb fünf, der Ober-Schließer brüllt »Raus aus den Zellen!«, und der Zirkus versammelt sich wieder draußen im Innenhof, wo wir auf und ab gehen oder auf Gartenstühlen sitzen.

Es wird zum Antreten gerufen, und wir warten vor Block Neun für Schwuchteln und Schwanzlutscher, daß wir aufgerufen werden, unser Abendessen abzuholen und uns in unsere Zellen einschließen zu lassen. Ich esse mein Abendessen und informiere mich dann in der Fernsehzeitung über das Fernsehprogramm. Reine Folter. Meinen abgehärteten Geist werdet ihr nie brechen. Vielleicht lese ich die Zeitung oder ein Buch, das ich mir in der Bücherei ausgeliehen habe. Der Abend verstreicht stumm, mit Fernsehen zur Unterhaltung. Dann heißt es Augen zu und träume süß.

Ich erwache vom Rasseln der Schlösser, die entriegelt werden. Ich werde rausgelassen, um meine Thermosflasche zu füllen und meine schmutzigen Teller rauszutragen. Dann heißt es, raus zum Hofgang, bis der Gang geräumt ist, und so geht es weiter ...

Ich spaziere rüber zu Baron Wastelands privater Zelle. »Ich werde neue Songs für eine Platte schreiben«, sage ich.

»Scheiße, Alter, die letzten, die du geschrieben hast, waren so nichtssagend! Du hast doch einen an der Waffel!«

»Diese Platte wird positiv sein, also mach mich nicht runter, weil ich den Trip gegen dich richten werde. Ich brauche deine destruktive Kritik nicht.«

»Noch mehr Müll«, antwortet er.

»Kein Müll, Alter, sondern asketische Schönheit. Ich lasse mich nie wieder zurechtstutzen. Das schlechte Karma wird eines Tages auf dich zurückfallen.« Ich nutzte die Situation aus, um ihn plattzumachen. Als Zyniker im ursprünglichsten Sinne biß ich mich in seiner menschlichen Schwäche fest.

44

Ein Stück Kohle wird unter dem Druck von einer Million Tonnen zum Diamant. *Superman*

Baron Wasteland wurde entlassen.

In den Zellenblocks gibt's immer irgendwo Ärger, und drüben in der Klinik nahmen eines morgens zwei Knastvögel einen Schließer und eine Schwester als Geiseln, und wir wurden in unsere Zellen gesperrt, während sich den ganzen Tag lang das Drama abspielte. Die Schließer gaben den Forderungen der Häftlinge nicht nach, und am Ende gaben die Häftlinge auf. Lennon war tot: 8. Dezember 1980. [51] Er wußte, wann er Angst und Schmerzen hatte.

An Weihnachten gab es eine Zwei-Minuten-Revolte. Der Plan scheiterte, als die Knackis keine Geisel bekamen, also wurde Tränengas in den Block geworfen. Neulich brannte wieder eine Zelle aus. Die Zellen sind oft so gestrichen, daß die Farbe bei einem Feuer lichterloh brennt. Dürfte ich um Ruhe bitten, ehe wir weitermachen? Vielen Dank. Flashback, Flashback. Nur weiter im Tran. Im Knast herrscht das pralle Leben, und irgendwas passiert immer. Heute wurde eine von den Transsexuellen, die wegen Prostitution saß, von ihrem Boyfriend zusammengeschlagen, und in Block Neun erhob sich Geheul. Die Transen sind komisch drauf.

Das Selbstmitleid, die Depression, die Isolation – aber in erster Linie Selbstmitleid. Meine Armut paßt gut zu meinem billigen Film. Armer alter Sphere, da hast du wirklich Mist gebaut. Wenn ihr mir jetzt bitte vergeben würdet. Bitte bedauert mich, denn das ist das einzige, was ich will. Jemanden, der mir aufhilft, mich abstaubt und sagt: »Du armes, elendes Würmchen.« Ich hatte ein schreckliches Leben. Ich bin ein Märtyrer der Wahrheit. Die Gesellschaft ist schuld, und der Fraß ist auch das Letzte. Ich bin auch ein menschliches Wesen, und ich brauche eure Liebe und euer Geld. Ein frustrierter kleiner Penis. Man hat mir wehgetan, und eine Stimme ruft in der Wüste. Ich spiele euer Spiel nicht mehr, mein Alptraum gehört mir. Hoch vom Boden, du mieser Wurm, und versprich mir, nicht zu heulen. Ich zittere und rede wirres Zeug, aber heulen werde ich nicht, nicht mal dann, wenn ihr mich Trottel und Psychopath nennt. Kaum, daß ihr es gesagt habt, wird es euch leid tun, das gesagt zu haben, und für mein erbärmliches Leben wird es euch leid tun. Ein guter Mann läßt sich nicht unterkriegen, also werde ich wieder Blackouts haben, mit dem Fernseher reden und versuchen, dieses Leben in dem Sieb, das sich mein Hirn nennt, zu verstehen. Ich weiß, ihr werdet meine Welt zerstören, wie ihr es mit den Frauen gemacht habt. Kein Wunder, daß ich irre bin. Ich mag die Aufmerksamkeit: Es ist mein Schutzmechanismus.

Na dann, Spezies, aufgewacht, die Sonne lacht. Wißt ihr, was ihr im Leben braucht? Na, ich sag's euch trotzdem. Eine unbekümmerte Einstellung. Letzten Endes ist unser Traum womöglich unser kostbarster Besitz. Die Wahnideen, von denen wir nicht lassen wollen, aber auf den Alptraum, meine Freunde, verzichtet man dankend. Es bedeutet geistige Gesundheit. Wenn ich schreie, folgt mir, meine kleine Schar alkoholischer Stammesbrüder; irgend etwas Gutes wird daraus entstehen. Drinnen und draußen nach dem perfekten Rührstück suchen. Mich selbst mit gebeuteltem Ego im Zentrum meines Bewußtseins bewundern. Auf diesem Trip haben wir reichlich gute Paranoia gesehen. Wo wäre ich, wenn ich nicht an dieses Schmuddelimage glauben würde? Nur Spinner glauben an Träume. Oh, Scheiße, ich bin ein Spinner.

Im Moment laufen ein Streik und ein Aufstand. Die Gefangenen waren die letzten fünf Tage in ihre Zellen eingeschlossen, und den Dienst im Gefängnis versehen Polizisten, die uns Essen vom Pizzaservice bringen lassen. »Einmal Pizza Champignon und 'ne Flasche Champagner für mich.« Der Bulle sagt: »Vergiß es, du Ratte.« Unten rufen Gefangene, die von der Revolte in Paramatta verlegt worden sind, nach medizinischer Versorgung für Schußwunden und Schlagstockverletzungen. [52] Man hört Schreie wie: »Hunde!«, »Ihr Tiere!« und »Miese Schweine«. Jeden Tag steigt vor meiner Zelle Rauch auf, wenn Decken verbrannt und aus den Zellen geworfen werden. Ich sehe mir die Revolten im Fernsehen an, aber irgendwie bin ich kein zynischer Deckenverbrenner.

Nachdem ich sieben Tage mit keinem geredet habe, stolpere ich aus meiner Zelle. Die ganze Nacht fernsehen und tagsüber schlafen hat seinen Tribut gefordert. Raus kommt eine lachende Riesenbakterie, vergast mit Toilettendünsten. In meinem Klo wachsen Pilze, und der Trip ist heftig, Alter.

Ein Freund hat sich gestern aufgehängt, und ich glaube, er war unschuldig. Er saß wegen Mord. Zusammengesperrt mit Männern mit Scheiße im Hirn und der Mentalität geprügelter und prügelnder Kinder. Er hat sich verabschiedet, mit mehr als einer Schraube locker.

Siebenmal habe ich diese Woche schon masturbiert, und es ist erst der erste Tag. Krank – vielleicht; Schraube locker – definitiv. Die Knastgesellschaft fordert Surreales im Realen. Der Chef der Putzbrigade trägt Frauenkleider. Transsexuelle ohne Klöten. Schrill, Alter.

Zwei Jahre gingen rum, und ich bekam Bewährung. Das war, von kleinen Änderungen in meinem Manuskript mal abgesehen, der Schlußpunkt hinter das Kapitel Knast. Psychos arbeiten mit Allegorien. Meine Allegorie ist der Knast. Eigentlich spreche ich davon, in meinem eigenen Bewußtsein eingesperrt zu sein. Ich bin ein irres Raubtier, mit Medikamenten stabilisiert. Für Sphere hieß Träumen überschäumen, aber eines Tages war mit Schäumen Schluß. Also schrieb ich nicht über meine Blinddarmoperation und den Knastcocktail. Die Allegorie von Sphere lautet, daß es einen irre macht, mit mir zusammengesperrt zu sein. Ich habe einen Transmitter im Wahn.

45

Wir sind alle Ausdruck derselben Energie.

Baron Wasteland

Zwei Jahre und einundachtzig Tage vergingen.

Aus dem Komplex, dem Gefängnis der Ideen entlassen, bewegte Sphere sich frei durch die willkürlichen Impressionen. Er, Sphere, war so lange fort gewesen, und es herrschte Ungewißheit in einer Welt im Umbruch. Auf einmal gab es für alle nur noch Rap und Breakdance. Die Struktur von Zeit und Raum war geändert und das Schicksal war gefangengenommen worden. Die Sphären hatten sich seit Anbeginn der Zeit verändert. Die Ewigkeit hatte begonnen.

Er starb im Alptraum. Er, Sphere, rollte wie goldene Tropfen, die im schwarzen All glühen und von den fern sichtbaren urzeitlichen Türmen heranschweben, als er lächelte, *Kommt her,* in die Sphären des Ungewissen. Sphere, nichts wird hier angenommen im Strom ungenannter Ängste, und nichts wird zurückgewiesen hier in der Welt ungezählter Tränen. *Kommt,* sagten die Sphären, ins Geplapper von Spheres aufblitzenden, halluzinogenenTräumen, die um die Sphäre verzerrter Zeit kreisen, während die Stimme durch die Erinnerungsspuren seines hospitalistischen Bewußtseins hallte, und so rastlos und lebhaft war, wie die Verführungsrealität, die sie repräsentierte.

Drinnen im Gefängnis, auf den Betonfluren und in den kalten, nackten Zellen, hatten Mörder ihn gelehrt, zu töten. Wie das ging. Langsam ging es zu Ende mit den Wildwelt-Punks mit gefärbten Haaren, nietengepanzerten Gürteln, spitzen Schuhen und Purpurakne. Die Evolution war zu einer neuen selbstverliebten Ersatzrevolution fortgeschritten, aber die große Mehrheit war immer noch recht konservativ, wie meine coole, hühnerfickende, religiöse Wenigkeit. Ich kehrte heim in die letzte, alles verzehrende psychotische Episode rollender Realität, und ihr wißt immer noch nicht um die Bedeutung von Sphere. Er hatte gelernt, seinen Wahnsinn zu morden. Er konnte das Spiel bis zum bitteren Ende spielen. Er kannte sich. Er kannte sich nicht. Das Paradox lächelte.

Die Bilder blitzten in goldenen Tropfen auf. Er wird jetzt zu euch sprechen:

Geht ins Zentrum des Sphere. Ich bin das perfekte Egoselbst, das expandiert und kontrahiert, um mich zu schützen und anzugreifen. Ich bin die Zukunft. Ich bin die Vergangenheit, und ihr seid die Rechtschaffenen in euren geordneten, natürlichen Leben. Blickt tief in die hypnotische Sphäre, und hier kommt die Verteidigung eures Egos. Seid ihr ich geworden? Hat es euch groß gemacht, indem es andere klein machte, als ihr euch selbst angegriffen und euch selbst verteidigt habt? Habt ihr den schmerzlichen Haß der Identitätsgefühle gespürt, als er sein Messer in euer universales Karma stieß? Seid ihr auf meine Story reingefallen?

Ich lächelte, als ich die paranoiden Sphären ordnete. Ich lachte innerlich, als meine Religion laut ausrief: »*Unterwerft euch, Normalos, unterwerft euch! Fügt das Puzzle zusammen, und jetzt kennt ihr den Schmerz! Also rebelliert, Narren, rebelliert!*

Ich entspannte das Ego und lächelte. Ja, ist ein Religionstrip, Alter, und indem ich es dir sage, dehne ich die Sphären aus. Wenn du mich anzweifelst, zweifelst du an dir. Jetzt

277

nimmt die Sphäre dein gesamtes Sichtfeld ein, während sie an ihren zugewiesenen Platz rotiert. Teile der Menschheit haben durch den Spiegel gestiert. Ich lächelte über die Welt, als die Kinder miteinander ihre Wortspiele machten. Ich sah ihre Skelette. Ich weiß jetzt, Alter. Wer immer die Worte der Macht kontrolliert, kontrolliert das Spiel; während die Bedeutung des Symbols Sphäre ist, ist das Bewußtsein, das wechselt, deines. Die Rollen sind vertauscht worden. Ich habe lange genug in mein eigenes Bewußtsein geblickt, um es zu wissen. Ich bin verrückt, aber du wirst vergessen. Du mußt vergessen, weil du dich nicht erinnern kannst. Hier ist Schmerz. Hier ist Wiederholung. Du kennst den Sinn von Sphere immer noch nicht. Ich bin in meinen Wahnsinn einge-sperrt, und das Unbedeutende wird bedeutend. Mein kon-trollierter Ärger beherrscht mein Bewußtsein. Ich lebe in der irren Gewißheit, dir wehzutun, weil Sphere das Symbol ist.

46

Du weißt so viel, Mann, aber du weißt verdammt noch mal nicht, wie es ist, eine Frau zu sein.

Magic Star Flower

Du weißt so viel, Frau, aber du weißt verdammt noch mal nicht, wie es ist, ein Mann zu sein. *Sphere*

Zu Hause ließ ich nicht besonders die Sau raus. Ich blieb ganz cool. Der Knast hatte mich gelehrt, es langsam, ganz langsam angehen zu lassen. Nur nichts überstürzen oder zuviel grübeln. Ich hatte drei Monate lang keine Zigarette geraucht und hatte zweieinviertel Jahre lang keine Drogen genommen, und, vom gelegentlichen Knastcocktail abgesehen, war ich die ganze Zeit nüchtern gewesen. Allerdings nahm ich Tranquilizer. Die Tranquilizer machten körperlich abhängig, und ich würde mit Entzugserscheinungen fertigwerden müssen. Trotzdem wollte ich clean, normal und attraktiv sein. Ich wußte, daß ich irgendwann normal gewesen war, und das hielt mich bei der Stange. Irgendwann war ich normal gewesen. Vor Jahren hatte dieser Traum geendet. Ich würde in dieses vergangene Zeitalter zurückkehren und wieder zu Verstand kommen; Tranquilizer waren nur eine Übergangslösung. Ich würde sie nicht mein Leben lang nehmen. Meine paranoide Schizophrenie war nur vorübergehend. Sie war heilbar.

Realitätsflucht. Ich bin mir ganz sicher. Es gab keine Anzeichen von Schizophrenie in meiner Familie, daher war meine

Schizophrenie drogenbedingt. Ein traumatisierter Schizo. Adrenalin und Streß lösten die Halluzinationen und Stimmen und das Ungleichgewicht in meinem Gehirn aus. Solange ich nur genug Modesport trieb und Gelegenheit zu ruhiger Entspannung hatte, würde es mir wunderbar gehen. Das war die Antwort: Sport, Entspannung, gesunde Kost und angenehmes Umfeld. Trotzdem fehlte mir noch etwas. Spheres Leben war leer. Er hatte nichts zu träumen. Hätte er die Pillen, könnte er nun in einen freundlichen Tod scheiden. Er suchte jetzt nach den Träumen des Lebens, und er wußte, wo sie lagen, aber dorthin zu gelangen war eine Reise, die wahrscheinlich über seine Kräfte gehen würde. Er mußte wieder Liebe finden, aber es war sein biologisches Erbe, für seine Sexspiele mit Kindern gehaßt zu werden.

Vielleicht konnte er ewigen Sinn oder nur einen Übergangssinn finden, und das war alles, was er jetzt wollte. Sphere hatte keinen Gott. Er brauchte die Liebe zu Gott dem Schöpfer, dem Urheber allen Vergnügens und Schmerzes. Er brauchte ewige Freude. Er mußte Gott entdecken und herausfinden, warum all die Leere. Er mußte Gott schaffen und glauben, aber ihm war kein Glaube geblieben. Er war ein unglücklicher Mann.

Sphere brauchte die Liebe zum Ewigen. Er hatte Fehler gemacht und war gebrandmarkt worden. Sphere wollte Haus und Garten. Das Haus Gottes und den Garten Eden. Er würde ins Gelobte Land einziehen.

Sphere machte der Mellerilentzug zu schaffen. Kopfschmerzen, Depressionen und ständig kalter Schweiß. Es dauerte drei lange, einsame Wochen, in denen Spheres Bewährungshelfer ihn bekniete, die Tranquilizer weiter zu nehmen. Spheres ohnehin angegriffene Gesundheit brach vollends zusammen. Er wurde wahnsinnig und er verbarg die Wahrheit. Er wollte die Klarheit der Wahrnehmung, um die die Tranquilizer sein Leben beraubt hatten. Er konnte seine Gefühle nicht ausleben, also drang er tiefer in seinen Alptraum ein.

Es war zuviel für Sphere. Er liebte seine Bewährungshelferin, die Surrender hieß. Er mußte entkommen, ihren Körper erkunden, aber es gibt kein Entkommen, nachdem sich die Depression in einem Bewußtsein eingenistet hat. Er wußte nur, daß er ihr warmes Lächeln und ihre dynamische Liebe zum Leben liebte. Sie war eine außergewöhnliche Frau, in deren Intelligenz eine innere Verrücktheit aufblitzte. Auch sie war im Leben verletzt worden, und ihre Träume waren zerbrochen, aber dennoch hatte ihre Reife den Stürmen weitaus besser getrotzt als Spheres zerbrechliches Boot. Er war von den Wellen hin und her geworfen worden, während sie fast ihr ganzes Leben lang mit gutem Wind gesegelt war. Sie litt nicht unter den Alpträumen, die Spheres Bewußtsein im Schlaf heimsuchten, bis Alptraum und Realität zu einer dauernden Trance verschwammen. Die Alpträume waren so verrückt, daß der Tag die Erlösung von den buntschillernden Träumen eines flimmernden Projektors brachte. Er sagte die Wahrheit, die er immer sagte, und sie wußte, daß er ein Ausgestoßener war. Niemand konnte Sphere verstehen.

47

Sich an einen Alptraum zu erinnern tut kaum weh.

Baron Wasteland

Baron Wasteland starb an einer Überdosis Pethidin, einem synthetischen Heroin.[53] In seinem Zimmer hing noch das alte Plakat an der Wand: THE SADISTS, A HERO AND HEROIN BAND. Sie legten ihn auf einen Tisch im Leichenschauhaus und nahmen eine Autopsie vor. Sie schnitten ihn auf, um zu sehen, was in ihm war, aber ich glaube nicht, daß sie viel fanden. Mittlerweile war sein Körper schon ein Klumpen Scheiße. Es gab ein Begräbnis mit weinenden Verwandten und der vollends bedröhnten Drogenfamilie. Sein Fehler war, daß er sich zumachte und sich von anderen vollquatschen ließ, aber seine letzten Worte waren so klar und eindeutig. Er sagte: »Rainbow ist in mir. Ich bin ewig. Sphere, du bist Elysium. Ich sah, wie du sie wurdest, als wir alle eins wurden. Am Ende sind Leben und Tod nur Worte.«

Ich sah ihn am Tag vor seinen Tod. Er war süchtig, und das einzige Mittel gegen die Schmerzen war der nächste Schuß. Also starb er. Ein Junkie ist tot. Er starb in den Drogenkriegen, in denen der Mensch nach Utopie suchte. Er war ein Mann, der sich Heroin drückte und es legalisiert wissen wollte. Wir waren zusammen auf Trip gegangen, zusammen aufgewachsen und hatten einander nach Überdosen vor Schmerzen fast eingehen sehen. Wir hatten uns zusammen besoffen, wenn an nichts anderes ranzukommen war, und unsere wunderschönen Junkiebräute geliebt. Wir hatten alles zusammen erlebt, Alter. Es kam mir wie gestern vor, daß wir uns in den Slums im Entzugskoma krümmten. Er war ein Mann, der täglich mit dem Tod lebte, und der war so lange sein treuer, chemischer Begleiter gewesen, daß Wasteland vergessen hatte, daß wir eines Tages aus diesem Dreckloch in die frische Luft treten würden. Ja, wir alle hatten ihn umgebracht. Tod war seine endgültige Erlösung.

Seine Mutter nahm sein Plakat ab, sammelte die Spritzen ein und warf sie in den Müll. Ich zog mich zusammen, zerfiel wieder und sagte: »Ich wollte, daß er starb, und er starb. Ich wollte, daß Rainbow stirbt, und sie starb. Ich bin ein Mann, der anderen zu sterben gebieten kann, aber ich werde den alten Scheißkerl vermissen, weil er mir in unserem kleinen Spiel einen guten Kampf geliefert hat. Wissen Sie, wie gerne er Monopoly spielte?«

Sie fuhr mich an: »Du hast ihn umgebracht, oder nicht?«

Ich lächelte und sagte: »Ja, habe ich, und Sie haben auch ganze Arbeit dabei geleistet, ihm die Spritze in den Arm zu jagen. Wir sind eine Bande beschissener Bewußtseinskiller. Baron war der Coolste von uns allen. Ich habe ein wahnsinniges Spiel mit ihm gespielt und mein Bewußtsein benutzt, um ihn umzubringen, weil Tod für mich eine Art Statussymbol ist.«

48

Ich bin mit Angst großgeworden, aber jetzt habt ihr keine Macht über mich. Habe ich euch schon von den Spinnen erzählt?

Sphere

Baron Wasteland tot.

Betrunken in meinem Zimmer.

Mehr und mehr schleichender Krieg. Wie lange hält sich diese Mentalität, bis ich Waffe, Flasche und Penis sinken lasse und mich ergebe? Der Krieg wird seit Urzeiten ausgetragen. Ich bin ein Mensch und alles, was ihr verabscheut. Ich bin schizophren. Soweit ich verstanden habe, sind selbst die häßlichsten Frauen manchmal narzißtisch und alle männlichen Tiere masturbieren. Ich bin ein Widerspruch in sich. Ich bin schwach und ängstlich und auch stark und mutig. Vor so vielen Jahre wurde ich, was ich bin. Geboren wurde ich als Baby, das schiß, pißte, lächelte und lachte, wenn meine Mutter mich badete und parfümierte, bis ich wurde, was ich bin. Ein Stück Seidenpapier aus Hartplastik.

Ich bin ein Mann, der animalische Geist aus derselben Keimzelle wie das Weib, die parasitische, meckernde Menstruiererin. Wir beide, Mann und Frau, beglücken die Welt mit unserer herrlich düngenden Scheiße. Wir ficken und schaffen religiöse Abbilder von uns selbst. Wir schwitzen, und die Ausdünstungen unserer Genitalien schwängern den Raum mit ranzigem, fauligem, verwesendem Müll. Wir modern und füllen die Friedhöfe. Wir sind die Kotze des Universums, die Kinder des elektrischen Acid. Gedemütigt, werden wir von einer Macht gequält und zum Wahnsinn getrieben, die keine Gnade zeigt, während sie ohne Unterschied die Kinder der Furcht schlachtet, die sich fortpflanzen und fortpflanzen.

Ich bin gekommen, um es euch zu sagen, weil ich langweilig betrunken bin. Der animalische Geist lebt in mir und um mich. Ich muß glauben, daß ich ein durchgeistigtes Tier bin. Mein Bewußtsein ist voller Phantasie. Ich gebe euch meinen durchgeistigten Tiertraum, weil das alles ist, womit ich euch amüsieren kann, bis die Zeit der geistigen Gesundheit kommt.

Durchgeistigte Tiere, ich erinnere mich an die Liebe und den Haß des unbedeutenden Spermakeims, der zu dir heranwuchs und schließlich ich wurde. Ich bin aus dem Abgrund gekrochen. Ich bin ein bösartiger Killer. Ich bin ein Monster, das nicht den Mumm hat, auf eigenen Beinen zu stehen.

Weiber sind unheimlich.

Ich glaube an Liebe und Haß. Ich glaube, daß die beiden Realitäten Seite an Seite existieren, und sie sind kompatibel, aber nicht kompatibel. Ich bin ein agnostischer christlich-kommunistischer Neurotiker, der versucht, seinen Glauben zu bewahren.

Weiber sind Vollidioten.

Ich bin der Anstifter einer neuen Gesellschaft künstlicher Gesetze, die die Unschuldigen binden und beschützen. Ich lebe, um zu erschaffen und zu zerstören. Ich erschaffe Alkoholhalluzinationen. Die Säuferdepression verschlingt mich. Die Sphäre rollte.

Satan und Gott, wißt ihr, wie sehr ich euch hasse, wie sehr ich diesen Planeten hasse, wie ich mich selbst und dieses Buch hasse. Soviel Schmerz könnt ihr nie verstehen. Schmerz, der eure Wahrnehmung und euer Verständnis übersteigt. Schmerz bis an die Grenzen eurer Vorstellungskraft. Schmerz, der nicht mit Worten zu beschreiben ist.

Frau, weißt du, wie es ist, mit neunzehn deine sexuelle Reife zu erreichen und als unreif und nicht als echter Mann angesehen zu werden? Es gibt keine Kompatibilität. Es gibt keine Liebe. Es gibt kein Verständnis. Es gibt keine Gleichheit. Für den Versager gibt es nichts. Es gibt keine Menschlichkeit. Der Mensch ist nicht so labil. Der Mensch ist nicht so schwach. Der Mensch weiß nicht, was ich mit labil sein meine.

Wißt ihr, warum ich betrunken bin? Keine Frau liebte mich. Frauen liebten mich, bis sie herausfanden, daß ich im Inneren durchgeknallt und verkrüppelt war. Kein Gott kam zu meiner Rettung. Keine Frau kam, mich zu lieben. Kein Mann kam, mich zu lehren. Sie alle wollten mich zum Narren halten. Sie alle wollten mehr. Sie wollten mich umbringen, und das taten sie auch, aber ich weiß alles noch. Ich weiß, wie ihr gelogen habt. Ich weiß, wie ihr mich betrogen habt.[54] Ich weiß, wie ihr dem Tod verfallen werdet.

Die Sphäre rollte.

Wir hatten alle unser Buch zu schreiben, unseren Song zu singen, unseren Film zu drehen, unsere Rolle zu spielen, und jetzt kann ich euch narren und Geld, Lob, Macht, Ansehen und allen Sex und alle Liebe erhalten, die ein Mann verdient, aber dieser Filmstar ist tot. Es gibt keinen Helden. Es gibt keine barbarische Kraft. Geld, Lob, Macht, Ruhm oder Sex gibt es nicht. Es gibt nur die Wahrheit, daß ihr mich tretet, wenn ich unten bin. Es gibt keine Moral. Es gibt nur eine surreale Wahrheit, die mein Bewußtsein geschaffen hat.

Sphere rollte.

Der Folterknecht betrat den Raum, und wir standen wie ein Mann.

Der Meister sagte: »Scheißt.«

Wir nahmen Platz, und die Lektion begann, während wir von seiner Kacke gedüngt wurden.

»Heute tun wir alles und tun doch nichts. Scheißt und hört auf die Donnerfürze dieses Planeten. Erde, der Schock, ist ein faulender Zahn. Wenn er verfault ist, wird er gezogen und unter dein Kissen gelegt, und die Zahnfee wird dir Sixpence dafür geben.«

Dafür hätte ich euch gerne eine vernünftige Erklärung geliefert, und es tut mir leid, daß ich keine habe, aber eines Tages wird die Gesellschaft sich einen Reim darauf machen.

Die Sphäre rollte.

Vielleicht lese ich mal die Bibel, aber ich weiß, daß der Anwalt Paulus ein Monopol darauf hat, und ich dachte immer, Petrus sei der Fels, auf den Christus seine Kirche bauen wird. »Saul, Saul, was verfolgst du mich?« (Apostelgeschichte 9;4) Leuten mit Visionen habe ich nie getraut.

Sphere rollte.

Wohin kann ein Mann gehen, Gott, um Frieden zu finden? Ich blies die Kerze aus. Die Gedanken des Telepathen waren zerbrochen. Er schlüpfte in die Stille der Nachtluft und sah zu, wie die Wellen des Dankbaren sich im Glühen des Dämmerbewußtseins ausbreiteten. Er glühte so gerne. Glühte er, so wußte er. Sein Bewußtsein war frei, seinen Interessen nachzugehen, und so beobachtete er sich selbst und dachte an inneren Frieden. Der bittere Nachgeschmack seiner Träume eingeschlossen in ein Buch, das die Leiden der Vergangenheit in Ketten legte. Saul, Saul, warum verfolgst du mich innerlich und äußerlich mit deiner Perfektion?

Sphere rollte.

Die Frau zermalmte mir den Kopf, als sie mich beschneiden ließ, während ich lag und wartete, und so vergiftete ich sie mit dem Haß in mir.

Mensch, hör mich an. Verstehst du dich selbst?

49

Wahnsinn ist wie Schlafengehen. Du liegst auf deinem Bett, und plötzlich bist du eingeschlafen. Dann hast du einen Alptraum, wirst in der Psychiatrie wach und erkennst, daß es nur ein Traum war. *Uncle Cane Toad*

Der Alptraum war wieder da. Surrender, meine Bewährungs-helferin, hatte sich beurlauben lassen, und ich glaubte, das Netzwerk der Sadomasochisten würde wieder aufgebaut. Die Wochen gingen dahin, und dann die Monate, und keine Sur-render. Bei einem wüsten Zusammentreffen mit meinem Ersatzbewährungshelfer war ich drauf und dran, ihn zu töten. Ich kam in erregtem Zustand an, gab ihm die Hand und setzte mich, um zu reden. Ich fing im Sprechzimmer an zu toben, schmiß mit ein paar Aschenbechern um mich und wollte ihn gerade ins Gesicht boxen, als mir klar wurde, daß ich ihn nicht töten würde. Ich würde wieder im Gefängnis landen. Er saß, krampfhaft gegen seine Sessellehne gepreßt, einem Irren mit erhobenen Fäusten gegenüber, der ihm eins vor den Kopf geben wollte. Ich beruhigte mich und atmete tief durch. An den Rest des Gesprächs erinnere ich mich nicht, aber als ich ihn das nächste Mal sah, hatte er einen Aborigine-Body-guard.[55] Diesmal blieb ich ruhig. Die Szene rollte.

Heute betrank ich mich wieder, traf meinen Bewährungs-helfer und tötete beinahe meinen Vater. Es war ein seltsamer Tag. Ich trank und rauchte Dope und hörte mir dabei in Uncle Cane Toads Wohnwagen Popmusik an. Ich fuhr nach Paramatta, um meinen Bewährungshelfer zu treffen. Beim

Fahren hielt ich mich für einen Jetkampfpilot, und ich drehte Loopings um die Ecken, wobei ich fast einen Fußgänger plattfuhr.

Dort angekommen, las ich Zeitschriften, während ich wartete. Wir gingen zu einem netten Plausch ins Sprechzimmer. »Du dreckiger, verkommener Mörder, das ist für den Mord an Surrender!« (Eigentlich war er ein guter Kerl.) Wir standen die Unterredung durch, wobei ich den Eindruck gewann, daß eine Revolution bevorstand.

Dann fuhr ich mit ein paar Flaschen Wein zum Haus meiner Eltern. Er saß mit Ma am Eßtisch, als ich hereinspazierte. Er saß mit dem Rücken zu mir. Ich wählte eine stabile Weinflasche aus der braunen Papiertüte, trat hinter ihn und ließ die Flasche mit aller Kraft zum vernichtenden Schlag herabsausen. Auf dem letzten Zentimeter glitt sie mir durch meine fanatische Wucht aus der schwitzenden Hand, flog über den Tisch und knallte mit einem Bums auf den Boden. Er sah sich entsetzt um. Der Fernseher wurde surreal. Er sah verängstigt aus. Ma sagte, ich solle mich besser hinlegen. Sie hatte den ganzen Vorfall gesehen.

Ich legte mich aufs Bett und wußte, daß es vorbei war. Ich war geisteskrank. Ich würde meine Waffe holen und sie als Brandopfer darbringen. Mein Zorn hatte sich gegen einen anderen als mich selbst gerichtet. Die Szene rollte.

Mutter Unser, die du bist im Himmel
Geheiligt werde Dein Name
Dein Reich komme
Dein Wille geschehe
Wie im Himmel, so auch auf Erden
Unser täglich' Brot gib uns heute
Und vergib uns unsere Schuld
Wie auch wir vergeben unseren Schuldigern
Denn Dein ist das Reich und die Kraft und die Herrlichkeit.

50

Jesus ist cool. *Uncle Cane Toad*

Der Traum sprach zu Sphere, dem Judas Jonas: *Alles Flei-*
sches Ende ist vor mich gekommen; denn die Erde ist voll Fre-
vels von ihnen. Dich werde ich verderben. Mache dir eine
Arche für alle Kinder, die ohne Grausamkeit sind. Noch ken-
nen sie die Wahrheit nicht. Ich werde einen Holocaust brin-
gen auf Erden, um alles zu verderben, darin ein lebendiger
Odem ist. Alles, was auf Erden ist, soll untergehen. Aber mit
dir will ich einen Bund schließen. Du sollst in die Arche tun je
ein Männlein und Weiblein von allen Tieren und allen
Vögeln sanfter Art, daß sie leben bleiben. Nimm allerlei Nah-
rung für sie mit dir. Sphere, der Judas Jonas, schrieb alles mit,
was Der Traum befahl.

Der Alptraum rollte.

Aus allerlei reinen Tieren nimm zu dir je sieben, das Männ-
lein und sein Weiblein, von den unreinen Tieren aber keins.
Desgleichen von den Vögeln und Früchten und Blumen, die
du in deinem Garten haben willst, auf daß Same von jedem
sanften Tier und Vogel lebendig bleibe auf dem ganzen Erd-
boden, daß sie sich fortpflanzen. Denn von nun an will ich
regnen lassen auf Erden vierzig Tage und vierzig Nächte und
vertilgen vom Erdboden alles, was Wesen hat, was ich
gemacht habe. Sphere schrieb alles mit, was Der Traum befahl.

Der Alptraum rollte.

Nimm zu dir in die Arche alle die Bücher und die Musik der Wahrheit, aber laß die Bücher und die Musik der Lügner und Betrüger dieser Welt. Die Bibliothek muß extensiv und intensiv sein, auf daß kein Wissen verloren gehe, und wenn ihr aus der Arche geht, übt euch nicht in den Künsten des Turmes zu Babel, wie man Atome spaltet oder Raketen in die Tiefen des Alls schickt. Die Künste, in denen ihr euch übt, sollen sanft sein, und ihr müßt glücklich sein und euch eures Handwerks freuen. Dies ist der Anfang und das Ende von Eden.

Der Alptraum rollte.

Nimm zu dir in die Arche alle Eltern, die weise sind in der Erziehung der Welt. Nimm zu dir in die Arche die ganze Gemeinde, die die Arche erbaute, denn auch sie müssen teilhaben an ihrer Erlösung, die der Geist des Herrn ihnen offenbart hat.

Der Alptraum rollte.

Ich bin Sphere. Ich komme aus dem Land, das zerstört wurde. Die Erde ist bedeckt. Der Leichenacker ist entweiht. Der Tempel flammt von Licht. Die Kinder fürchten den aufziehenden Sturm. Ich komme aus der Wüste, wo keine Blumen wachsen, außer zur Zeit des Sommerregens. Der brennende Sommerschmerz des Universums bricht sich in Regentropfen, der an einer Blume hängt, in der glasklaren Transparenz dieser Wüste, die sie Never Never nennen.

Ich bin der Reise meines Lebens müde, aber bald wird sie vorüber sein. Wenn die Blätter fallen, weiß ich, daß der Winter nahe ist. All diese Dinge, die ich sehe. Der Frost bedeckt das dürre Gras. Die Vögel sind aus den Bergen heruntergekommen. Die Blätter fallen. Die Zikaden sind verschwunden. Ich trage einen Mantel, um mich in den kürzer werdenden Tagen warm zu halten. Ich zittere in Furcht vor dem Winter, denn ich weiß, es wird der letzte Winter werden. Der letzte Winter, in dem mein Bewußtsein ausgelöscht und in die Ewigkeit Musrevinus versprengt wird.[56] Wenn der feurige Glutofen der Sonne zurückkehrt und auf Stadt und Land des Neutronenzeitalters fällt wie ein Stern. Der Tod wird süß sein wie die Orangen aus Riverina.[57] Mein Bewußtsein ist vom Schock der Grausamkeit angeschlagen, die mein Volk praktiziert. Ihr Ritual ist fast gekommen. Der Krieg ist nahe.

Warum wurde ich auserwählt, das Buch zu schreiben? Ich, der ich Sünder, Heuchler und Heide bin. Der Herr sah meine damalige romantische Phantasie, und was er sah, gefiel ihm wohl, da sandte er mir in meiner träumenden Kindheit eine Vision. Die Vision war eine Arche, und in der Arche waren Kinder; die Kinder des letzten Zeitalters, deren Unschuld Gott wohlgefällig war. Die Kinder sahen durch das Fenster den Winter, der die Welt einfror, während die Wissenschaftler ihnen Geschichten von Liebe und Glück erzählten.

Er sagte: »Glück ist Chemie. Die richtigen Nährstoffe. Glück ist in deinem Herzen, wenn du liebst. Glück ist eine freundliche und schöne Umwelt.« Die Augen des Wissenschaftlers leuchteten, und er brannte darauf, die nächste Geschichte zu erzählen. »Fragt ihr mich, was Liebe ist? Liebe ist eine chemische Reaktion, die in einem Organismus auftritt und ihn zur Paarung bereit macht, damit die Kindlein, wenn sie geboren werden, durch Maximalfunktion des Organismus behütet und umsorgt werden.« Cobber, der Evolutionsgläubige, lächelte.[58]

Der Alptraum rollte.

Er sprach wieder: »Der Mensch hat seine Selbstzerstörung geschaffen. Ihr seht, wie der Mensch lebt und stirbt. Er verbreitete Wahrheit und Lügen. Er ist programmiert, zu erschaffen und wieder zu zerstören, um die Evolution fortzuführen. Er erfüllt eine Prophezeiung. Er hat seinen Zweck erfüllt und mordet und quält nun in seinem Überlebenskampf seine Brüder in irrendem Wahnsinn. Die Wahrheit wurde im letzten Zeitalter verworfen, und an ihre Stelle traten die eigensüchtigen Götzen Lust, Gier, Stolz, Macht und Eifersucht. Die Menschen wollten, was sie nicht haben konnten. Sie hatten das Leben, und sie wollten auch noch den Tod. Sie erbauten den Tod.«

Ich, Sphere, der Judas Jonas, Wächter des Musrevinu, werde alles wiederholen, das der Meister mir gesagt hat. Liebet den Herrn, sprecht jeden Tag zu ihm. Ich liebe dich, oh Herr. Liebe deinen Nächsten. Sag ihnen jeden Tag: Ich liebe dich. Liebe dich selbst. Liebe das Leben. Sag dir jeden Tag: Ich liebe euch alle, und spür deine eigene Liebe. Laß Liebe nicht zu einem leeren Wort werden, laß sie zu einem lebendigen Gefühl werden, das zur Erfüllung des Glücks aufblüht. Sieh immer das Gute und sei blind für das Schlechte.

Der Alptraum rollte.

»Umgib dich mit deiner eigenen Handwerkskunst. Kleide dich in die Kluft des Arbeitsmannes, denn du bist Diener der Erde und des Herrn, dem die Erde untertan ist, unseres gütigen Schöpfers, der uns unsere Freiheit geschenkt hat. Schäme dich nicht, nackt zu gehen, wenn du in der Öffentlichkeit badest, denn König Salomon war nicht gekleidet wie du es bist. Du bist in naturalistische Schönheit gekleidet, die sich im Musrevinu entwickelte. Bewahre Wärme in deinem

Herzen. Bewahr dir Liebe und Lachen in deinem Geist, der frei ist, das Abenteuer zu genießen, das sich im Musrevinu entwickelt. Sei du selbst, bis du von den Ältesten gezüchtigt wirst, denn du weißt nichts, bis du siehst. Fürchte dich nie, zu sehen, denn wenn du deine Augen schließt, wirst du in die Grube fallen, wie die Blinden des letzten Zeitalters.

Die Führer des letzten Zeitalters sind falsche Propheten. Die falschen Propheten brachten Feuer vom Himmel und betrogen so die Bewohner der Welt. Der wahre Prophet ging nach Hollywood und befahl ihnen, ihre Waffen zu zerstören und so die sinnlose Gewalt aufzugeben. Ich warne jeden feierlich, der die prophetischen Worte dieses Buchs hört, daß Gott seiner Strafe die in diesem Buch beschriebenen Plagen hinzufügen wird, und sie werden im Schmerz baden und werden nicht teilhaben am Baum der Ewigkeit, der im Garten unseres Gottes wächst.«

»Möge die Liebe immer mit euch sein.«

Der Alptraum rollte.

»Denkt daran, vermehrt euch nicht wie die Insekten und Tiere. Die Lustmenschen spielten ihr Gottspiel, und weil sie sich selbst so sehr liebten, schufen sie so viele Abbilder von sich, wie sie konnten. In ihrer Fortpflanzung hielten sie sich für Götter. Sie besitzen nicht die einfachsten mathematischen Kenntnisse. Sie wissen schon, aber sie wollen noch mehr. Ignorante Schweine, sie wollten mehr und mehr, und das führte zu Rivalität und Krieg und Krieg. Sie wollten Gott sein, und sie zahlten es ihren Schöpfungen heim, indem sie sie mordeten in ihrem egozentrischen Wahnsinn. Sexualität ist funkelnde Brillanten.

Sie quälten die Schwachen. Sie gratulierten den Siegern. Ihre Religionen waren Heuchelei. Ihre Führer waren Heuchler. Sie glaubten an Perfektion und wußten, daß sie unmöglich war. Sie betrogen und logen und haßten, aber sie standen nicht zu ihren menschlichen Schwächen. Sie waren Eiferer, die glaubten, im Besitz der Wahrheit zu sein, wo sie nur ihre eigene Wahrheit kannten. Die Menschen des letzten Zeitalters waren aufdringlich ignorant in ihrer selbstgerechten Unvollkommenheit.«

Nach einer kurzen Pause sprach Cobber, der Evolutionsgläubige, wieder. »Wir haben die Bibel geschrieben. Es ist ein Buch mit Geschichten der Weisheit und Liebe, und kein Geschichtsunterricht über das Scheitern der Menschheit. Es ist jetzt wahrhaft ein Buch der Wahrheit, Weisheit und Liebe.

Ins Bett mit euch, Kinder, und träumt was Schönes. Die Verrückten sind fort. Gute Nacht, Kinder.« Er ging alleine von dannen, murmelte: »Das ganze Erziehungssystem ist ein kapitalistisches Komplott. Ich werde die Kinder erziehen, sie selbst zu werden, ihre Lehrer und ihre Gesellschaft, und erklären, daß Arbeit ihre Geliebte ist.«

Der Alptraum rollte.

Der halluzinogene Traum blühte auf zu nuklearer, sexueller Erfüllung in Extase, während die Sexjuwelen, in die Weite der Natur hinausgeschleudert, in köstlichen Freuden der Sinneslust schwebten. Es stand wahrlich geschrieben, daß Gott der Frau das Gebären schmerzhaft machen und die Frau doch immer nach dem Mann verlangen und ihm untertan sein würde, und der Mann Tag für Tag arbeiten und Dornen und Disteln ernten würde. Auf dem Acker liegt ein Fluch, dem Mann und Frau nicht entfliehen können.

Der Evolutionsgläubige sprach ein stummes Gebet und teilte sein Herz mit Gott. Er freute sich des Lebens.

51

**Die kleinen Plastikträume, ohne Empfindung,
Gefühl oder Begehren.** *Magic Star Flower*

Magic Star Flower sagte: »Wir haben einen Freund zu Ihnen gebracht, Abraxas.«

Abraxas sagte: »Wirst du je zu Verstand kommen und brav deine Tranquilizer nehmen, Sphere?« Er wies mich ins Irrenhaus ein. Ich hatte ein neues Geheimnis. Ich hatte zu töten versucht.

Der Alptraum rollte.

Das alte Irrenhaus mit seiner Handvoll Pillen und nackt durch die Flure rennen. In der Gruppentherapie erzählte ich ihnen weiter, ich sei ein Kinderschänder, aber das kümmerte sie nicht. Sie sagten mir, ich sei sexbesessen. Ich bumste meine neue Frau und trank Rum und Cola auf dem Balkon. Ich ging betrunken im Fluß schwimmen und wurde zu den Korsakoff-Fällen gesteckt. [59]

Kennt ihr den Trip eines paranoid-schizophrenen Drogen- und Alkoholkonsumenten? Der Trip sind die Gedanken, die furchtsam davonschnellen, gleich unterhalb der Bewußtseinsschwelle, Gedanken, die ich nicht eingestehen will. Sie geißeln und piesacken mich, bis sie an die Oberfläche kommen. Sie werden nie ausgesprochen, und sie lassen sich nicht unterdrücken. Ich weiß nicht. Es sind Gedanken. Ich erröte, ich zittere, ich bin homosexuell, ich bin ein Pädophiler. Ich fürchte mich, diese Gefühle auszudrücken. Sie sind die Stimmen der Schuld. Sie sind die Worte, die ich niemals jemanden hören lasse. Die Wahrheit läßt sich nicht ausdrücken. Es ist das Land des Id. Einige psychiatrische Fälle verbringen ihr ganzes Leben mit diesen Gedanken, aber ich wußte, wie ich sie mir vom Hals schaffen konnte. Ich redete sie tot. Ich sprach aus, was ich dachte. Ich hörte und erinnerte mich.

Der Alptraum rollte.

Wenn mir Abraxas nur die Kriterien für meine Diagnose erklären würde, aber Psychiater werden müde, sich zu wiederholen, darum ist Geheimniskrämerei bei ihnen eine Berufskrankheit. Abraxas ließ mich in der Gruppentherapie mit dem Kricketschläger in ein Kissen hauen. Ich schrie bis zur Erschöpfung. Es war die beste Therapie, die ich je hatte. Ich drosch einfach mit einem Plastikschläger aufs Kissen ein und schrie und schrie.

Der Alptraum rollte.

52

Mein Traum ist ein Alptraum. *Sphere*

Eines Tages war sie da: Elysium Dream, mit einem jungen Mädchen. Sie lächelte und sagte: »Hallo, Sphere. Magic hat mir erzählt, was passiert ist. Sie hat mir geschrieben und mir gesagt, daß du hier bist. Ich habe deine Briefe nie erhalten, Sphere, und ich wartete so lange mit Männern, die ich für dich hielt. Du hast mir nie wehgetan, Sphere, und du hast immer versucht, mich glücklich zu machen. Du bist ein lieber Mann. Komm heim. Du hast eine Tochter, die du nie gesehen hast. Der Krieg ist vorbei. Ich möchte dir Euthanasia vorstellen. Ihr voller Name ist Euthanasia Dream Flower.«

»Hallo, Hübsche. Ich bin dein Alter.« Sie schloß mich in ihre Arme. Wir sprachen über die Zukunft.

»Dein wichtigster Lebenszweck ist jetzt, die Menschen mit deiner Angepaßtheit zu beeindrucken. Spiel für das Publikum. Verkauf dich mir, ich liebe dich.«

»Ich werde mich nicht verkaufen. Elysium, ich wollte alles richtig machen, aber ich habe mein Leben ruiniert. Ich will, daß du meine Alpträume von mir nimmst.«

»Du mußt mir alles sagen.«

»Das muß ich nicht. Ein Mann braucht etwas, das nur ihm gehört und niemandem sonst. Vielleicht wird ein besserer Mann dir alles erzählen, aber nicht ich.«

»Was würde Siegmund Freud dazu sagen?«

»Der ist doch abgemeldet.«

»Aber du hast es nicht vergessen, oder?«

»Okay, wie wär's denn mit freudscher Analfixierung? Früher hab ich mit meinem besten Kumpel bei uns im Grünen Arschlochgucken gespielt, ehe ich zur Schule ging. Ich nehme an, das macht mich zu einer großzügigen Persönlichkeit. Ich bin ein Arschloch.«

»Sonst noch irgendwelche Komplexe, du kleiner Scheißer?«

»Ja, ich masturbiere immer noch auf Genitalien von kleinen Jungen und Mädchen und Tieren, Vaginas, Penisse, Scrotums und Brüste. Das ist das, woran ich denke. Freud zufolge muß ich eine phallische Persönlichkeit haben. Irgendwo las ich, daß die Frau das einzige Tier mit Klitoris ist. Eine wenig bekannte Tatsache. Ich wäre einfach zu gerne impotent.«

»Sonst noch was? Ich verurteile dich nicht«, sagte sie, »aber ich dachte, der Pimmel hätte sich aus der Klitoris entwickelt?«

»Das erste Mal masturbiert habe ich in der letzten Bank im Klassenzimmer.«

»Okay, sonst noch was?«

»Nein. Hat dich das glücklich gemacht? Das hab ich alles in der Gruppentherapie schonmal erzählt, aber wenn du dich je vor anderen über mich lustig machst, lege ich dich um wie nichts!«

»Klingt nach einer prima Ausrede fürs Verrücktsein. Alles nur Sexprobleme?«

»Ich weiß nicht. Gibt es freilebende schizophrene Tiere? Ich frage mich, ob der Alptraum des Lebens die Ursache der Schizophrenie ist? Ich weiß nicht.«

Der Traum rollte.

53

Mein Buch ist, was ihr daraus macht. *Sphere*

»Wirst du jemals der Hölle entkommen, Sphere?« fragte Abraxas.

»Ich weiß nicht. Die Sphäre ist Symbol. Wenn die letzte Sphäre, die Sonne, die Erde an den zugewiesenen Platz rollt, werdet ihr alle Tage eures Lebens vor euren Augen sehen. Ihr werdet aus der Prägung erwachen. Wenn ihr mich zum letzten Mal gesehen habt. Wenn ihr den letzten Guru seht, die Perfektion und das Böse zum letzten Mal seht. Die letzte Stimme des Wahnsinns. Wenn jede Bewegung aus mir weicht, werdet ihr Frieden haben.«

Elysium trat mit Euthanasia in den Raum. Der Organisator durchquerte das Zimmer und lächelte das Kind an. Sie blickte durchs Fenster auf die Marihuanapflanzen im Garten. Der Mentor sah Abraxas an.

»Ich habe zum Glück gefunden. Ich habe das Gift aufgegeben, und für mich ist der Alptraum vorüber. Das Symbol ist zerbrochen. Sehen Sie, ich suchte nach einem Ort ewiger Glückseligkeit, aber ich fand ihn auf dieser Welt nicht. Hier ist er nur ein flüchtiger Traum vom ewigen Frieden. Ich mußte den Traum von Elysium gehen lassen, um sie selbst zu werden. Ich wollte Realität, und dann fand ich heraus, daß ich in dieser Realität gefangen war. Ich mußte das Leben loslassen. Ich bin ein Computer. Ich bin ein Mann.«

»Und wie bleibst du bei Verstand?« fragte Abraxas.

»Ich trainiere und exorziere mein Bewußtsein. Ich drücke aus, wer ich bin. Ich lebe in einer Welt der Verwirrung.«

»Und was wirst du dagegen tun?«

»Ich werde nichts tun. Ich gehe aufs Land, um zu werden, wer ich bin. Sehen Sie, viele der Geisteskranken wollten es so. Jetzt will ich die Wahrheit, aber nicht die Wahrheit der Sadisten, die Wahrheit des Universums. Eines Tages spreche ich womöglich sogar die Wahrheit aus. Ich habe eine Frau gefunden, und ich werde die Slums der Stadt verlassen, um bei ihr zu sein. Ich bin kein guter Mann. Ich bin der, der mir zu sein bestimmt ist. Ich habe nicht ein Ding verändert. Abraxas, wir haben gemeinsam eine Menge durchgemacht, und es tut mir leid, wenn ich ein faselnder Narr bin. Ich kenne Schmerz und Unterdrückung. Ich wollte der Welt sagen, wer ich bin. Ich bin ein Mentor.«

Wir gaben uns die Hand.

»Du schwitzt immer noch. Du bist immer noch ängstlich, immer noch paranoid.«

»Ich bin geistig gesund.«

»Wenn du geistig gesund bist, muß ich dir die Rente streichen.«

»Doc, seien Sie gnädig. Ich bin übergeschnappt. Überaus übergeschnappt.«

Das Spiel rollte.

54

Warum habe ich meine Herrlichkeit niedergerissen? Warum reißt ihr mein Wissen nieder, wenn ich kein besseres Haus habe, das ich beziehen kann?

Mein Mentor. Mein Lehrer.

In der psychiatrischen Klinik unterhielt ich mich mit Abraxas.

»Ich lese dein Buch. Warum hast du gesagt, Elysium sei zurückgekommen, obwohl sie das nicht ist?«

»Ich habe sie in der Kommune besucht und gesehen, daß das Kind nicht von mir ist.«

»Warum dem Wahn dann nachgeben?«

»Ich wollte ein Happyend für das Buch, aber es haute so nicht hin. Es ist ein wertloses Buch. Es leistet nichts weiter, als ein Randpublikum zu unterhalten. Es ist eine Niete über eine Niete. Ich wollte ein langes Happyend.«

»Das Leben ist nicht so«, erklärte Abraxas. »Man hat immer Rechnungen zu bezahlen, Teller zu spülen, kranke Kinder zu versorgen und den Lebensunterhalt zu verdienen, und wenn du das verstehst, dann ist das alles, was irgend jemand leisten kann. Das Leben hat kein Happyend. Es gibt immer gute und schlechte Zeiten. Deine schlechten Zeiten waren schlimmer als die der meisten anderen. Das habe ich deinem Buch entnommen, aber es klingt, als hätte es auch reichlich gute Zeiten gegeben. Versuch das zu verstehen, du bist ein paranoider Schizophrener und hattest trotzdem den Mut, ein Buch zu schreiben. Du weißt nicht alles. Du hast in einem romantischen Alptraum gelebt.«

»Das Buch ist ein Schwindel, Abraxas. Ich war ein Mann, der eine Antwort suchte, und immer entglitt mir die Antwort. Elysium und ich waren nur drei Wochen zusammen, aber es schien wie eine Ewigkeit. Sie war eine Frau, die ein Kind wollte, und ich hätte der Vater sein können, aber ich kam mit dem Trip nicht klar. Mein Leben ist die Hölle gewesen. Ich erinnerte mich, wie die Kugeln durch meinen Kopf rollten und durch das Acid wurde ich der Erfinder des Rock and Roll. Was den Rest der Personen angeht, überlasse ich es Ihnen. Wir waren nur kleine Drogendealer, aber große Drogenkonsumenten. Ich habe in meinem Leben nur zehnmal Heroin gedrückt, aber ich hab mindestens fünf Kilo meines Lebens verraucht. Einiges von dem Grass war so stark wie Acid. Wir haben nie miteinander geredet, sondern Musik gehört und unsere Lieblingsdrogen genommen. Ich habe nie geredet, weil ich Angst hatte, meine Freunde würden hinter mein Geheimnis kommen, daß ich ein Pädophiler bin. Der Rest des Buchs ist eine echte Mischung von Freunden. Nach zehn Jahren habe ich Elysium endlich wiedergesehen, und sie ist von den Drogen runter. Sie lebt in einer Kommune. Wir unterhielten uns, und ich entdeckte, daß Euthanasia nicht meine Tochter ist. Sie war mein Hirngespinst. Euthanasia hatte ein rotes Geburtsmal im Gesicht, wegen der Drogen, die Elysium während ihrer Schwangerschaft genommen hat. Unrecht, ich hatte Unrecht, immer Unrecht. Ich liebte sie, und sie fickte mit jedem. Ich brauchte sie mehr als sie mich brauchte.

Es ist ein Buch über die Dinge, die ein Mann sich nicht eingestehen konnte, aber, einmal eingestanden, verblaßte die Bedeutung zu Bedeutungslosigkeit. Es handelt von der Bedeutung eines Worts, Sphäre, das nichts bedeutet, Null oder Vollkommenheit. Ich wollte einen Grund zu leben, also erfand ich einen Grund. Mittlerweile ist alles klar, solange ich meine Tranquilizer nehme. Marihuana läßt mich vor Nervosität kotzen, genau wie Kaffee, Zigaretten und Alkohol. Übrigens habe ich versucht, meinen Vater zu töten. Ich drehte durch und dachte, er hätte die Welt vor mir regiert und den Zweiten Weltkrieg ausgelöst, und daß mein Großvater den Ersten Weltkrieg ausgelöst hätte. Ich bin nicht so ein Narr, wie Sie glauben – oder ein größerer Narr, als sie merken.«

»Freud wäre stolz auf dich«, antwortete Abraxas. »Du hast versucht, deinen Vater zu töten?«

»Ja. Ich habe im Gefängnis töten gelernt. Das Buch ist ein Schrottbuch und kein Buch der Magie. Es ist ein Scheißbuch. Ich schlug nur die Zeit tot, weil ich nicht in der Leere leben konnte. Das Buch ist mein Hobby.«

»Du bist nie bei Verstand gewesen«, sagte Abraxas. »Vollkommenheit gibt es nicht.«

Mein Leben rollte.

»Ich weiß, und der Name der imaginären Tochter ist Euthanasia. Ich will sterben. Ich habe mich selbst vergewaltigt, als ich die Kinder schändete. Ich drehe mich um und um. Die letzte Sphäre ist an ihren zugewiesenen Platz gerollt. Mein letzter Traum ist vorüber. Ich bin manchmal bei Sinnen und manchmal nicht, und jetzt, wo das Buch fertiggestellt ist, werde ich es vergessen. Ich habe der Überhöhung des Buchs nachgegeben, weil ich wirklich glaube, daß ich den Rock and Roll erschaffen habe. Wenn ich nur den romantischen, sexuellen Alptraum loswerden und vergessen könnte.«

»Noch ein kleiner Ratschlag«, sagte Abraxas, »um dir zu helfen, dich auf die Gesellschaft und dich selbst einzustellen. Ändere nichts am Kern des Buchs, denn einige können die Wahrheit schlecht ertragen, und das ist der Grund, daß unsere Welt so ein selbstzufriedenes Drunter und Drüber ist, weil einige sich der Wahrheit stellen können und andere nicht, aber du kennst eine Liebe zur Erde, die wenige praktizieren und realisieren. Du würdest nie an ihrer Zerstörung mitwirken, indem du an Kriegen teilnimmst oder Steuern für die Aufrüstung zahlst. Du hast eingesehen, daß du nicht vollkommen bist, du hast Fehler gemacht und dich zu einem Mann von Persönlichkeit und Charakter entwickelt. Wenn wir geboren werden, weiß keiner von uns etwas, also lernen wir von anderen Menschen. Du hast ihre Moral verworfen, und du hattest recht oder unrecht. Unsere Welt ist im Umbruch, und wir werden uns im Kreis drehen, bis wir die flüchtige Wahrheit kennen und leben. Sadisten sind einfach Menschen, die an sich selbst glauben. Einige sadistische Menschen lassen ihren Zorn an sich selbst aus, und andere sadistische Menschen lassen ihren Zorn an anderen aus. Und du bist ein sehr zorniger Mann.«

»Es ist die Geschichte eines Mannes«, antwortete ich, »und in dem Buch entdeckte ich mein Leben, und vielleicht werde ich im nächsten Buch des Lebens das Glück entdecken.«

»Das Buch ist geisteskrank, aber Jesus wird stolz auf deine Demut und deine Theorie sein.«

»Glauben Sie, daß das Buch irgendein Weltproblem gelöst hat, Abraxas?« fragte ich.

»Nein, es ist deine Wahrheit, und jetzt ist es Teil meiner Wahrheit. Es gibt eine Million Bücher, die niemand liest. Es gibt keine Lösung, wie man die Welt in Harmonie vereint. Die Welt ist verloren, aber du hast dich selbst gerettet. Du bist ein menschliches Wesen, ein Individuum, und nicht dein Bruder oder deine Schwester. Du hast deine Individualität abgesteckt. Niemand ist so schlimm wie du, Sphere. Du hast ihnen ihren Perfektionismustrip schön versaut. Sie werden dich kreuzigen, weil du sie mit der Nase in den Dreck gestoßen hast. Du wirst geächtet werden, aber du bist von Anfang an geächtet gewesen. Die Gesellschaft hat dich nie verstanden, Sphere. Du hast von Anfang an immer außerhalb gestanden. Einer der Unberührbaren. Die Reichen und Rechtschaffenen werden dich immer hassen und verabscheuen, aber der Schwarze und der Krüppel werden sagen: ›Danke für den Tip, und bis dann, Schwachkopf.‹

Ich persönlich bin stolz darauf, einen Mann zu Verstand gebracht zu haben. Ich habe meine eigene Mission. Du bist ein liebenswerter Irrer, Sphere, und wenn du deine elektrische Gitarre und das Rauchen aufgibst, wirst du dein Glück finden.«

»Ich wünschte, die Regierung würde Zigaretten verbieten und Marihuana legalisieren, damit sich alle in Cannabispsychose versetzen können.«

»Warum Leute mit Cannabis irre machen? Sie sind so schon irre genug. Bis zu unserem nächsten Gespräch, und wenn du zu träumen anfängst, nimm einen Schuß Modecate, und daß du mir nicht fixt, junger Mann. Ich kenne dich und deine geilen Begierden. Wenn du erst zu träumen anfängst, ist das nächste Stadium, daß du leidest, und dann weißt du, daß du geistesgestört bist.«

»Ich habe Eisenmangel. Ich mache mir Sorgen, was die Leute von mir denken könnten.«

»Ihr Träumer. In deinem Gehirn herrscht ein chemisches Ungleichgewicht.«

Der sanfte Terrorist trat aus dem Zimmer in die Anarchie seines eigenen Lebens hinaus.

»Warte.«

Ich ging ins Zimmer zurück.

»Sphere, deine letzten Laster sind Alkohol und Zigaretten, und wenn du die aufgibst, wird dein Leben sich ändern. Wenn du das Gefühl hast, dein Leben sei unlenkbar geworden, geh zu den Anonymen Alkoholikern, auch wenn sie dich nicht retten werden. Die Vitamine werden dich nicht retten. Aber dein Herz vielleicht. Vielleicht heißt dieses chemische Ungleichgewicht einfach nur Liebe. Auf Wiedersehen, Sphere.« Und er lächelte.

Das Leben rollte.

55

Binsenweisheit ist die Weisheit der Unschuldigen.

Sphere

Aus der psychiatrischen Klinik entlassen, zog ich mit Terry und Sneak zusammen.

Sneak ging zur RSL, um eine Runde Pool zu spielen.[60] Es war Zeit für seine Tranquilizer. Ich saß im Wohnzimmer unserer Dreizimmerwohnung in Petersham und hatte eine halb ausgetrunkene Flasche Roten vor mir stehen. Gott, ich haßte Petersham mit seinen verwahrlosten Häuserreihen und dem Puff um die Ecke, den ich mir nicht leisten konnte. Die Farbe blätterte von den Wänden, und der Teppich war seit drei Monaten nicht gesaugt worden, im Waschbecken gab es nur kaltes Wasser, und der Kasten im Scheißhaus spülte nicht, und wißt ihr, ich haßte Petersham.

Ich wollte raus und aufs Land und vielleicht dort wieder zu Verstand kommen. Ich steckte mir noch eine Zigarette an und gab mich einem kleinen Tagtraum hin. Ich beherrschte die Welt und löste alle Probleme, konnte aber meine eigenen nicht lösen. Ich lächelte und ließ von dem Traum ab und nahm noch einen Schluck Roten und einen Zug an meiner Zigarette. Meine einzige Erholung in Petersham bestand darin, zu träumen und zu rauchen und zu reden. Unser Dealer war der Besitzer des Hauses, in dem wir lebten, also ging uns nie das Dope zum Rauchen aus. Der Schnapsladen war um die Ecke. Der Puff war um die Ecke. Mein Bewußtsein war beim Teufel. Gott, bitte hol mich raus.

Der Spinner von oben hatte meine indischen Hanfpflanzen aus dem Garten gejätet und seinen Müll da vergraben. Es gab auch noch ein Mädchen und ihre Tochter, auch oben, die ich nie zu sehen bekam und die ich ficken wollte. Eine Bande Fidjianer lebte in der großen Wohnung unten, wo wir gewohnt hatten, ehe Terry in die Psychiatrie verfrachtet wurde, weil er sich ein Babymützchen aufgesetzt hatte.

Als wir zusammen waren, waren wir drei Psychiatriefälle, sie sich aus zwei betreuten psychiatrischen Wohngruppen in die Bude unseres Dealers geflüchtet hatten. In den Wohngruppen hatten sie uns unser ganzes Geld abgeknöpft, und die Betreiber wollten uns im Haus nicht trinken lassen. Aus der Wohngruppe in Richmond waren wir alle wegen Saufen und Rumhuren rausgeflogen, und waren zu Anna gezogen, aber die hatte uns dermaßen bluten lassen, daß wir es uns nicht leisten konnten, zu bechern und Pool zu spielen, und wißt ihr, ich hasse Pool. Wir waren alle kürzlich aus der Psychiatrie entlassen worden und wußten nicht wohin, also taten wir uns zusammen, um das, was von unseren Leben übrig war, in menschenwürdiger Einsamkeit zu verbringen.[61]

Mein Bewährungshelfer sagte, ich hätte den Kopf, um auf die Universität zu gehen. Ich hatte es satt, im Boxclub zu schwitzen und ins Rehabilitationszentrum zu gehen. Im Rehazentrum fragten sie mich einmal, wie sie das Angebot verbessern könnten, und meine Anregung zum Nacktbaden im Swimmingpool kam nicht besonders an. Danach gaben sie mir die Anweisung, entweder meine Tranquilizer zu nehmen oder das Haus zu verlassen. Ich mußte weg und auf die Universität gehen. Mein Onkel und meine Tante waren vor kurzem gestorben und hatten mir 7 500 Dollar in kleinen, unmarkierten Scheinen hinterlassen, ein schnuckliges kleines Vermögen. Ich hatte nie gewußt, daß auf der Welt soviel Geld existierte, und zusammen mit meiner Rente konnte ich damit einen Abschluß machen und mich tatsächlich mit einem intellektuellen Oberlehrergrinsen zur Ruhe setzen.

Ich killte den Roten und ging zu einer Wichspartie ins Schlafzimmer. Danach knipste ich den geklauten Fernseher an und machte es mir vor dem Idiotenkasten mit seinen sauberen Helden und knallharten, bösen Schurken gemütlich. Ich hasse Fernsehen. Ich mag nur Musik. Die wohltuende Stimme des Rock and Roll läßt diesen Hühnerficker wirklich swingen. Ich hörte den ganzen Tag und die halbe Nacht Rock and Roll, und Scheiße, ich konnte nicht genug bekommen. Diese Laura Brannigan hatte eine Stimme, die einen heißen Punkt kitzeln konnte. Mjammammi, ich wollte sie auslecken.

Sneak kam wieder zurück, und ich erzählte ihm, ich würde ausziehen und an die Uni des Jüngsten Gerichts auf dem platten Land gehen.[62] Er sagte: »Klar, Alter.«(Das war alles, was Sneak je sagte, »Klar, Alter«.) Terry wollte sich um Sneak kümmern und ihn mitnehmen, um mit auf seiner Farm zu leben, wenn er die Versicherung für seinen Unfall ausgezahlt bekam, aber jetzt war er wieder in der Psychiatrie.[63] Terry rauchte immer zu viel Dope, bis er weich in der Birne wurde und mit einem Babyhut auf dem Kopf rumlief. Er jagte ein paar Leuten Angst ein, also brachten sie ihn in die Psychiatrie und setzten ihn wieder unter Lithium.

Sneak war kürzlich von seiner Frau geschieden worden, und er erzählte mir, alles, woran er denken könne, seien seine Kinder, zwei Mädchen und ein Junge. Er war einer der sanftesten Menschen, die ich je kennengelernt habe. Seinen Spitznamen hatte er daher bekommen, daß er am Pooltisch so raffiniert war und nichts weiter tat, als im Club und im Pub Pool zu spielen und zu trinken. Wenn wir zusammen waren, kamen wir gut miteinander aus, weil wir gute Jungs waren, die außer ihrer Freundschaft nichts hatten. Die Gesellschaft hatte uns kaltgestellt, aber wir waren goldrichtig und einsame Spitze.

Sneak ging los und brachte sich um, indem er sich im Fluß seiner Heimatstadt ertränkte. Terry verschwand, ohne eine Nachsendeadresse zu hinterlassen, und ich ging auf die Uni des Jüngsten Gerichts.

Die Realität tat sich vor mir auf.

56

Wir existieren, weil andere uns real machen.

Uncle Cane Toad

Die Kids an der Universität waren eine herrliche Bande
Arschlöcher. Die Mehrheit interessierte sich nur für sich
selbst und versuchte Persönlichkeitsmord an jedem, der
nicht über ihre Witze lachte. Ich glaube nicht, daß ich je einen
zynischeren Haufen bösartiger Schweine, die sich selbst
nicht kannten, kennengelernt habe. Ich blieb das Jahr über
stockbesoffen und wurde am Ende des Jahres vom College
geschmissen und bekam gesagt, ich solle nicht zurückkommen. Es gibt nichts Lästigeres als einen Säufer.

Ich fand (im nächsten Jahr) eine Unterkunft in dem an die
Universität angrenzenden Wohnheim und zog mit drei Mos-
lems zusammen. Ein Hindu, ein Buddhist, ein Christ, ein
Kommunist und ein Jude lebten nebenan. Ich war der
Schlimmste im Wohnheim, als einziger Trinker – was nicht
ganz stimmt, weil Islam rauchte, aber er ging Ende des Jahres
ab, und sie alle gönnten sich gelegentlich einen Drink, be-
tranken sich aber nie. Ich wandelte unter den Sieben Leuch-
tern. Den Sieben Kirchen der Offenbarung.

Der Hindu erzählte von seinem Sexleben, und ich glaube
nicht, daß ich je vom Sexleben eines anderen Menschen
hören will, weil das völlig bar jeder liebevollen Emotion ist
und nichts als eitle Prahlerei. Ich war der abartige, ständig
betrunkene Alkoholiker des Wohnheims, bis man mich
überzeugte, daß ich zu den Anonymen Alkoholikern mußte,
und das war der Anfang meiner Genesung. Sie liebten mich
im Wohnheim, und dafür werde ich ewig dankbar sein.

Ich erzählte ihnen von meinem grandiosen Sexleben, und wenn ihr danach je wieder mit euren sexuellen Triumphen hausieren gehen wollt, dann bitte. Mein Sexleben begann in der Pubertät, als ich mir in einer homosexuellen Schule im Lateinunterricht einen runterholte. Ich habe Sexspiele mit einem Jungen und einem Mädchen gemacht. Ich bin aufs Dach unseres Hauses geklettert und habe masturbiert, während ich meine Schwägerin in der Dusche beobachtete. Ich habe drei Katzen – eine männlich, eine weiblich, eine keins von beidem – sexuell mißbraucht. (Katzen steh ich drauf.) Das erste Mal, daß ich Sex mit einer Frau hatte, kam ich dahinter, wie Maria ein Kind empfangen und trotzdem Jungfrau bleiben konnte, und das, meine Exfreunde, ist mein sexuelles Führungszeugnis. Was ihr in Phantasien erlebt, mache ich wahr, also mußte ich schleunigst aus der Stadt verschwinden.

In einer Nacht nahm ich dreißig Cogentinol und in der nächsten Nacht nochmal dreißig.[64] Ich saß an meinem Schreibtisch und hatte einen Traum. Ich machte eine Margarinepizza und legte einen Klecks Margarine auf einen Teller und schob ihn in den Ofen.

Blackout.

Ehe ich mich versah, war die Pizza gar, also holte ich den angebrannten Margarineteller raus und fand, es war die übelste Pizza, die ich je gesehen hatte.

Blackout.

Ich geisterte durchs Wohnheim, und dann betrat ich eine Wohnung und fragte, ob Islam dort wohnte, weil ich wußte, wenn Islam dort wohnte, wohnte ich auch dort. Ehe ich mich versah, stand ich am Straßenrand, und ein Polizist stellte mir Fragen. Ich sagte, ich hätte mich im Hotel betrunken. Sie fragten mich, ob ich mit ihnen kommen würde, und ich sagte okay. Ehe ich mich versah, war ich im Gefängnis auf der Anklagebank und wurde gebeten, meine Taschen zu leeren.

Blackout.

Ich stand ich weiß nicht wie lange da.

Blackout.

Ein Bulle kam an und fragte mich, was ich machen würde, und ich antwortete, ich hätte meine Kippe fallenlassen, dabei hatte ich nicht mal was zu rauchen.

Blackout.

Ich saß im Polizeiwagen, und der Polizist fragte mich, ob ich wüßte, wo das Wohnheim wäre, und ich wies unschuldig in die entgegengesetzte Richtung. Ich wurde von einem stämmigen Universitätsaufseher zum Wohnheim begleitet. Als ich ankam, waren alle auf den Beinen, und der Doktor, Schwestern, Aufseher und Polizisten waren da, und dann Blackout.

Ich erwachte am folgenden Morgen und fand einen seltsamen Beutel im Zimmer, also fragte ich Islam, wo der herkäme. Er sagte mir, ich sei zur Wohnung eines Freundes gegangen und hätte ihn geholt. Ich sagte, ich hätte letzte Nacht einen Traum gehabt, und er sagte, es sei kein Traum gewesen.

57

Der Mensch muß seine eigenen Tempel bauen.

Sphere

Star Ship lag in meinen Armen. »Du kommst mit dreißig an die Universität. Du führst das Ritual Christi weiter, oder?«

»Ja.«

»Wirst du dich mit dreiunddreißig kreuzigen?«

»Ich weiß nicht. Das habe ich schon. Vielleicht gehe ich ohne Nahrung und Wasser in die Wüste. Das habe ich schon mal getan. Ich ging einen Tag lang in die Wüste von Broken Hill hinaus, und am Ende des Tages erreichte ich eine Straße, also schlief ich dort. Am nächsten Tag wanderte ich weiter in die Wüste hinaus, und am Ende des Tages erreichte ich eine andere Straße, also schlief ich dort. Ich ging weiter in die Wüste hinaus und erreichte noch eine Straße und betrachtete das als Zeichen zur Rückkehr, weil die Stimmen schwiegen. Ich hielt eine LKW an und erreichte Sydney fünf Tage später.«

»Hast du wirklich den Rock and Roll erfunden?«

»Ja, das habe ich.«

»Abraxas hält dich für verrückt.«

»Ich weiß; außer Kontrolle, würde er es nennen.«

»Ich bin mir bei dir auch nicht sicher. Vielleicht gibt es noch andere, denen Kugeln und Träume durch den Kopf rollen.«

»Es ist mir egal, ob du mir glaubst. Ich werde weiter reisen und meine Gefühle an die Musiker aussenden. Sie glauben an die Musik. Ich werde Frauen haben, und vielleicht komme ich eines Tages zur Ruhe. Ich will es so. Ich liebe das ruhige Leben, und ich schätze die Musik. Ich bin ein Exzentriker, ein Übergeschnappter.«

»Was ist der nächste Schritt in der Musik, Sphere?«

»Höchstwahrscheinlich moderne christliche Musik, oder universelle Musik, die auf zwei Ebenen funktioniert. Ich weiß nicht. Ich bin Christ geworden, und ich gehe auf die Universität. Die Musik wird folgen. Ich arbeite an einer neuen Wichsergeneration.«

»Du bumst mich und willst Christ sein?«

»Ja. Sexualität und Religion passen nicht zusammen, darum bumse ich dich nicht in der Kirche und moralisiere nicht im Bett. Ich bin sexuell ziemlich aufgeschlossen, und ich weiß, daß ich meine kleine Hormonfabrik nicht zum Stillstand bringe, also versuche ich es nicht. Ich bin also ein Heuchler, aber ich bekomme reichlich Muschis ab, weil ich ein Mann bin, der nicht mehr versucht, ein Heiliger zu sein. Ich bin ein Mann, der die wahren Gedanken und Taten der Menschen kennt. Ich kann aus mir selbst heraus Persönlichkeiten lesen.«

»Wer bist du, Sphere?«

»Ich bin ein Mann, der, wenn er verrückt wird, entweder denkt, daß die Leute meine Gedanken empfangen können, oder ich werde zum religiösen Fanatiker und halte mich für einen Propheten. Ich bin ein Mann, dessen Mutter Gott war. Ich bin ein Mann, der Selbstmord begehen wird, wenn ich keinen inneren Frieden finde. Ich habe abartigen Sex. Ich bin Alkoholiker. Ich bin der Mann, der zu sein mir andere Leute gesagt haben, indem sie mir Gedanken in den Kopf setzten, die ich für meine eigenen hielt. Ich bin die Kulmination von Jahren des Träumens und der Geschichten und Taten. Es macht nichts, wenn du mir nicht glaubst, denn bald wird das alles verblassen. Selbst der Rock and Roll endet. Das Universum endet. Ich gebe den Trip auf, wenn ich den Alkohol aufgebe. Ich bin Alkoholiker, und die Alkoholalpträume werden bald vergehen. In Zukunft mache ich vielleicht

Naturmusik. Die letzten beiden Jahre habe ich mich mit dieser Traummusik befaßt, und ich habe ein paar gute Songs produziert, aber jetzt weiß ich nicht mehr. Das alles wird vorüber gehen, selbst der Schmerz der Alpträume.«

»Was fängst du mit einem Ego wie deinem an, Sphere?«

»Star Ship, Baby, sei cool. Hab ich dir von dem einen Mal erzählt, als ich eine Woche lang von Vitaminpillen gelebt hab? Oder von damals, als ich nach Dubbo getrampt bin und fünf Tage im Hotelzimmer blieb und weder aß noch trank und einen Alptraum hatte, daß die Welt sich, wenn ich sterben würde, in einem Atomkrieg umbringen würde? Was ist mit damals, als ich die Katze mißbrauchte? Die schlechten Zeiten sind vorüber.«

»Du bist verrückt. Du bist letztes Jahr vom College geflogen, weil es der Schulleitung nicht paßte, daß du damals nackt vor dreitausend Leuten beim Sunray Sunday-Konzert erschienen bist. Cobber, der Evolutionsgläubige, hat mir die Bilder gezeigt.«[65]

»Ja, ich war nicht sehr gut getroffen.«

»Was ist mit den Geschichten von damals, als du betrunken in den Speisesaal gekommen bist und den Kellnerinnen deine Nudistenmagazine gezeigt hast? Was ist mit dem einen Mal, als du ihnen deine Unterhosen zu Weihnachten geschenkt hast? Und der Klassiker: wie du während der zwei Wochen der Abschlußprüfungen einen psychotischen Schub hattest und ein Attest bekommen hast, um die Prüfungen verspätet ablegen zu können? Und wie du den Gemeinschaftsraum der Oberstufe aufgebrochen und ihnen den Schnaps weggetrunken hast? Du haßt einfach die Gesellschaft. Du belästigst Frauen sexuell. Dein ganzes Buch ist eine sexuelle Belästigung.«

»Star Ship, Baby, sei cool. Ich hab die Gifte aufgegeben. Ich bin Christ. Ich bin bei den AA. Ich bekomme Invalidenrente. Ich bin Romanautor.«

»Wir bleiben zusammen, bis du in den Sonnenuntergang reitest, eh, Sphere? Und vergessen den Traum?«

»Ja.«

»Sphere, ich kann mich genausogut mit dir auf die faule Haut legen, bis ich meinen Abschluß in Psychologie mache.«

»Du wirst schon sehen. Es wird alles gutgehen. Keine Sorge.«

»Jetzt bin ich besorgt, denn wenn du mir sagst, keine Sorge, dann weiß ich, daß wir Sorgen haben.«

»Ich fange nächstes Jahr mein zweites Semester an der Uni an, und wie ich schon sagte, ich habe das Gift aufgegeben.«

»Gehst du mit mir zum Ball?«

»Du weißt, daß ich alles hasse, was rollt. Die letzte Kugel ist schon an ihren zugewiesenen Platz gerollt.«

»Was mache ich nur mit dir, Sphere?«

»Star Ship, Baby, du weißt, was mir gefällt. Ja, meine kleine Freundin, sollen wir es nochmal machen?«

»Komm nur nicht mit dieser Sexanmache, Sphere.«

»Star Ship, wir haben gerade begonnen, das Universum zu bereisen und können jetzt nicht aufhören.«

»Sphere, Sphere, Sphere, hör mit dem Theaterspielen auf!«

»Ja, reden wir über was Interessantes, Star Ship. Wie geht's deiner Blase? Hast du in letzter Zeit neue Höschen gekauft? Du weißt ja, daß ich auf vorzeitige Ejakulation stehe, weil sie so einfach und befriedigend ist. Ich bin nicht zu erschöpft, um die Freuden der bewußten Kontrolle des Orgasmus zu genießen.«

Star Ship sah mich an und sagte: »Aaaah«, und wenn sie das sagt, weiß ich, daß ihr nicht paßt, was ich gesagt habe. »Dein Buch ist ein krankes Buch von einem kranken Menschen. Es geht immer nur um Sex und Drogen und ekelhafte Träume.«

»Ja, ich weiß, aber es ist die Wahrheit. Ich bin ein sexuelles Wesen. Der Mensch ist das sexbesessenste Tier des Planeten.

Ich war drogenabhängig, und ich habe den Rock and Roll erfunden. Laß mich dir von meinem Leben erzählen. Es gab einmal einen Mann, der sich für den tollsten Mann der Welt hielt, und dann sah er den tollsten Baum und die tollste Blume und die tollste Frau. Sie waren voller Träume, und sie starben nach einem glanzvollen Augenblick. Der Mann schrieb ein Buch, von dem er glaubte, es enthielte die Weisheit der Jahrhunderte, und es waren seine auf Papier gedruckten Gedanken. Aber niemand hörte hin, weil sie ihn für einen Narren hielten. Das Buch war sein Leben, und er sah sein Spiegelbild und wußte, daß er nicht der tollste Mann, sondern ein alberner Exzentriker war. Die Jugend war dahin, und er war nur ein schmutziger, alter Mann unter vielen. Tu nicht so, Baby. Er sah die Wahrheit. Er war nicht Jesus Christus, sondern ein Gescheiterter von vielen. Am Ende scheitern wir alle.«

58

**Männer brauchen Frauen mehr als
Frauen Männer brauchen.**   *Abraxas*

Ich klopfte an die Tür von Abraxas' Praxis. [66] Eine Stimme sagte: »Herein.«

Ich trat ein. Ich hatte ein Gespräch mit ihm vereinbart. Ich bat ihn, sich zu entspannen und frei zu assoziieren. »Was halten Sie von mir, Abraxas?«

Er antwortete: »Ich finde dich interessant, wie die meisten Patienten. Ich brauche auch Abwechslung. Psychiatriepatienten sind wie normale Menschen auch. Manche sind Scheißer, und manche mag ich.«

»Was halten Sie von Religion?«

»Religion ist sehr effektiv, verursacht aber bei einigen Menschen Unbehagen. Ich habe eine forschende Veranlagung, also bin ich Agnostiker.«

»Was halten Sie von Sex?«

»Sex ist fantastisch, aber an junge Leute verschwendet. Sie verdrängen ihre Sexualität, weil sie so überwältigend für sie ist, aber wenn sie älter und ruhiger werden, genießen sie sie.«

»Was halten Sie von Sport?«

»Organisierter Sport ist Zeitverschwendung, aber spielende Kinder haben eine Menge für sich. Ich mag individuellen Sport, weil er gut für Fitness und Selbstwertgefühl ist.«

»Was halten Sie von Politikern?«

»Sie sind clevere Jungs, und ich bewundere sie für ihre Fähigkeit, einen Job zu erledigen, aber unglücklicherweise sind sie kurzsichtig.«

»Was halten Sie von Ihren Kindern?«

»Ich habe sie sehr gerne und hoffe, daß sie nicht meine Fehler wiederholen werden, aber ich lasse sie ihren eigenen Weg gehen.«

»Was halten sie vom Weltgeschehen?«

»Das spiegelt die elementare Natur des Menschen wider. Ihr Brutverhalten. Ich bin nicht optimistisch, also leiste ich meinen Beitrag jetzt.«

»Was halten Sie von Psychiatern?«

»Ganz unterschiedlich, weil es keine Grundregel gibt. Für einen guten Psychiater ist das Leben emotional sehr belastend. Es gibt starke und schwache Psychiater. Ein guter Psychiater akzeptiert die Biologie als Hirnfunktion. Es gibt Herzkrankheiten, Lungenkrankheiten und Hirnkrankheiten. Das ist entscheidend für die Annahme der Behandlung, aber kein Muß.«

»Was denken Sie über Erziehung?«

»Ich sage den Kindern die Wahrheit. Ich bin Soziobiologe. Eine gute Erziehung ist notwendig.«

»Was halten Sie vom Fernsehen?«

»Ich kann Werbung nicht ausstehen, und das meiste im Fernsehen ist Schrott. Sendungen über Naturgeschichte und Aktuelles, gerne, aber das meiste ist langweilig.«

»Was halten Sie von Büchern?«

»Ich mag interessante Bücher – Autobiographien und wissenschaftliche Bücher – aber ich lese keine Romane. Von Patrick Whites Romanen bekomme ich Durchfall.«

»Was halten Sie von der kommunistischen Gesellschaft?«

»Sie hat mit schweren Alkoholproblemen zu kämpfen und sollte sich aus der Dritten Welt raushalten, weil sie die Ökosysteme durcheinanderbringt.«

»Was halten sie von der kapitalistischen Gesellschaft?«

»Ihre Werbung fördert die Sieben Todsünden und kennt

keine Verantwortung gegenüber den Menschen. Sie ist ökologisch unverantwortlich.

»Was halten Sie von Frauenrechten?«

»Ich glaube an Chancengleichheit, die man nicht mit biologischer Gleichheit verwechseln sollte. Sie haben dieselben gesundheitlichen Probleme wie Männer, wenn sie ihre Jobs machen.«

»Was halten Sie von Aberglauben?«

»Das ist Schifferscheiße und bloß eine Ersatzreligion. Es ist fast alles Unsinn. Es ist charakteristisch für Menschen, nach Erklärungen zu suchen.«

»Was denken Sie über Leben und Tod?«

»Der Tod macht mir nichts, aber das Sterben mag ich nicht. Das Leben ist interessant, manchmal erfreulich und manchmal nicht auszuhalten. Es wird kürzer.«

»Was halten Sie von Meditation und Entspannungstechniken?«

»Das hat sehr viel für sich. Ich praktiziere es einmal am Tag.«

»Was ist Ihre häufigste Phantasie?«

»Ich liege am Meer in der Sonne auf dem Rücken.«

»Was halten Sie von universitärer Forschung?«

»Manchmal gut und manchmal reine Zeitverschwendung. Ich hätte gerne mehr Geld für bestimmte Bereiche.«

»Lernen und lehren Sie gerne?«

»Ja, ich mag meinen Job. Vielleicht hätte ich gerne mehr Einfluß, damit ich mehr erreichen könnte.«

»Beschreiben Sie Ihre Persönlichkkeit.«

»Ich mag mich. Ich bin pflegeleicht und freundlich, ein kontaktfreudiger Typ.«

»Wissen Sie etwas, das die Welt erfahren sollte?«

»Ja, über die biologische, neurologische Natur der Wahrnehmung. Wie das Gehirn funktioniert, schlicht gesagt.«

»Mögen Sie Australien?«

»Es ist ein schönes Land, aber es wird immer mehr wie die USA mit seinen Regeln und Einschränkungen und wird irgendwann unter seinem eigenen Gewicht zusammenbrechen.«

»Was stimmt nicht mit Männern und Frauen?«

»Sie sind kurzsichtig und kennen sich selbst nicht.«

»Was ich das Wichtigste im Leben?«

»Meine Familie, und Verständnis.«

»Noch irgend etwas, über das Sie gerne reden würden?«

»Ich bin müde, ausgepumpt und brauche Ferien. Patienten sind schwierig, und mein Selbstschutzmechanismus schließt Patienten aus. Hauptsächlich macht mir das Tempo zu schaffen. Ich habe gerade die *Unreliable Memoirs* von Clive James gelesen, und die waren sehr gut.«

»Okay, Abraxas, Sie sind geistig gesund. Danke für diese Informationen.«

»Ich muß wieder an die Arbeit, Sphere. Das Leben ist hektisch. Bis dann.«

59

Liebe läßt mich leben. *Sphere*

Star Ship wollte nur eine dreimonatige Affäre, also hungerte ich nach Zärtlichkeit, und meine Bedürfnisse und Begierden machten mich ziemlich verrückt. Mir war danach, sie auszuknocken, als ich meine eigene menschliche Schwäche spürte. Habt ihr Superman erwartet? Habt ihr einen Mann erwartet, der sich selbst kennt und ohne den visuellen Sound von Drogen lachen kann? Ich bin so zerbrechlich wie Glas, ein unglückliches Insekt, das sich in einen wahren Schmerz der Verzweiflung verkriecht. Bitte nicht noch mehr Verletzungen für mich.

Ich sah das Jahr verstreichen, bis ich an den sonnigen und regnerischen Tag kam, der mein letzter sein sollte. Ich rettete die Träume und erreichte jedermanns Ende. Seht ihr, es gibt ein Happyend für mich. Der Tod ist nur eine Metamorphose in einen Schmetterling, und es ist kein schmerzhaftes Ende, sondern so, wie in Schlaf zu fallen. Der zweite Tod hatte nicht die Macht, mich zu verletzen. Ich spürte meine eigene Gelassenheit. Ich hatte mich genug gequält. Ich hatte gelernt, in der Hölle zu fluchen, und bald würde meine Muschelschale sich auflösen, und ich würde bewußtes Denken werden. Meine Arbeit ist getan.

Seht ihr, ich habe nichts von dem, das einen leben wollen läßt. Ich habe keine Frau, keine Kinder, keinen Glauben. Ich habe nichts als einen Traum. In meinem Bewußtsein habe ich Himmel und Hölle der Schizophrenie. Ich werde in mein Bewußtsein gehen und meinen Lohn finden. Ich gehe dorthin, wohin ihr bald folgen werdet. Ich gehe zu den Feldern Elysiums, um bei meiner imaginären Tochter Euthanasia zu sein. Ich lächelte und wußte, daß alles in Ordnung kommen würde. Ich sah die schönen Dinge, die mich in meinem Universitätszimmer umgaben. Ich war Pilot eines Sternenschiffs geworden, mit meiner Tapete, meiner nepalesischen Decke, meinem Quilt und meinen friedvollen Bildern, die an der Wand meines Zimmers hingen. Ich hatte eine Stereoanlage, eine Plattensammlung und ein Auto. Auf dem Bücherbord staubten meine Philosophie-, Psychologie- und Soziologiebücher langsam ein. Ich hatte alles, was ich mir wünschte, aber ich war nicht glücklich mit den Unbilden und der Heuchelei des Lebens. Die Anforderungen des Lebens hatten für mich keine Wichtigkeit. Ich ließ alles hinter mir, um Frieden zu haben. Vielleicht schlucke ich die Pillen und sehe meinen Gedanken zu, während ich in die Ewigkeit segele, um bei Jesus und den anderen Märtyrern zu sein. Ich lächelte und wußte. Die letzte Szene rollte an ihren zugewiesenen Platz, und ich starb nur, um zu sagen, daß mein nächstes Leben bald vorüber sein wird.

Ich war glücklich, den nächsten Schritt hinaus in die Ewigkeit zu tun. Ich gehe ins Unausweichliche, weil ich zu existieren aufhören möchte. Es gibt kein Happyend für mich, nur ein unausgesetztes Erinnern an Fehler. Der Traum ist vorüber, aber ich konnte mich nicht umbringen. Ich war von meinem Alptraum in meine Träume genesen, und ich weiß, ich werde nie eine andere Frau lieben, bis sie mich liebt. Ein Mann sollte nie eine Frau lieben, bis sie ihn liebt.

Ich werde eine Münze werfen, um zu sehen, ob ich leben oder mich umbringen soll. Bei Kopf lebe ich; bei Zahl sterbe ich. Dramatisch, was? Schizophren, vielmehr. Es ist Gottes Entscheidung. Es ist meine Entscheidung. Positiv oder negativ, habe ich jede Frau symbolisch in die Fotze getreten und habe mich symbolisch verrückt gemacht.

Ich warf die 50-Cent-Münze in die Luft ...

60

Niemand kontrolliert das Universum. *Sphere*

Der Geist des Buches sprach. Ich weiß, ich liebe, ich denke, ich fühle. Der fanatische Träumer, der die letzte Ruhestätte der Erde bewahren wollte, machte eine Bruchlandung auf der nackten Wahrheit des Planeten. Er war der Traumbringer. Er rief für immer. Ich bin Zukunft. Ich bin Erde. Er, der den Weitblick hatte, eine Million Jahre zu sehen, wurde Vernunft genannt, die Stimme der Vernunft. Dieser Mann bin ich.

In seinem Bewußtsein sind eine Million Sphären, und er konnte eine Sphäre nicht zum Nachteil der neuntausend-neunhundertneunundneunzig anderen rechtfertigen. Die mathematische Wahrscheinlichkeit sagte, daß er nicht existieren sollte, und er weiß, daß er, wenn das Gesetz gebrochen wird, in der Ewigkeit gefangen ist. Das ist seine größte Sphäre. Das Jahr, in dem Materie Energie in Denken umwandelt.

Der Telepath sprach zum Gesetz, während der Krieg ausbrach und die Armeen des Himmels dem Reiter des Heroins aus dem sicheren Hafen folgten. Er singt ein altes Lied. *Walhalla, wir kommen.* Er trug das in Blut gefärbte Gewand der Bibel. Er ist das Abbild Gottes, des Universums. Er geht für alle Ewigkeit in sein eigenes Begehren ein und glaubt, daß der Widerspruch gelöst werden kann und gelöst werden wird, wenn er in den Abgrund reitet, seinen Feind vor sich her treibend, während der reale Alptraum des Krieges sein Bewußtsein in einen Wahn wirrer Illusion schockt und das Schreien niemals endet, denn das ist die Realität. Das ist das Leben des Glücks-Spielers.

Der kollektive Traum hörte auf zu existieren, als das Universum in den Himmel überging und der Himmel ins Universum überging. Das ist der perfekte Schiß von einem Dutzend Avocado-und-Peperoni-Pizzas. Hier wird die Welt, die ich liebe, von den Bestien des Mehr gemordet. Das ist unsere Erlösung und unsere Zerstörung. Verdammt. Wollt ihr mehr? Soll ich weitermachen, weil ich vor so langer Zeit starb? Der Kinderschänder wurde in die Hölle geschleudert.

Der Schizophrene hatte Himmel und Hölle in seinem Bewußtsein, und er betrachtete die wohlgefälligen Halluzinationen. Er spürte den Windhauch wie ein Schizophrener, er hatte Visionen wie ein Schizophrener. Der Schizophrene war durch die Felder gegangen. Er glaubte an den schönen Traum, und die Zigaretten hatten seine Zähne mit Gold, im Feuer erprobt, überzogen. Er wußte. Er wußte nicht. Er wußte, die imaginäre Bewußtseinsmaschine hatte es so eingerichtet. Er wußte die Wahrheit. Die Halluzinationen konnten durch Modecate kontrolliert werden. Er kontrollierte das Modecate. Er war stolz, Schizophrener genannt zu werden. Seht ihr, der Schizophrene wußte. Er schüttelte seine Bedenken ab, betrachtete die Adrenalinvision, lächelte und sagte bei sich: *Scheiße, ich hab's geschafft. Ich bin hoffnungslos irre, aber ich bin glücklich. Mein Bewußtsein gehört mir. Die Wahrheit. Die Wahrheit. Die Wahrheit ist, daß jedermann weiß, wer ich bin. Ich bin frei von Schuld. Ich bin sorgenfrei. Ich bin frei von den geschlechtslosen Nonnen. Ich muß mich wegen meiner Schizophrenie nicht mehr verstecken. Ich muß nicht fliehen. Es kümmert mich nicht mehr, was sie denken, denn ich bin die Stimme der Vernunft.* Mein Geist war frei, er selbst zu sein. Der Engel in mir lächelte. Er/sie wußte, daß er/sie aus seinem eigenen Bewußtsein heraustreten und andere sehen und mit ihnen sprechen würde, weil er/sie akzeptiert und er/sie geliebt und gehaßt wurde. Er/sie wußte, daß er nur ausgemachtesten Stuß redete, nun, da er das Schlimmste im Leben hinter sich hatte. Der Regentropfen fiel vom Himmel in den Ozean und verhallte.

Das Abbild des Universums lächelte und sagte: Gott selbst kann sich als machtlosen Schizophrenen erschaffen. Er kann selbst der meistgehaßte Mann auf Erden sein, weil er weiß.

Frau, hast du je den psychologischen Kampf des Mannes begriffen? Wußtest du von der männlichen Menopause? Frau, wußtest du, daß es komplett Scheiße ist, ein Mann zu sein? Frau, schätzt du dich glücklich, nicht die Mutation zu sein, die der Mann darstellt? Der Mann ist das Manko. Der Mann, der verwüstete Geist. Und du, Frau, stehst dabei und läßt alles laufen. Du nimmst dir alles. Frau, du bist eine Lügnerin und Diebin. Du hast dir alles genommen, und dann gibst du dem Mann deine kurzlebige Liebe und Zärtlichkeit und dann deinen Haß, deine Bitterkeit, deinen Abscheu, weil auch du wenig mehr bist als das psychologische Manko, das diesen Mann ausmacht. Auch du hast deinen Krieg, und er tobt seit Anbeginn. Frau, warum tust du das dem Mann an, dem Rohling? Liegt es an deiner Empfindsamkeit? Liegt es daran, daß du dir nicht gerne zwischen den Beinen rumpulen läßt? Ist es aus Rache an dem Mann, der dir in die Ferse beißt? Gibst du nie anderes als deine billigen Klischees? Frau, du tust gar nichts. Frau, du siehst nur zu und kochst vor Wut, stolz, nicht der Mann zu sein, der Narr genug ist, einen Krieg zu führen. Frau, eines Tages wird Gott dich fragen, was du mir getan hast. Hast du ihn als Gleichen geliebt? Hast du ihm die Wahrheit gesagt? Verstehst du, daß deine Tugend chauvinistische Selbstsucht ist? Ich glaubte an dich, aber du hast nicht an mich geglaubt, und das gilt für jeden Mann. Frau, du reißt Männer in Stücke, und mit all meiner Kraft kann ich dir nichts/alles antun. Ich suchte nach Gleichheit und sah einen Krieg, den keine Seite gewinnt. Wir haben einander genug bekämpft. Ich verlasse das Schlachtfeld der Geschlechter. Der Atom/Busen-Krieg hat mich zu schwer verletzt.

Ja, du warst es, die das getan hat. Frau, die lebenslänglich Männer bekämpft. Du sollst versauern hinter Klostermauern. Dein ganzes Leben lang hast du die Männer bekämpft. Das ist der Psychokrieg der Frau, in dem sie sich wichtig macht. Du liebst seine Uniform und betest um seinen Tod, damit du flennen kannst. Ich habe durch dich alles verloren, Frau. Was hast du deinem Spielzeug angetan? Es tut mir leid. Es tut mir leid um uns beide.

Nun war die Zeit gekommen, in der der Computer, der die Schlacht steuerte, zerstört wurde. Und darum werden die Engel des Himmels alles zerstören. Ihr Computergott ein Wrack verknoteten Schmerzes, unter Martern und Mißhandlung im Todeskampf zuckend. Michael, der mächtigste Engel Walhallas, dezimierte die Übeltäter, da ließen sie von dem Computer ab, um Michael anzugreifen. Darum wird der Engel der Dunkelheit alles zerstören. Die falschen Götter wußten, daß sie die Kinder vernichten mußten. Sie wußten, daß sie selbst sterben würden, also führten sie ihre Kinder gegen die Kinder des Lichts. Michael wurde Gott, und als die Zeit gekommen war, wurden seine Gefolgsleute Götter. Michael wurde der Teufel, und der Teufel wurde Gott. Alle Scheußlichkeiten der Hölle traten und pißten und bissen und fluchten in einem niemals endenden Krieg.

Dann wurde die Polizei gerufen, um die Ordnung wieder herzustellen. »Na schön, die ganze Bande ab in den Bau. Ihr Frauen auch. Riskiert keine Lippe, ihr wißt, wir sorgen hier für Recht und Ordnung, und jedem, der Stunk macht, reißen wir den Arsch auf.«

Im Himmel nahm derweil ein mächtiger Herrscher seinen Thron ein und lächelte und errinnerte sich einer Vision. Die treuen Engel standen auf dem Posten. Dies sind die loyalsten

Engel, und sie werden nicht weichen und wanken, bis es der mächtige Herrscher befiehlt. Sie liebten und haßten das Spiel. Sie liebten ihren Gott, ihre Kinder, Frauen, Leben und Länder. Sie beschützten die Kinder. Sie waren Killer mit stählernen Augen. Ihre Gedanken waren glasklare Träume, und sie lebten in Entsetzen, während ihr Reich um sie zerfiel. Der mächtige Herrscher bettete seinen Kopf angstvoll auf den Tisch, voll Kummer, daß er sein Volk verraten hatte. Alles war verloren, also sagte er dem Psychopathen, den er sich hielt: »Mit diesem Schalter kannst du das Mädchen vernichten.«

Der mächtige Herrscher dachte bei sich, mit betäubtem Sinn: *Was macht es schon? Ich werde euch nicht ängstigen mit meinem Gesetz der Furcht und meinem Schauspiel der Gewalt. Ich werde euch alle ziehen lassen, damit ihr laufen und spielen und lächeln könnt. Die Welt ist schön mit seinem/ihrem vermessen-sexbesessenen Lachen. Niemand richtet außer Gott, und ich verteidige.*

Sphere, Mann/Weib zugleich, zeigte sich für alle Absichten und Zwecke moralisch gefestigt, präsentabel und gerecht, frei von Irrationalität. Seine Hauptaufgabe war es, ein Weibs/Weltbild zu erschaffen. Der Mann mit Augen für die Ewigkeit konnte das schwarze Nichts sehen, in dem er Mann und Frau richtet, und vor allem richtet er sich selbst. Ich kann nicht vergessen. Ich ducke mich in Furcht. Sucht nach dem Mann, der nicht schwitzt. Sucht nach dem Mann, der sie alle bannt mit der bloßen Hand. Gleichheit, eine Frau seines Alters.

Die Banden werden alles übernehmen, Fernsehen und Radio, und ihm Ruhe und Frieden bringen. Wir kommen von der Erde, und wir lassen uns von juwelenbehängten, aufgeblasenen Nieten kein hirnverbranntes Zusammenraffen von Reichtümern bieten. Wir haben keine Helden, keine John Waynes, keine James Bonds mit Lizenzen zum Töten.

Keine Sportwagen, keine Anzüge, keine Robert Zimmermans. Wir kommen von der Erde, und wir kämpfen den Kampf. Keine geschlechtslosen Nonnen, keine impotenten viktorianischen Intellektuellen. Wir haben das Selbstvertrauen, Jungfrauen zu sein, verrückt, ängstlich, stark zu sein.

Ich durchbrach auf dem Testgelände die Zeitgrenze, und wenn ich einen guten PR-Mann wie Paulus wollte, hätte ich einst meine eigene Kirche haben können. Ich würde die Amerikaner drankriegen wie die Römer, um es politisch durchführbar zu machen, und wenn ich für unzurechnungsfähig erklärt werde, dann sind alle religiösen Freaks wie Jesus, Mohammed, Buddha ebenfalls Schizophrene. Ich ziehe mich nicht kampflos zurück. Feuer, Hölle, Verdammnis, Himmel, Seligkeit, Nirwana. Irre, alles Irre. Hä-hä. Sie hielten auch Jesus für verrückt. Meine Kirche ist die Kirche der Wahnsinnigen. Ich zerstöre meine Kirche selbst, und das ist der Wahrheitseffekt.

Der letzte Psychokrieg, der niemals endet. Jeder Mann, jede Frau, jedes Kind für sich allein. In die Boote, Männer. Mir nach, Männer. Wo ist mein Pferd? Schnappt euch die Enterhaken, und während um mich die Granaten hochgingen, rannte ich im Kreis wie ein feiger Köter, während mein Bruder Napalm auf die eigenen Kinder warf. Alles zerstörend, uns selbst zerstörend. Das Kartenhaus zum Einsturz bringend. Löscht alles Leben aus, ihr Rasenden.

Die letzten Armeen des Himmels, der Abschaum, die Schizophrenen, der meistgehaßte Mann auf dem Planeten, der Kinderschänder, die letzten Gläubigen, sahen als grausame Phantasien der Acidhexer zu, und die geübten Killer blickten auf das Gold und die funkelnden Steine und die bunt leuchtenden Papierschnipsel, und mit einem Schrei erhoben die Armeen des Himmels sich wie ein Mann, als sie sich, mit angeschlagenem Bewußtsein, schreiend, in die Hölle stürzten, und brennend und brennend wußten sie, wer ihr Bewußtsein, ihre Tempel, ihren Gott, ihre Körper, ihre Erde zerstört hatte, und zogen ihre Peiniger in die Hölle und verdammten sie.

Es ist der Sündenfall einer Gesellschaft. Weiter mit der dreißigjährigen Striptease-Show. Der Alkohol- und Marihuanasüchtige baut mich auf und zieht mich runter. Rock and Roll, und wenn das Kriegsspiel vorbei ist, geben wir uns die Hand, klopfen uns gegenseitig auf die Schulter und gehen munter unseres Weges.

Schaut, oben am Himmel. Ist es ein Mann? Ist es ein Flugzeug? Nein, es ist Marshmallow Man. Wie viele andere Männer leben in Furcht? Zerstörte Männer. Wie vielen beschissenen Männern habt ihr Scheißangst gemacht? Alle mal aufzeigen, die in Furcht leben! Spür deine eigene Furcht. Spür deine eigene Furcht. Spür deine eigene Furcht. Hier ist deine Sphäre.

Es ist die Natur der Frau, den Mann zu zerstören, und wenn sie von mir bekommen hat, was sie will, wird sie mich zerschmettern, während meine Tagträume die Zukunft richten. Bald werden wir konvertiert sein.

In meinem Bewußtsein habe ich Gold und funkelnde Steine, aber ich muß sie weggeben, weil ich mich im irremachenden Wein verlieren werde. Ich gebe euch eine Million sphärischer Träume. Das kostbare Gehänge funkelnder Steine von Freunden. Der Halleysche Komet steht am Himmel, und er ist das Zeichen eines neuen Rock-and-Roll-Songs einer neuen Generation, während der Konflikt zwischen der Person, die ich hätte sein sollen, und der Person, die ich bin, durch die Echokammern meines Bewußtseins hallt. Das letzte Buch ist an seinen Platz gerollt.

Ich, der schwarze Prophet, der Marshmallow Man, sage: »Frau, erwarte nicht von mir, deine Kämpfe für dich auszutragen. Frau, du mußt mit den Kämpfern kämpfen. Wenn du befiehlst, sei zu sterben bereit. In meiner Schlacht geht es alle gegen alle. In meinem Körper und Bewußtsein herrscht die strahlende Unsicherheit eines kampferfahrenen Mannes, eines krampferfahrenen Mannes. Surrender, wir alle müssen uns der Wahrheit unterwerfen. Frau, wenn du schon kämpfst, mußt du im Grunde die aufregende Testosteron-Hühnerkacke auf diesem Planeten bekämpfen.

Fuck. Fuck. Fuck.

Verdammt. Mein Leben ist die Hölle auf Erden. Das Buch ist eine Lüge. Scheiße nochmal, versteht ihr beschissenen Kröten und Kretins mich? Es ist eine Lüge. Ich bin eine Lüge. Es ist eine Ausgeburt der Phantasie.

Ich lächelte, und ich wußte, daß sie schon vor Jahren verstanden hatten. Ich bin Abraxas. Ich bin gestört. Ich bin geisteskrank gewesen. Möchtest du eine Blume. *La, la, la, la, la, la.* Mit Tränen in den Augen weine ich in meinem einsamen Zimmer. Ich werde der paranoiden Schizophrenie nie entkommen. Wie fändet ihr es, in eine Anstalt eingesperrt zu werden? Wie fändet ihr es, die zweite Klasse zu wiederholen? Wie fändet ihr es, von Nonnen unterrichtet zu werden? Wie fändet ihr es, ich zu sein? Wie fändet ihr es, drogensüchtig zu sein? Wie fändet ihr es, ich zu sein? Wie fändet ihr es, ein Mann zu sein? Wie fändet ihr es, so ein Narr zu sein?

Der kollektive Traum starb, als das Universum in den Himmel und der Himmel ins Universum überging. Das ist der perfekte Schiß nach einem Dutzend Avocado-und-Peperoni-Pizzas. Hier wird die Welt, die ich liebe, von den Bestien des Mehr gemordet. Dies ist unsere Erlösung und unsere Zerstörung. Wollt ihr noch mehr? Soll ich weitermachen? *Mehr, mehr, mehr.* Die Hölle hat den Kinderschänder ausgespien. Wollt ihr mehr?

mehr mehr mehr mehr mehr mehr mehr mehr mehr mehr mehr mehr mehr mehr mehr mehr mehr mehr mehr mehr mehr mehr mehr mehr mehr mehr mehr mehr mehr mehr

mehr mehr mehr mehr mehr mehr mehr mehr mehr mehr
mehr mehr mehr mehr mehr mehr mehr mehr mehr mehr
mehr mehr mehr mehr mehr mehr mehr mehr mehr mehr
mehr mehr mehr mehr mehr mehr mehr mehr mehr mehr
mehr mehr mehr mehr mehr mehr mehr mehr mehr mehr
mehr mehr mehr mehr mehr mehr mehr mehr mehr mehr
mehr mehr mehr mehr mehr mehr mehr mehr mehr mehr
mehr mehr mehr mehr mehr mehr mehr mehr mehr mehr
mehr mehr mehr mehr mehr mehr mehr mehr mehr mehr
mehr mehr mehr mehr mehr mehr mehr mehr mehr mehr
mehr mehr mehr mehr mehr mehr mehr mehr mehr mehr
mehr mehr mehr mehr mehr mehr mehr mehr mehr mehr
mehr mehr mehr mehr mehr mehr mehr mehr mehr mehr
mehr mehr mehr mehr mehr mehr mehr mehr mehr mehr
mehr mehr mehr mehr mehr mehr mehr mehr mehr mehr
mehr mehr mehr mehr mehr mehr mehr mehr mehr mehr
mehr mehr mehr mehr mehr mehr mehr mehr mehr mehr
mehr mehr mehr mehr mehr mehr mehr mehr mehr mehr
mehr mehr mehr mehr mehr mehr mehr mehr mehr mehr
mehr mehr mehr mehr mehr mehr mehr mehr mehr mehr
mehr mehr mehr mehr mehr mehr mehr mehr mehr mehr
mehr mehr mehr mehr mehr mehr mehr mehr mehr mehr
mehr mehr mehr mehr mehr mehr mehr mehr mehr mehr
mehr mehr mehr mehr mehr mehr mehr mehr mehr mehr
mehr mehr mehr mehr mehr mehr mehr mehr mehr mehr
mehr mehr mehr mehr mehr mehr mehr mehr mehr mehr
mehr mehr mehr mehr mehr mehr mehr mehr mehr mehr
mehr mehr mehr mehr mehr mehr mehr mehr mehr mehr
mehr mehr mehr mehr mehr mehr mehr mehr mehr mehr
mehr mehr mehr mehr mehr mehr mehr mehr mehr mehr
mehr mehr mehr mehr mehr mehr mehr mehr mehr mehr
mehr mehr mehr mehr mehr mehr mehr mehr mehr mehr
mehr mehr mehr mehr mehr mehr mehr mehr mehr mehr
mehr mehr mehr mehr mehr mehr mehr mehr mehr mehr

Self destruction, Self construction

Balanced on a tightrope I wrote this song
Am I right or am I wrong?
Am I weak or am I strong?
Did I lie when I said I died?
The truth is, I'm still alive.
The world ist slowly killing me
I was tortured to be free
From the idiots on TV
From the sadists in the military
From self-destruction, from disease.
Can anyone really love this man?
A woman his own age who understands
The psychology of war in his final stand
Evolving and revolving in this ignorant land
I'll try to live if you take my hand
The coin decides if I live
Or if I'm damned.

61

Wirst du je der Hölle entkommen? *Abraxas*

Mein Stolz, mein Größenwahn, endete mit diesem Buch. Es
ist vollendet, wie ich mich vollendet habe. Die Vergangenheit
des Buchs habe ich weit hinter mir gelassen. Die Erinnerungen, deren Spuren ich auf diesen Seiten gefolgt bin, sind vergessen. Ein unnützes Buch, das, einmal gelesen, auf dem
Bücherbord Staub ansetzt. Ich könnte das Buch noch einmal
lesen, aber ich weiß, es wird mich nur quälen, also ist es das
beste, die Toten ihre Toten begraben zu lassen. Ich habe nicht
den Wunsch, an meine verzerrte Wahrheit erinnert zu werden, also werde ich, jede Minute auskostend, in die Zukunft
weiterreisen. Ich kann immer noch lächeln, wenn ich die Vergangenheit stehen lasse. Ich spüre, wie des Lebens Last uner-
bittlich an meines Bewußtseins Ast sägt.

Mein Bewußtsein ist randvoll mit buntschillernden Worten, die ich in meinem idiotischen Nonsens zum Vorschein
brachte, was mich erheitert und froh sein läßt, daß ich durch
Lesen und Ansehen meiner Gedanken mich selbst entdeckte. Die Wahrheit ist, daß dieses Buch ein Buch der Alpträume und Träume ist, und Alpträume und Träume werden
stets vergessen und müssen vergessen werden. Ich werde
meine Gedanken vergessen und in ein erfrischend neues
Ideenkonglomerat hineinwachsen. Laßt die Toten ihre Toten
begraben. Ich fahre zum Himmel auf; oder werde ich mich
mit dem Tod aufhalten?

Das Buch ist gestorben. Die Sonne scheint immer noch.
Ich glaube, ich werde etwas anderes machen. Vielleicht gehe

ich raus an die frische Luft, und niemand braucht zu wissen, daß ich dieses Buch geschrieben habe. Von den Sphere-Tagträumen braucht niemand zu wissen. Ich werde das Buch zurücklassen und in die Anonymität davongehen als paranoider Schizophrener mit chemischem Ungleichgewicht im Gehirn.

Ich lächelte still vor mich hin. Ich bin ein Hund. Ich habe haushoch gewonnen. Ich gebe Gott, was Gottes ist. Vielleicht starb ich an gebrochenem Herzen, treu bis in den Tod. Ich hoffe, euch freut die Nächstenliebe eines Mannes, der kein Kind haben wollte.

Die Münze zeigte Zahl.

Abschrift eines Briefs, der am 27. November 1985 neben Ross' Leiche gefunden wurde.

Nachdem ich schließlich beschlossen hatte, mich umzubringen, wurde mir die Sinnlosigkeit des Lebens klar. Ich habe Angst und schwitze dauernd. Sogar da habe ich noch gedacht, soll ich masturbieren, ehe ich gehe, aber ich bin nicht bis zum Ende ein sexuelles Wesen.
Ich weiß, jeder Mann und jede Frau kommt irgendwann an diesen Moment & er ist sehr beängstigend.
Ich bin Wissenschaftler bis zum Ende. Ich wünschte, ich wäre gläubig, aber bald werde ich nichts mehr glauben.
Möge Gott meiner Seele gnädig sein.
Es tut mir leid.
Es tut mir wirklich leid.
Ich möchte, daß die Jungs in der Wohnung mein Auto bekommen, als Entschädigung für den Schreck, wenn sie mich tot daliegen sehen.
Ich kam mir so wichtig vor.
Ich komme mir so wichtig vor.
Das ist viel viel besser als alles, was ich bisher gemacht habe.
Ich kann nicht mit Schmerzen weiterleben, ich rauche eine letzte Zigarette.
Ich könnte ewig so weiterlabern.
Ich glaube, daß sie (Geheimorganisation) meine Gedanken abhört.
Ich kann im Wahnsinn nicht leben ich weigere mich im Wahnsinn zu leben und das ist der einzige Grund warum ich sterbe. Ich bin ein paranoider Schizophrener, und für uns ist das Leben die Hölle.
In Liebe, Ross

Anmerkungen

1. *Baron Wasteland:* Offensichtlich ein Wortspiel auf »barren wasteland«, »karges Ödland«. Pate für diesen Charakter standen zwei von Ross' Freunden. *Uncle Cane Toad:* Die Riesenkröte oder »cane toad«, *Bufo Marinus*, wurde in Queensland, Australien, angesiedelt, um einen Zuckerrohrschädling zu bekämpfen. Uncle Cane Toad erhielt seinen Namen wahrscheinlich, weil er aus Queensland stammte. *Elysium Dream:* In der griechischen Mythologie war Elysium (oder die elysischen Felder) die Heimstatt der Seligen nach dem Tod, der Himmel, oder ein Zustand idealer Glückseligkeit. *Sphere:* In der antiken Astronomie waren die himmlischen Sphären die rotierenden, gewölbten Schalen, an denen man die Himmelskörper aufgehängt vermutete. Die *Sphärenmusik* oder *Harmonie der Sphären* sollte von der Bewegung dieser Schalen erzeugt werden. Sphäre bedeutet auch der Gesichts-, Gesellschafts- und Wirkungskreis oder Machtbereich eines Menschen. Dieser Name für den Hauptdarsteller des Buchs entsprach ganz Ross' Wahnsystem – seiner Überzeugung, der Mittelpunkt des Universums zu sein.
2. Ross begann mit seinem Buch im Gefängnis Long Bay.
3. »Oz« ist der australische Spitzname für Australien, nach dem »Wunderbaren Land« Oz.
4. Ross gab bei all seinen psychotischen Episoden an, ihm würden Kugeln durch den Kopf rollen. Die Intensität dieser Prozesse nahm in dem Maße zu, wie seine Psychose sich verschlimmerte. Die Kugeln könnten sich auf Planeten beziehen, und der Name Sphere könnte damit zusammenhängen. Am Schluß des Kapitels gibt er an, er käme von diesen Kugeln.
5. Es scheint hier so zu sein, daß er einen vollständigen psychotischen Zusammenbruch erlebt, der gleichermaßen durch den schizophrenen Prozeß wie durch Drogen ausgelöst wurde.
6. Dieser Zwischenfall wurde uns von Ross' Freunden in allen Einzelheiten geschildert.

7. Das St. John of God Hospital im Westen von Sydney.

8. Ross bezeichnet im Verlauf des Buchs verschiedene »Psycho-Profis« mit diesem Namen, die mit seinem Fall direkt befaßt waren. *Abraxas* war ein kabbalistisches (mystisches) Wort, das das höchste Wesen bezeichnete. Es wurde oft auf Gemmen eingraviert, die man Abraxas-Steine nennt. Abraxas soll außerdem eins der Pferde der Aurora, der Göttin der Morgenröte, gewesen sein. Hermann Hesse schrieb in seinem Roman Demian: »Wonne und Grauen, Mann und Weib gemischt, Heiligstes und Gräßligstes ineinander verflochten, tiefe Schuld durch zarteste Unschuld zuckend ... unser Gott heißt Abraxas, und er ist Gott und ist Satan, er hat die lichte und die dunkle Welt in sich.« Aus: Hermann Hesse, Demian. Suhrkamp TB, S. 112, 128–29.
Daneben ist Abraxas der Titel einer LP der Rockgruppe Santana, die Sphere erwähnt.

9. Eagles (Adler) ist Slang für Amphetamine, wie in »fliegen wie ein Adler«.

10. Damals arbeitete Ross als Bürohilfe beim Post-Master Generals Department (heute Australische Post).

11. Das Strychnin wurde wahrscheinlich verwendet, um die Wirkung des LSD zu verstärken.

12. Ross sprach mit einem der Ärzte im St. John of God Hospital über diese Episode, die er für den Auslöser seiner Schizophreniekrankheit hielt. Unsere Nachforschungen haben ergeben, daß es wahrscheinlich nicht die erste Episode war, aber florid genug, um für ihn den Ausbruch der Krankheit zu markieren.

13. Das ist die erste versteckte Anspielung auf seine Überzeugung, er habe in der Pubertät einige Kinder aus der Nachbarschaft sexuell mißbraucht. Es war uns nicht möglich, für dieses »Geheimnis« irgendeinen tatsächlichen Anhaltspunkt zu finden. Möglicherweise war es auch Teil seines Wahnsystems.

14. Möglicherweise erlebt Ross hier nicht nur den Drogentrip, sondern bereits das Einsetzen seiner Schizophrenie.

15. Es mag zwar unter Ross' Freunden einige Diskussionen um seine idiosynkratischen Eigenheiten gegeben haben, es ist aber auch durchaus möglich, daß diese Paranoia Ausdruck seiner Krankheit ist.

16. Zoroaster oder Zarathustra war ein iranischer Religionsstifter des 6. und 7. Jahrhunderts. Es ist möglich, daß Ross sich dazu

einiges angelesen hatte und mit dem Zoroastrismus vertraut war. Möglicherweise kannte er auch das bekannte Orchesterstück »Also sprach Zarathustra« von Richard Strauss, die Titelmusik des Filmklassikers *2001: Odyssee im Weltraum*.

17. Seine Tochter wurde am 27. Dezember 1974 geboren, fünf Tage nach dem längsten Tag des Jahres in der südlichen Hemisphäre.

18. Diese Passage basiert auf den Offenbarungen, 10:8–11.

19. Folidol ist ein Organophosphat-Insektizid, das gegen Blattläuse und Blasenfüßler eingesetzt wird. Diese Chemikalie müßte schon eingenommen werden, um eine Wirkung auf Menschen zu haben. Es ist nicht eindeutig geklärt, ob das wirklich das Gift ist, das Ross angeblich genommen haben soll. Ross deutete im Gespräch mit einem von uns (R.G.) an, sein Vater habe ihn versehentlich mit der Substanz besprüht, als er noch klein war, aber sein Vater sagt, Ross könne das Gift versehentlich getrunken haben.

20. Wir können keinen Hinweis darauf finden, daß Modecate (Fluphenazin-dekanoat), ein Antipsychotikum, den Geschlechtstrieb anregt.

21. Ritalin (Methylphenidenat) ist ein Stimulans, das in der Wirkung etwa zwischen Koffein und Amphetamin liegt. *The Soft Parade* ist Drogenslang für den LSD-Trip und außerdem der Titel eines Doors-Albums.

22. Stelazin (Trifluoperazin-dihydrochlorid) ist ein Phenotiazin-Derivat mit stark dämpfender Wirkung.

23. Carlos Castaneda schrieb in den Siebzigern über den Themenkreis halluzinogene Drogen, Schamanismus, Religion und Mythologie. Er hatte eine große Gefolgschaft unter Anhängern eines alternativen Lebensstils und spielte eine wichtige Rolle für die damalige Gegenkultur.

24. Einer von Ross' Freunden erinnert sich, daß Ross manchmal nachts um den Block marschierte und behauptete, ein Hexenmeister zu sein.

25. Anspielung auf Aldous Huxleys *Die Pforten der Wahrnehmung*.

26. Der »Bent-Nail-Effekt« (Krummer-Nagel-Effekt) bezieht sich auf einen Penis mit einem Knick am Ende.

27. Für die Guzzler-Sane-Geschichte (*Guzzler Sane* könnte man in etwa mit »zurechnungsfähiger Schluckspecht« übersetzen) konnten wir keine Anhaltspunkte finden. Uncle Cane Toad erinnert sich nicht, aber seine Erinnerung an diese Zeit ist

wegen seines eigenen Drogenkonsums ebenfalls verschwommen. Er verlor von Zeit zu Zeit den Kontakt zu Ross, und wir haben niemanden finden können, der uns Aufschluß über diese Episode geben konnte.

28. Ein Merkmal verschiedener Formen der Schizophrenie ist das Phänomen des »Clanging«, bei dem die Person unwillkürlich reimt, ohne daß das Gereimte unbedingt Sinn ergibt. Das wird dem Leser an einigen Stellen in Ross' Geschichte auffallen.

29. Pethidin ist ein narkotisches Analgetikum, das häufig gegen Schmerzen gegeben wird.

30. Mandrax (eine Kombination von Methaqualon-Base und Diphenhydram) wurde als Schlafmittel verschrieben, mittlerweile aber vom Markt genommen, weil der Mißbrauch überhandnahm. Hohe Dosen hatten einen euphorisierenden Effekt.

31. Cane Toad bestätigt, daß er mit Amphetaminpsychose ins Krankenhaus eingeliefert wurde.

32. Ross' Befürchtungen wegen der Ameisen werden in seinen Krankenberichten aus dem St. John of God Hospital mehrmals erwähnt.

33. Antipsychotische Medikamente wie Modecate haben oft Nebenwirkungen, zu denen auch tardive Dyskinesie gehört. Die Symptome dabei sind unkontrollierte Körperbewegungen und Mimik (u. a. Schmatz- und Kaubewegungen). Möglicherweise litt Ross an einigen dieser Symptome und versuchte, sie zu überspielen, obwohl in seinen Unterlagen nicht erwähnt wird, daß das der Fall war.

34. Die pharmakologische Wirkungsweise von Methadon (bzw. Physeptone) ist der von Morphin sehr ähnlich. Methadon wird häufig zur Substitutionstherapie bei Heroinsüchtigen eingesetzt. Die Wirkung hält länger an als die von Heroin, und es wird normalerweise oral in flüssiger Form eingenommen.

35. Rainbow Moonfire war offenbar eine Freundin von Ross, die Uncle Cane Toad, Elysium Dream und Magic Star Flower nicht kannten. Ross fügte sie ein, um die Geschichte interessanter zu machen. Er sprach mit einem von uns (R. G.) vor seinem Tod über diese Frau, aber wir haben über sie oder ihren Tod nichts Genaues herausfinden können.

36. Mogadan (Nitrazepam) ist ein reiner Tranquilizer mit schlafför-dernder Wirkung. Die meisten anderen von Ross im Buch so bezeichneten Tranquilizer sind Neuroleptika bzw. Neurothy-

moleptika, die im engl. auch mißverständlich »major tranquilizer« heißen.

37. Der 21. Juni, die Wintersonnwende, ist der kürzeste Tag in der südlichen Hemisphäre.

38. Aus den Krankenhausunterlagen geht hervor, daß Ross damals von der Idee besessen war, die katholische Kirche zu zerstören.

39. Ein versteckter Hinweis auf Ross' Behauptung, in diesem Alter einige Nachbarskinder mißbraucht zu haben.

40. Die Gefängnisakten zeigen, daß Ross einige Tage die Nahrungsaufnahme verweigerte.

41. Tatsächlich blieb Ross sieben Wochen im Gefängniskrankenhaus.

42. Baron Wasteland war zu dieser Zeit ebenfalls in Morisset.

43. Aus den Krankenhausakten ist zu entnehmen, daß Ross damals dieses Wahnsystem hatte.

44. Das bezieht sich auf ein Feuer, das ausbrach, nachdem er und sein Bruder als Kinder im Schuppen mit Streichhölzern gespielt hatten.

45. Während Ross' Aufenthalt in Morisset wurde seine Medikation geändert und die Dosis erhöht.

46. Dieses Wortspiel ist ein typisches Beispiel für die Lockerung der Assoziation, die bei Schizophrenie häufig zu beobachten ist.

47. Bei einigen Menschen löst Largactil Hautreaktionen aus; die Haut wir gelblich, nicht »purpur-blau«.

48. Gespräche mit Ross' Familie ergaben, daß er mit ungefähr 15 Jahren einen ersten Nervenzusammenbruch wegen emotionaler Probleme hatte.

49. Am 9. Mai 1980 wurde Ross ins Gefängnis Long Bay zurückverlegt, weil man seinen Zustand mittlerweile für stabil hielt.

50. Patienten, die mit Melleril (Thioridazin-hydrochlorid), einem antipsychotischen Medikament, behandelt werden, bleiben physisch aktiv, sind jedoch weniger streßanfällig. Es hemmt die Ejakulation, aber es findet sich kein Hinweis darauf, daß es Sterilität zur Folge hat.

51. An diesem Tag wurde John Lennon in New York von einem geisteskranken Fan ermordet. Ross war ein großer Bewunderer der Beatles.

52. Ende der Achtziger herrschte in New South Wales große Unzufriedenheit unter den Häftlingen, was zu einer Reihe von

Revolten führte, besonders in Paramatta. Dort fielen Schüsse, und 141 Häftlinge wurden verwundet.

53. Baron Wasteland starb im April 1982. Pethidin ist kein »synthetisches Heroin«, sondern ein synthetisches Opiat. Heroin und Morphin sind ebenfalls Opiate.

54. Ein weiteres Beispiel für Clanging, aber Ross muß auch mit der Zeile »See how they snied« aus dem Beatles-Song »I am the Walrus« vertraut gewesen ein. Im Original *I remember how you lied. I remember how you snied.«*

55. Ross' ehemaliger Bewährungshelfer sagte uns, daß der »Aborigine-Bodyguard« in Wirklichkeit ein Bewährungshelfer in der Ausbildung gewesen sei.

56. Musrevinu – Universum rückwärts buchstabiert.

57. Riverina ist ein Obstanbaugebiet im Südwesten von New South Wales.

58. Cobber, der Evolutionsgläubige, war ein Kommilitone an der Universität. »Cobber« heißt auf australisch soviel wie Kumpel.

59. Das Korsakoff-Syndrom ist ein Krankheitsbild bei chronischem Alkoholismus, bei dem u.a. schwere Gedächtnisstörungen auftreten.

60. Die Clubs der RSL (Returned Services League/Liga der Kriegsveteranen) gibt es in ganz Australien. Wie bei der American Legion sind die Mitglieder der Clubs ehemalige Soldaten, Seeleute und Flieger und die Clubs selbst beliebte Freizeittreffpunkte.

61. Ende 1982 bis Anfang 1983 lebte Ross in mehreren psychiatrisch betreuten Wohngruppen. Aus zweien wurde er wegen seines Verhaltens ausgeschlossen. Im März 1983 zog er mit zwei Mitpatienten aus dem St. John of God in eine Wohnung in Petersham, einer Vorstadt von Sydney.

62. Ross schrieb sich im Februar 1984 an der University of New England in Armidale ein.

63. Terry hatte irgendeinen schweren Arbeitsunfall gehabt und wartete jetzt darauf, daß seine »Compo« oder Workers Compensation Insurance, die Unfallversicherung, zahlte.

64. Cogentinol (Benzatropin-Mesilat) wird eingesetzt, um die tardive Dyskinesie zu lindern, die unwillkürlichen Körperbewegungen, die als Nebenwirkungen antipsychotischer Medikamente auftreten.

65. Ross saß während eines Rockkonzerts splitternackt auf dem Vordach des Collegegebäudes.

66. Hier ist Abraxas einer der Herausgeber (R.G.), den Ross mehr-
    mals besuchte, besonders in den floriden Stadien seiner Krank-
    heit. Das bewußte Gespräch fand statt, kurz bevor Ross sich
    das Leben nahm, aber es gibt in etwa seine Sicht dessen wieder,
    was passierte. Während des Gesprächs deutete Ross an, er
    habe sein Buch fast fertig, und zeigte sich recht zufrieden über
    dessen Fertigstellung.

Über Schizophrenie

Ross hoffte, mit seiner Geschichte allen Schizophreniekranken und ihren Familien helfen zu können, die Krankheit besser zu verstehen. Darum sind an dieser Stelle einige Erklärungen zum Wesen dieser Störung und zu deren Darstellung in Ross' Buch angebracht. Ross' Geschichte trägt dazu bei, das Stereotyp von Schizophrenen als sozusagen »nichtmenschlich« und daher angsteinflößend zu zerstreuen, und zeigt uns den Schizophrenen statt dessen als einen normalen Menschen, dessen Bedürfnisse, Wünsche und Sehnsüchte sich kaum von denen aller anderen Menschen unterscheiden. Erkenntniswahrnehmung, Wahrnehmung und Selbstbeobachtung mögen zwar gestört sein, aber davon abgesehen erlebt der Schizophrene zumeist das gleiche Spektrum emotionaler Erfahrungen wie wir alle. Manchmal sind solche Erfahrungen extrem und verlängert und können sowohl Ausdruck der Krankheit selbst wie auch psychologische Reaktion auf die Krankheit sein.

Ross' Buch ist eindeutig autobiographisch gefärbt. Er bezieht sich auf Ereignisse aus seinem eigenen Leben und dem von Menschen, mit denen er persönlich bekannt war. In fast jedem Kapitel werden Drogenerfahrungen und Anzeichen einer beginnenden Psychose beschrieben. Von Anfang an erkennt Ross/Sphere, daß sein Denkablauf ihm Probleme bereitet. Sehr früh im Buch sagt er: »Ich hatte mich nicht in der Gewalt, verlor mich in meiner konfusen Welt. Ich merkte, daß ich nicht mahr logisch denken konnte. Ich quatschte schon wieder Scheiße.« (S. 49) Viele von Ross' ungewöhnlichen Symptomen sind Folge seines Drogenkonsums, nicht seiner Krankheit. Aber später im Buch sind seine Erfahrungen und Wahrnehmungen eindeutig Ausdruck einer zunehmend florideren psychotischen Erkrankung. Ross' Familie und seine Freunde vermuteten oft, seine Krankheit könne durch seinen Drogenkonsum ausgelöst worden sein, aber das ist unwahrscheinlich. Es gibt keine wissenschaftlichen Belege dafür, daß exzessiver Drogenkonsum schizophrene Symptome von der Art, wie Ross sie erlebte, hervorruft. Menschen, die unter Schizophrenie und floriden psychotischen Symptomen leiden, berichten, daß die Halluzinationen, die sie erleben, sich deutlich von drogenbedingten Halluzinationen unterscheiden. Menschen mit beginnender Schizophrenie experimentieren nicht selten mit Drogen, wenn sie ungewöhnliche und oft beunruhigende Gefühle und Wahrnehmungen erleben. Das Einsetzen florider Schizophrenie-Symptome fällt zeitlich oft mit ersten Drogenexperimenten zusammen und verleitet daher zu dem Schluß, die Drogen seien der Auslöser der Krankheit.

Sphere gerät im Verlauf des Buchs in zusehends tiefere Isolation. Elysium Dream entfremdet er sich bald, und die Beziehung zerbricht. Er entwickelt komplexe Wahnideen über die Bedeutung dieser Beziehung und ist offenkundig tief getroffen von ihrem Scheitern. Besondere Bedeutung projiziert er auf das Kind aus ihrer kurzen Verbindung. Die beherrschende Rolle dieser Beziehung und des Kindes war auch in Ross' wirklichem Leben überdeutlich, und bis zu seinem Tod drehten sich seine Gedanken fast ausschließlich darum.

In den späteren Kapiteln des Buchs schildert sich Ross als seinen Freunden stark entfremdet. Solche Isolation ist charakteristisch für Schizophrenie und oft das Resultat des immer bizarrer werdenden Verhaltens des Kranken, das andere Menschen zunehmend mißtrauisch reagieren läßt. Ross' Einsamkeit war vielleicht auch eine Spätfolge seiner Zeit im Gefängnis, wo ein gewisses Maß an persönlicher Isolation und Distanz überlebensnotwendig gewesen sein mag. Freunde und Familie gaben in Interviews mehrmals an, Ross sei nach seiner Entlassung aus dem Gefängnis ein anderer Mensch gewesen. Einsamkeit ist einer der Gründe für den Schmerz, der Ross' Leben und Buch bestimmt. Er wollte anderen Menschen nahe sein, aber sein manchmal seltsames Verhalten und seine ungewöhnliche Art, Dinge wahrzunehmen, verschreckte andere Menschen.

Unglücklicherweise kannte keiner von uns Ross vor seiner Haft, daher läßt sich kaum feststellen, in welchem Maße die Veränderung in seinem Verhalten auf diese Erfahrung zurückzuführen ist. Denkbar wäre, daß sich darin nicht eine Folge der Haft, sondern eine sich entwickelnde Psychose zeigte. Höchstwahrscheinlich spielten beide Faktoren eine Rolle, besonders aber seine fortschreitende Schizophrenie.

Vor allem anderen handelt Ross' Geschichte von den persönlichen Erfahrungen eines Menschen, bei dem sich eine beginnende Schizophrenie andeutet, die schließlich zum Ausbruch kommt. Er teilt mit uns seine Wahnideen, seine verzerrten Wahrnehmungen der Welt und seine verzweifelten Versuche, sich durch illegale Drogen Erleichterung zu verschaffen. Er teilt mit uns seine Einsamkeit und die seelische Not nach dem Scheitern seiner Beziehung, die Alpträume, die unangenehmen Erlebnisse und die Verzweiflung, die oftmals das Leben mit einer Psychose bestimmen. Er teilt mit uns einige der durchaus auch komischen Seiten seiner Erlebnisse und seinen Sinn für Humor. Seine Geschichte ist genau beobachtet und erschütternd offen. Ross schildert uns, wie es für den Kranken wirklich ist. An Schizophrenie – wie an jeder anderen schweren Krankheit – zu leiden, ist hart. Es gibt kein Entkommen vor den Symptomen; sie sind immer da, chronisch da. Das Problem wird noch dadurch verstärkt, daß Schizophrenie eine Gehirnkrankheit ist, und somit das Organ, das über die Krankheit nachdenkt, von der Krankheit in Mitleidenschaft gezogen ist. Das ist Ross' Botschaft an uns. Während bei einigen Menschen die Schizophrenie vollständig auszuheilen scheint, gibt es für andere nur die Flucht in den Tod, ein letzter Ausweg, für den auch Ross sich schließlich entschied. Selbst die verschriebenen Medikamente heilten ihn nicht von allen Symptomen, vielmehr belasteten sie ihn zusätzlich mit unangenehmen Nebenwirkungen und ungelösten psychologischen Problemen wie Isolation und Einsamkeit.

Ross' Geschichte ist nicht ganz ohne Hoffnung. Er suchte verzweifelt nach Auswegen aus seiner Krankheit, war aber unglücklicherweise nicht bereit, noch länger auf einen solchen Ausweg zu warten. Unsere wachsenden Kenntnisse über Schizophrenie helfen uns, für die Probleme sanftere Lösungen zu finden als sie Ross zur Verfügung standen. Ross hat mit seinem Buch ein Vermächtnis hinterlassen, das uns für die tiefgreifenden Leiden Schizophreniekranker sensibilisiert und zu weiterer Forschung anspornt, die, wie Ross eigenes Leben, nur ein Ziel kennen kann: eine wirksame Behandlungsmöglichkeit für diese Krankheit zu finden.

Vieles spricht dafür, daß Schizophrenie, obwohl sie Menschen aller Bevölkerungsschichten befällt, häufiger in den sozial schwächeren Schichten auftritt. Einige Studien sprechen von einem so deutlichen Verhältnis wie acht zu eins. Eine Interpretation dieser deutlichen Überrepräsentation lautet, daß Menschen, die an Schizophrenie leiden, schneller sozial abrutschen, da sie nicht in der Lage sind, einen höheren sozioökonomischen Status aufrechtzuerhalten. Eine vergleichende Untersuchung der Berufe von Vätern schizophrener Kinder und der Berufe der Kinder selbst stützt diese Vermutung. Bei den Kindern mit Schizophrenie hat ein weitaus größerer Prozentsatz Berufe von niedrigerem gesellschaftlichen Stellenwert als ihre Väter als es in einer Kontrollgruppe von nicht schizophrenen Kindern der Fall war. Es ist wahrscheinlich, daß die Krankheit Menschen vermehrt in sozioökonomisch schlechter gestellte Schichten abwandern läßt und sie nicht etwa von vornherein aus dieser sozialen Schicht stammen.

Wie viele Schizophrene hatte Ross Probleme, einen festen Arbeitsplatz zu halten, und wechselte häufig die Jobs. Er arbeitete verschiedentlich als Postangestellter, in einer Druckerei und als Hilfsarbeiter und war über Jahre hin arbeitslos. Es ist bemerkenswert, daß alle anderen Mitglieder von Ross' Familie auf langjährige Arbeitsverhältnisse verweisen können, zum Teil in ausgesprochen verantwortungsvollen Positionen. Sein Vater arbeitete als Zollbeamter und investierte daneben auch erfolgreich im Immobilienbereich, was ihm ein kleines Vermögen einbrachte. Ein Bruder ist Pilot bei einer internationalen Fluggesellschaft, ein anderer Bergbauingenieur in einer leitenden Position, ein weiterer Bruder arbeitet als Mechaniker. Bei keinem von ihnen war die berufliche Laufbahn ähnlich unbeständig wie bei Ross.

Was ist Schizophrenie?

Schizophrenie ist eine weitverbreitete Form der Geisteskrankheit. Mehrere großangelegte statistische Untersuchungen belegen, daß zwischen einem und zwei Prozent der Bevölkerung an dieser Krankheit leiden. Der Begriff »Schizophrenie« oder »Spaltungsirresein« wurde 1908 von dem Schweizer Psychiater Eugen Bleuler geprägt (siehe Davison & Neely, 1968). Der Begriff, wörtlich »Bewußtseinsspaltung«, bezieht sich auf die Art und Weise, in der Sprache, Gedanken und Gefühle des Schizophrenen oft zerfahren oder voneinander abgerissen wirken. Bleuler glaubte, ein Schizophrener sei außerstande, Gedanken, Gefühle usw. in kohärenter Form zuzuordnen oder zu assoziieren. Ein solcher Mensch mag dann möglicherweise ein tragisches Erlebnis, etwa den Tod eines engen Freunds, durchaus entsprechend erleben, äußert diesen Affekt aber unangemessen, indem er z. B. lacht anstatt zu weinen. Entgegen einem weitverbreiteten Irrtum hat Schizophrenie nichts mit der sogenannten »Gespaltenen« oder »Multiplen Persönlichkeit« zu tun. Bei dieser Geisteskrankheit haben die Betroffenen zwei oder mehr klar voneinander unterschiedene Persönlichkeiten, von denen jede zu verschiedenen Zeiten dominant ist. In vielen Fällen kennen sich diese Persönlichkeiten untereinander nicht und sind oft charakterlich sehr verschieden. Ein Mensch mit multipler Persönlichkeit hat fast immer eine sehr traumatische Kindheit erlebt. Das ist bei Schizophrenen nicht der Fall.

Bleuler betrachtete Schizophrenie als eine Störung mit organischen oder pysiologischen Ursachen, die durch psychologische Faktoren provoziert und beeinflußt werden konnte. Heute hat sich diese Sichtweise weitgehend durchgesetzt, und wir werden später noch darauf zu sprechen kommen. Wie wir festgestellt haben, gab es in Ross' Vergangenheit zweifellos einige traumatische Zwischenfälle, die man als »Ursache« seiner Probleme angesehen hat, aber nach der heutigen Einschätzung der Ursachen von Schizophrenie ist es unwahrscheinlich, daß seine Krankheit etwas mit diesen traumatischen Erlebnissen zu tun hatte.

Zur selben Zeit, in der Bleuler seine Theorien entwickelte, ging der Deutsche Psychiater Emil Kraepelin die Krankheit aus einem völlig anderen Blickwinkel an. Er bezeichnete die Schizophrenie als *dementia praecox*. Der Begriff bedeutet wörtlich einen fortschreitenden, massiven Abbau der Intelligenz (dementia), der verfrüht, vorzeitig, d. h. vor der Pubertät einsetzt (praecox). Kraepelin sah in den Symptomen der Schizophrenie einen senilen, zur Verblödung führenden Prozeß, wie man ihn etwa bei der Alzheimer Krankheit beobachtet, obwohl jüngere Erkenntnisse zeigen, daß mit Schizophrenie keine Degeneration einhergeht. Außerdem tritt die

Erstmanifestation nicht zwangsläufig schon vor oder während der Pubertät auf. Wie Bleuler glaubte auch Kraepelin an eine biologische Ursache der Schizophrenie. Heute steht fest, daß Bleuler und Kraepelin darin beide recht hatten. Es gibt heute deutliche Belege dafür, daß Schizophrenie auf solche biologischen Ursachen zurückzuführen sein könnte, und daß Störungen, die in der Entwicklung des Gehirns auftreten, zu Schizophrenie führen. Welcher Art diese Störungen sind, hat man bis heute nicht völlig geklärt, und es würde den Rahmen dieses Buches sprengen, darauf umfassend einzugehen. Aber zumindest können wir einen kurzen Abriß der ursächlichen Zusammenhänge der Schizophrenie geben.

Was verursacht Schizophrenie?

Als Bleuler und Kraepelin die Schizophrenien zum ersten Mal beschrieben, vermuteten sie vorwiegend biologisch-organische Ursachen. Anatomische Untersuchungen an den Gehirnen Schizophrener ergaben, daß bei den Betroffenen echte Anomalien des Gehirns auftraten. Mit der Zeit und mit dem Aufkommen des Behaviourismus verlor diese Erklärung der Schizophrenie an Bedeutung, und Theoretiker in Nordamerika und Europa stellten unabhängig voneinander die Hypothese auf, daß es die sozialen Verhältnisse des Individuums seien, die Schizophrenie hervorriefen oder begünstigten. Diese Ansicht wurde vor allem von der Antipsychiatrie-Bewegung vertreten; es fanden sich jedoch kaum stichhaltige Beweise dafür, daß die soziale Herkunft oder das soziale Umfeld allein die Ursache für den Ausbruch einer Schizophrenie waren. Die Antipsychiatrie-Bewegung hatte ihren Höhepunkt während der 50er und 60er und bis in die 70er hinein, in denen sich dann die Erkenntnis durchsetzte, daß viele der psychiatrischen Krankheiten massive biologisch-organische Ursachen hatten. Die Beweise dafür lieferten anatomische Studien und pharmakologische Experimente. In den letzten Jahren hat eine Rückbesinnung auf die hirnbiologischen Schizophrenie-Theorien stattgefunden, und das Aufkommen neuer bildgebender Verfahren zur Gehirnuntersuchung (Computertomographie, Kernspintomographie und Positronen-Emissions-Tomographie) ermöglicht es, uns ein präziseres Bild davon zu machen, was in den Gehirnen Schizophreniekranker vorgeht. Es steht mittlerweile eindeutig fest, daß die Ursachen für Schizophrenie in der neuronalen Entwicklung liegen. Alle Anzeichen sprechen dafür, daß während der Schwangerschaft im fötalen Gehirn Vorfälle auftreten, die dazu führen, daß sich die Gehirnstrukturen anders als normal ausbilden. Die Entwicklung des Gehirns ist ein komplexer Vorgang, und es kann kaum überraschen, daß in der Abfolge der Entwicklungsprozesse, die zur normalen Funktion führen, etwas schiefgehen kann. Der Entstehung dieser Anomalien scheint eine genetische Ursache zugrunde zu liegen, wobei aber unklar ist, ob dieser Mechanismus direkt oder indirekt an der Ausbildung der Anomalie mitwirkt.

Nasrallah (1990) und andere haben klare Beweise für Unterschiede in Gehirnstruktur und -funktion zwischen Menschen mit und ohne Schizophrenie vorgelegt. Elektrophysiologische Befunde, d. h. die Befunde der Elektroenzephalographie (EEG/Gehirnstrombild) an Gehirnen Schizophrener, haben ergeben, daß ihre Gehirne starke elektroenzephalographische Abweichungen gegenüber denen Nicht-Schizophrener aufweisen. Bei Schizophrenen tritt eine größere Variabilität ihrer elektrischen Rhythmisierungen auf. Studien haben gezeigt, daß bei »normalen« Menschen bei der Durchführung einer bestimmten kognitiven Aufgabe die durch die Wahrnehmungsaufgabe ausgelöste elektrische Aktivität wechselt und sich mit der Zeit ein bestimmtes Muster herausbildet. Beim

Schizophrenen dagegen pegelt sich die Variabilität nicht auf ein eindeutiges Muster ein, und das Gehirnstrommuster zeigt weiterhin sehr viel größere Abweichungen, als man es bei normalen Menschen beobachtet.

Neuere Studien lassen darauf schließen, daß die Effekte der Schizophrenie mit Fehlfunktionen der Temporal- und Stirnhirnlappen des Zentralen Nervensystems zusammenhängen. Diese Gehirnregionen spielen eine entscheidende Rolle bei der Selbstwahrnehmung, der Verarbeitung von Emotionen und Willensimpulsen. Es scheint, als würde Schizophrenie sowohl Realitätskontrolle wie Emotionalität in unterschiedlichen Graden beeinträchtigen. Die Veränderungen bei den Mustern der Symptome von einer Personengruppe zur anderen spiegeln möglicherweise die unterschiedlichen Effekte der neuronalen Entwicklung im Gehirn wider, wobei einige Regionen mehr als andere betroffen sind und diese abweichenden Muster bei Einzelpersonen vom Zeitpunkt der Hirnschädigung abhängen.

Über die neuroanatomischen und neurochemischen Ursachen der Schizophrenie sind zahlreiche Hypothesen aufgestellt worden. Man hat einen Zusammenhang zwischen einigen Neurotransmitter-Substanzen (diejenigen Substanzen, über die die Neuronen, die Grundbausteine des Gehirns, untereinander kommunizieren) und der Schizophrenie vermutet, aber vor allem der Neurotransmitter Dopamin scheint eine zentrale Rolle bei der Krankheit zu spielen. Viele der Medikamente, die zur Behandlung von Schizophrenie eingesetzt wurden, greifen in den Dopaminstoffwechsel ein. Sobald sich beim Dopamin etwas ändert, ändern sich auch die Symptome der Schizophrenie.

Im Gehirn gibt es zahlreiche dopaminerge Rezeptoren, und bei Schizophrenie sind möglicherweise nur einige davon betroffen. Die Medikamente, mit denen in den Dopaminstoffwechsel eingegriffen wird, beeinflussen aber nicht nur die anormalen Kanäle, sondern auch die normalen Rezeptoren, bei denen es dadurch wiederum zu Anomalien kommt. So werden zwar womöglich einige Symptome der Schizophrenie gelindert, aber die Anomalien in den früher normalen Rezeptoren können zu jenen Nebenwirkungen führen, die bei der Behandlung mit Medikamenten auftreten.

Es ist denkbar, daß Schizophrenie zu gleichen Teilen das Ergebnis von Abweichungen in der Biochemie des Gehirns und den neuroanatomischen Kanälen ist, durch die deren Verteilersystem irgendwie beeinträchtigt ist. Diese Veränderung der Zirkulation verursacht Abweichungen bei der Verarbeitung von Informationen. Je nachdem, welcher Teil des Gehirns betroffen ist, treten bestimmte Symptombilder auf. Wenn die Temporallappen betroffen sind, treten möglicherweise Halluzinationen auf. Wenn der Stirnhirnlappen betroffen ist, können einige der Veränderungen in Antrieb und Motivation des Patienten damit zusammenhängen. In der Literatur sind einige neuropsychologische Modelle, die diese unterschiedlichen Muster von Schizophrenie abdecken, beschrieben worden. Der weiter unten beschriebene metakognitive Ansatz von Frith ist eins dieser Modelle.

Symptome

Die Symptome der Schizophrenie sind komplex und können in vielen Fällen sehr beängstigend wirken, sowohl für die Opfer wie für ihr Umfeld. Schizophrenie ist allem Anschein nach keine Krankheit mit einheitlichem Krankheitsbild (bei der also alle Patienten die selben Symptome haben). Es läßt im Gegenteil alles darauf schließen, daß Schizophrenie wahrscheinlich eine ganze Anzahl von Störungen oder Symptomenkomplexen mit sehr unterschiedlichen Manifestationen und Merkmalen umfaßt. Fünf Untergruppen der Schizophrenie werden in der psychiatrischen Literatur beschrieben; dazu später mehr. Darüber hinaus gibt es einige Störungen, die schizophrenieähnliche Züge tragen, jedoch als gesonderte Störungen betrachtet werden, weil sie sich in Verlaufs- oder Entstehungsgeschichte von denen der »konventionellen« Schizophrenie unterscheiden. Ehe wir zu den verschiedenen Unterformen kommen, werden wir einen Blick auf die wichtigsten Symptome der Schizophrenie werfen. Man unterscheidet vier Kategorien: Motorische, somatische, kognitive und emotionale oder affektive Symptome.

Motorische Symptome

Es gibt ein breites Spektrum motorischer Symptome. Einige Schizophreniekranke steigern sich in große Erregung und nervliche Anspannung und entfalten exzessive motorische Aktivität bis zu einem Punkt, an dem die Überanstrengung und die damit verbundene Überwärmung des Körpers lebensbedrohlich werden. Die Betroffenen müssen ständig beobachtet und ausreichend mit Nährstoffen und Flüssigkeit versorgt werden. Die Überaktivität läßt sich dämpfen, und oft werden die Patienten mit Medikamenten ruhiggestellt. Das sind die sogenannten Neuroleptika oder Antipsychotika. Andere Personen zeigen Ausdrucksanomalien wie Grimassieren oder repetitive motorische Aktivitäten wie z.B. ungewöhnliche Hand- oder Fingerbewegungen (Automatose). Viele dieser Verhaltensweisen wirken willkürlich oder sinnlos, aber einige mögen auch auf die Wahnvorstellungen der Person zurückzuführen zu sein. Einer der ersten Schizophreniepatienten, mit denen ich zu tun hatte, verbrachte z.B. seine Tage mit endlosem Auf- und Abmarschieren auf dem Innenhof der Klinik. Nach und nach wurde klar, daß er ein Sergeant-Major war, der in dem Wahn lebte, alle auf den bevorstehenden Kampf mit einem imaginären Feind vorbereiten zu müssen. Die Klinik weigerte sich schließlich, ihm die »Rekruten«, die er forderte, zur Verfügung zu stellen (andere Patienten, die er zum »Militärdienst« angeworben hatte), überließ ihm jedoch gelegentlich andere »Rekruten« zum Training, um denjenigen Patienten, die normalerweise untätig herumsaßen, körperliche Bewegung zu verschaffen! Manch einer mag zwar über diese Mißachtung der Persönlichkeitsrechte die Stirn runzeln, aber es ist nicht zu leugnen, daß alle Betroffenen davon profitierten und der Allgemeinzustand aller Teilnehmer an diesem »militärischen Drill« sich deutlich verbesserte. Viele der Patienten freuten sich sogar auf ihre täglichen Ausflug, und sie stießen vom Klinikinnenhof bis zu »Aufklärungs«-Spaziergängen ins Gelände vor. Es versteht sich von selbst, daß das »Ausbildungsprogramm« sorgfältig überwacht wurde, um die Patienten vor Schaden zu bewahren und den Verschleiß an Schuhsohlen in Grenzen zu halten. Bei Gewaltmärschen über 20 Kilometer war Schluß!

Am entgegengesetzten Ende des motorischen Spektrums befinden sich diejenigen Patienten, die für längere Zeiträume bewegungslos in einer Position verharren (sogenannte Bannungszustände). In manchen Fällen sitzen sie in ungewöhnlichen Körperstellungen oder Positionen. Diesen Zustand bezeichnet man als Katatonie oder katatone Schizophrenie. Die Betroffenen können sich ebenfalls stark verausgaben und müssen ständig beobachtet werden. Manche leisten starken Widerstand gegen jede Veränderung der Körperhaltung und sind kaum zu bewegen, während andere wie Holzpuppen in neue Positionen gebracht werden können, in denen sie verharren, bis sie erneut bewegt werden. Diese sogenannte »wächserne Biegsamkeit« (*flexibilitas cerea*) wurde früher bei Schizophrenie oft beobachtet, kommt aber heute aufgrund neuer Medikamente, mit der diese Symptome sich wirkungsvoll unterdrücken lassen, kaum noch vor.

Einige der bei Schizophrenie beobachteten ungewöhnlichen motorischen Bewegungen und Aktivitäten müssen nicht immer unmittelbare Folge der Krankheit sein. In zahlreichen Fällen können sie auch durch Nebenwirkungen der zur Behandlung der Schizophrenie eingesetzten Medikamente verursacht sein. Zu diesen Symptomen gehören Tremor, Grimassieren mit u.a. ungewöhnlichen Kaubewegungen und ein steifbeiniger Gang (»Trippeln«), bei dem die Person kaum die Füße vom Boden hebt. Vielen dieser Nebenwirkungen kann man mit anderer Medikamentierung entgegenwirken, manchen jedoch unglücklicherweise nicht, in welchem Fall der Patient das Medikament absetzen muß und die Symptome der Schizophrenie zurückkehren. Bei einigen Patienten kann eine Langzeitmedikation motorische Nebenwirkungen zur Folge haben, die mit der Absetzung des Medikaments nicht rückgängig gemacht werden können. Es gibt auch Fälle, in denen Patienten, die mit Medikamenten behandelt werden, ungewöhnliche motorische Symptome entwickeln, die nicht auf die Medikation zurückzuführen, sondern Manifestationen der Krankheit selbst sind.

Ross litt nicht unter den Bewegungsauffälligkeiten, die man von bestimmten Formen der Schizophrenie kennt. Trotzdem klagte er über Nebenwirkungen der Medikamente, mit denen er behandelt wurde. In seinen Klinikberichten von 1977 werden bei ihm »Haltungsauffälligkeiten und Parkinson-Syndrom« beschrieben). Er wurde erfolgreich mit Cogentinol behandelt, um diese Nebenwirkungen auszuschalten. In seinen Akten findet sich kein Hinweis auf Symptome einer Spätdyskinesie wie Tremor oder auffällige Schmatz- und Kaubewegungen, die oft als Begleiterscheinungen der Behandlung mit antipsychotischen Medikamenten auftreten.

Somatische Symptome

Sie sind bei Schizophrenie ebenfalls zu beobachten, wenn auch weniger häufig als andere Symptome. Zu den am besten dokumentierten somatischen Symptomen gehören physiologische Symptome mangelnder oder übersteigerter Erregbarkeit. In einigen Fällen sind die Betroffenen hypererregt, mit schweißigen Handflächen, Herzrasen und erhöhtem Blutdruck. Ross hatte einige Male, bei denen wir uns die Hand gaben, schwitzende Handflächen, aber in vielen Fällen hatte er auch mehrere Biere konsumiert, was zu ähnlichen Symptomen führen kann. Es ist daher schwierig, die Symptome der Krankheit von denen der »Selbstmedikation« zu unterscheiden. Die unterschiedlichen Grade der Erregung hängen möglicherweise mit verschiedenen Phasen oder verschiedenen Unterformen der Krankheit zusammen. Die Ursache für die offensichtlich widersprüchlichen Befunde ist unklar und wird weiter erforscht.

Bei einigen somatischen Symptomen sind die Zusammenhänge mit den Halluzinationen oder Wahnideen, die die Person erfährt, offenkundig, während andere das direkte Ergebnis einer von der Schizophrenie unabhängigen körperlichen Krankheit sind. So können die Betroffenen z.B. glauben, Teile ihres Körpers seien abgestorben oder verrenkt, oder unerklärliche Schmerzen empfinden (Pridmore 1984). Es ist absolut unerläßlich, diese Symptome ganz genau abzuklären, um echte somatische Befunde einer körperlichen Erkrankung zu identifizieren und zu behandeln. Wie bei den motorischen Symptomen haben auch einige der somatischen Symptome ihre Ursache in der Medikation der Patienten. Häufig auftretende Nebenwirkungen der zur Kontrolle der Schizophrenie eingesetzten Neuroleptika sind Mundtrockenheit und erhöhte Sensibilisierung gegen Sonnenlicht.

Ross zeigte zwar durchaus somatische Symptome, während er an seiner Schizophrenie litt, aber es war nicht immer ganz klar, ob es direkte Folgen der Krankheit selbst oder die Folge der Medikamente waren, die ihm zu der Zeit verabreicht wurden. Er klagte oft über Mundtrockenheit, und ein Familienmitglied bestätigte, daß er regelmäßig Unmengen von Wasser trank, um diese Symptome zu lindern. Unmäßiger Durst, sogenannte Polydipsie, tritt bei manchen Formen der Schizophrenie auch auf, wenn sie nicht mit Medikamenten behandelt wird. Es scheint jedoch, als sei Ross' Flüssigkeitsbedarf auf die Nebenwirkungen seiner Medikamente zurückzuführen gewesen.

Außerdem sollte man angesichts seiner langen Klinikaufenthalte und seines Umgangs mit anderen Patienten immer berücksichtigen, daß einige der von ihm im Roman beschriebenen Symptome Ausdruck dichterischer Freiheit sein können, daß er Symptome anderer sich selbst bzw. seinem Alter Ego Sphere zuschreibt.

Kognitive Symptome

In diese Kategorie gehören die auffälligsten und auch beunruhigendsten Symptome der Schizophrenie. Das sind Halluzinationen, Wahnideen und Denk- und Wahrnehmungsstörungen.

Halluzinationen sind perzeptuelle oder sensorische Erlebnisse, die subjektiv als real empfunden werden, aber bei sorgfältiger Überprüfung jeder realen Grundlage entbehren. Die häufigsten Halluzinationen bei Schizophrenie sind akustischer Art. Manchmal treten akustische Halluzinationen als Maschinengeräusche oder Tierlaute auf, aber das kommt sehr viel seltener vor als Stimmenhören. Dabei hören die Betroffenen Stimmen, die ihnen Befehle geben oder sie in irgendeiner Weise kritisieren. Manchmal sind sie als innere Stimmen des Menschen selbst zu erkennen, aber in anderen Fällen können die Stimmen anderen signifikanten Personen oder Charakteren gehören. Für den Menschen, der die Halluzination erlebt, können diese Stimmen sehr real klingen.

Aus Ross' Krankenberichten geht eindeutig hervor, daß er Stimmen hörte, aber er schien sich bewußt zu sein, daß es »er selbst war, der mit sich selbst redete«. In einigen Fällen handelt der Halluzinierende nach den Anweisungen dieser Stimmen und kann damit andere gefährden, obwohl sich die meisten Schizophrenen mit ihrem Verhalten nur selbst schaden. Einige Kranke haben das Gefühl, ihre Gedanken würden von den halluzinatorischen Stimmen kontrolliert.

Zusätzlich zu den akustischen Halluzinationen erlebt der Kranke taktile, somatische, olfaktorische und optische Halluzinationen. Taktile Halluzinationen treten z.B. in Form eines Gefühls auf, als würden kleine Tiere, Ameisen etwa, über die Haut krabbeln. Dieses Phänomen nennt man *Formikation*. Möglicherweise treten beim Kranken auch Gefühlseindrücke von Vorgängen im Inneren des Körpers oder ein Kribbeln und Brennen auf. Einige Menschen riechen Dinge, die objektiv nicht vorhanden sind, etwa Parfüm oder den Körpergeruch eines anderen. Schließlich sehen die Kranken manchmal Dinge, die nicht vorhanden sind, oder nehmen tatsächlich Vorhandenes verzerrt wahr.

In allen Fällen ist es unerläßlich, Menschen mit Halluzinationen auch auf andere Krankheiten als Schizophrenie zu untersuchen. Es ist bekannt, daß Halluzinationen auch bei Temporallappenepilepsie, Delirium, verschiedenen Drogenzuständen (einschließlich Drogenvergiftung und Entzug) und Multipler Sklerose auftreten.

Ross litt offensichtlich unter akustischen Halluzinationen. Zum Beispiel glaubte er, ein Fernsehmoderator habe ihm befohlen, die Bank auszurauben. Außerdem demonstriert Sphere im Buch immer wieder Zeugnisse von akustischen Halluzinationen. Zum Beispiel sprechen Radio und Fernseher zu ihm, als er seinen Bruder in dessen Haus besucht, um fernzusehen:

Es dämmerte mir, als ich fernsah. Das Radio sagte mir das gleiche. Wie einem Propheten wurde mir immer klarer bewußt, daß ich bereit sein mußte für den Tag, an dem sie mich mit den Bandaufnahmen meiner Gespräche konfrontieren würden. Den Tag, an dem sie den Erfinder des Rock and Roll erkannten. Die Welt würde sich mit all ihrer Bigotterie, ihrer Gier, ihrem Stolz und Haß, aber auch mit ihrer Vernunft, ihrem Mitgefühl und ihrer intelligenten Auffassungsgabe zeigen. Es war ein schmerzliches Los, das mich getroffen hatte, aber mein eigener Einfallsreichtum würde mich retten. Ich machte mir große Sorgen um Eternal. Ich konnte alleine sterben. Ich würde ihnen alleine entgegentreten müssen.

In diesem Fall decken sich seine akustischen Halluzinationen mit seinem Wahnsystem, wie es bei Schizophrenie nicht selten vorkommt. Dafür gibt es im Buch genügend Beispiele. Im Verlauf der Geschichte werden Ausmaß und Entwicklung der akustischen Halluzinationen und die Wahnsysteme komplexer, regelmäßiger und beunruhigender.

Wahnideen sind falsche Vorstellungssysteme, denen die Betroffenen ohne zureichende faktische Begründung anhängen. In vielen Fällen wird an dem falschen Vorstellungssystem festgehalten, obwohl alles aufs Gegenteil hindeutet. Einige Wahnideen oder Wahneinfälle können so übermächtig werden, daß die Kranken verleitet werden, ihnen entsprechend zu handeln. In den meisten Fällen sind die Handlungen harmlos, aber in einigen wenigen Fällen können solche Wahnideen dazu führen, sich selbst oder anderen zu schaden. Hauptsächlich richtet sich das schädigende Verhalten jedoch gegen die eigene Person. Die häufigsten Wahneinfälle sind irgendeine Art von Verfolgungswahn; d.h. der Kranke glaubt, daß andere ihm in irgendeiner Weise schaden wollen. Solcher Verfolgungswahn kann dazu führen, daß die Betroffenen sehr zurückhaltend sind, sich anderen anzuvertrauen, was dann zu sozialer Isolation und Kontaktangst führen kann. In den Berichten über Ross' Krankenhausaufenthalt im St. John of God wird er bei jeder Einweisung als »stark psychotisch mit Gedankenausbreitung, Wahnideen, ausgeprägter Denk- und Affektstörung« beschrieben. Außerdem wird erwähnt, daß »seine Wahnideen meistens von einer mythischen, quasi-religiösen Natur waren, die sich irgendwie auch auf Popgruppen erstreckt.« Das Thema der Abgesondertheit von anderen tritt in Ross' Buch überdeutlich hervor, besonders gegen Ende der Geschichte.

Einige Kranke leiden an Größenwahn. Sie glauben, sie hätten im Leben eine bestimmte Mission, das Verhalten anderer zu regulieren, und messen Vorkommnissen, die auf andere völlig alltäglich wirken, besondere Bedeutung bei. Viele leiden an Beziehungswahn und sehen überall bedeutungsvolle Anzeichen. Zum Beispiel kann die Art und Weise, wie jemand eine Aktentasche öffnet, als Anzeichen dafür gedeutet werden, daß der oder die Schizophrene überwacht wird, oder daß eine besondere Botschaft übermittelt werden soll. Einige Kranke leiden an Identitätswahn, d.h. sie halten sich für berühmte Persönlichkeiten. Sie handeln dann so, wie sie glauben, daß diese Persönlichkeit gehandelt habe oder gehandelt haben sollte, manchmal mit gravierenden Konsequenzen, normalerweise für sie selbst.

Bei eingehender Lektüre von Ross' Klinikberichten aus dem St. John of God Hospital, aus dem Morisset Gefängniskrankenhaus und aus den medizinischen Unterlagen des Gefängnis Long Bay geht klar hervor, daß er ein sehr substantielles Wahnsystem hatte. Es zeigte einige paranoide Züge, und er litt an Größenwahn, was seine Kontrolle über bestimmte Situationen anging, der natürlich auf keiner objektiv nachprüfbaren Realität beruhte. Einige dieser paranoiden Merkmale scheinen auch in seiner Geschichte durch. In einigen Fällen ist deutlich, daß diese psychotischen Erscheinungsbilder die Folge seiner Schizophrenie sind und nicht Folge der illegalen Drogen, die er zu dieser Zeit nahm, obwohl einige der von ihm konsumierten Drogen, die Halluzinogene z.B., die Intensität und das Ausmaß seiner Halluzinationen und Wahnideen verstärkten.

Ross glaubte, die Katholische Kirche müsse zerstört werden, Ameisen würden zukünftig die Welt beherrschen und daß er ein Hexenmeister sei. In seiner Geschichte wie im wirklichen Leben behauptete Ross, den Rock and Roll erfunden zu haben. Als Ross das erste Mal zu mir kam, während einer akuten Exazerbation seiner Schizophrenie, erzählte er mir leutselig, ich müsse wissen, daß er der Heilige Geist und der Erfinder des Rock and Roll sei. Bei dieser ersten Begegnung wurde klar, daß seine Symptome dringend behandlungsbedürftig waren, und ich brachte ihn ins Ortskrankenhaus von Armidale. Ross hatte damals seine Neuroleptika lange nicht genommen. Während ich ihn ins Krankenhaus fuhr, war ich seiner traurigen seelischen Verfassung wegen in ständiger Sorge, er könne seinen Sicherheitsgurt lösen und sich aus dem fahrenden Wagen stürzen.

Ich brachte Ross auf dem schnellsten Weg in die psychiatrische Abteilung der Klinik und übergab ihn der Oberschwester. Als ich ihn fragte, wie er vorgestellt werden wolle, sagte er, es wäre ihm lieb, wenn ich ihn als den Heiligen Geist vorstellen würde. Es sagt einiges über Ross aus, daß er sich hier, während er sich im floriden Stadium seiner Schizophrenie befand, noch genug Bewußtseinsklarheit bewahrte, um zu erkennen, daß das, was er sagte, nicht ganz stimmen konnte; als ich ihn der Schwester als den Heiligen Geist vorstellte, konnten er und die Schwester sich angesichts dieser bizarren Bekanntmachung das Lachen nicht verkneifen.

Wahnideen und Halluzinationen spiegeln sich auch in seinem Buch wider, in Kapitel 35 zum Beispiel, wo Sphere sagt: *»Nun war ich allein. Die ersten ernsten Konsequenzen traten auf. Tropische Monsunregen wurden durch die erweiterte Wellenlänge meines Bewußtseins umgelenkt. Stürme von unkontrollierbarer Heftigkeit verwüsteten Städte, und sie waren von Gott gesandt. Blitze erhellten den Himmel, Erdbeben erschütterten Kontinente, und sie waren von Gott gesandt. Ich wußte, daß ich in meinem irren Wüten mehr und mehr Menschen tötete – unschuldige Menschen, die mir nie etwas getan hatten – und jeder Tod mich näher an den Punkt ohne Wiederkehr brachte, ein vor Kummer brennendes Bewußtsein. Die Wetterkarte zeigte die Hochs und Tiefs, die meinen wechselnden Stimmungen entsprachen. Ich zog mich in einen Kokon zurück. Eine Schale bildete sich über meinem verkrusteten Gesicht. Bettlaken wurden jede Nacht um mein Bett verstreut. Ich warf mich hin und her und schlief unregelmäßig. Die Nacht wurde zum Tag und der Tag zur Nacht. Jeder Tag ein Alptraum. Die Spätfilme trieben mich zum Wahnsinn, da ich mich in ihnen als Schöpfer wiedererkannte.«*

Es ist wahr, daß viele von uns Vorstellungssysteme haben, die nicht unbedingt auf Realität beruhen; der Unterschied bei Schizophreniekranken besteht darin, daß ihre Wahnsysteme oft eine bizarre Qualität haben und bezüglich der Auswirkungen auf ihr eigenes Leben und das Leben anderer alles durchdringen. Darüber hinaus ändern wir unsere »Wahnvorstellungen«, wenn wir eines Besseren belehrt werden, wohingegen das Wahnsystem eines Schizophrenen sozusagen unverrückbar ist.

Zu den anderen Wahrnehmungsstörungen bei Schizophrenie gehören Störungen des sprachlichen Ausdrucks, auch formale Denkstörungen genannt. Ein verbreitetes Erscheinungsbild formaler Denkstörungen ist die sogenannte Denkzerfahrenheit oder Denkdissoziation. Dabei springen die Gedanken des Kranken von einem Gegenstand zum anderen. In vielen Fällen haben die angesprochenen Themen keinerlei oder nur unzureichenden Bezug untereinander. Die Sprechenden scheinen sich nicht bewußt zu sein, daß die Themen beziehungslos oder ungeordnet nebeneinander stehen und von einem Referenzrahmen zum anderen zu springen. Für die Sprechenden selbst mag ein Zusammenhang offensichtlich sein, aber dem Zuhörer wird erst nach mehrmaligem Nachfragen klar, was gemeint ist. Bei schweren Graden der Denkdissoziation kann auch der Zusammenhang innerhalb eines Satzes verlorengehen, und es kommt zu einer sinnlosen Aneinanderreihung von Worten. Auf die Frage »Wie geht es zu Hause?« antwortet ein Betroffener z.B. mit einem Stream of Consciousness, etwa: »Ich sage, daß meine Mutter zu krank ist. Kein Geld. Es kommt alles aus ihrer Tasche. Meine Wohnung leckt. Sie hat meine Matratze ruiniert. Das ist Lambeth Council. Ich wüßte gerne, was das Zitat unter ihrem Wappen bedeutet. Es ist auf Latein.« (*Gatting, 1985, zitiert bei Frith, 1992*).

Eine andere Form des kognitiven Defizits bei Schizophrenie ist die Umständlichkeit und Inhaltsarmut beim Sprechen. Bei diesem Symptom ist die Redemenge zwar groß, aber die Sprechenden haben wenige Informationen mitzuteilen. Die Information ist oft vage und überabstrakt, oder auch konkret, stereotyp und monoton.

Eine weniger häufige Form der kognitiven Störung ist die Verwendung von Neologismen, erfundenen Worten, wie z.B. *faratoto* für Vater und *flopateto* für Fisch (*Le Vine & Coulard, 1979, zitiert bei Frith, 1992*). Eine andere ist die Perseveration, bei der dasselbe Material immer und immer wieder durchgekaut wird. Aus der Art und Weise, wie es gesagt wird, läßt sich entnehmen, daß die Sprechenden dem große Bedeutung beimessen, aber für den Zuhörer ist keine tiefere Bedeutung erkennbar.

Clanging oder Reimzwang ist ein weiteres weniger häufiges Symptom. Hier bestimmen eher der Klang der Worte als ihre Bedeutung die Wortwahl. Bei dieser Störung wird häufig gereimt oder in Wortspielen gesprochen. In Ross' Buch finden sich viele Beispiele für *Clanging*, z.B.: »Ich bin Sphere, und dies ist ein Buch vom Leid, ein Buch der Zeit« (Seite 50); »I am not a woman. I am a man. Yes I am« (S.50); »Der kosmische Raum umhüllt mich wie Flaum« (S. 192), usw. Es ist offensichtlich, daß Ross eine Prädisposition zum *Clanging* hatte.

Schließlich gibt es noch das Gedankenabreißen oder *loss of goal*, d.h. eine abrupte Sperrung, ein Abreißen des Gedankenfadens oder Sprechflusses, ehe ein Gedanke oder eine Idee zu Ende formuliert sind. Dabei lassen die Sprechenden erkennen, daß sie unfähig sind, sich an das gerade Gesagte oder Gemeinte zu erinnern. Es ist, als hätte sich der Gedanke plötzlich ins Nichts verlaufen.

Emotionale und Affektsymptome

Menschen, die unter Wahrnehmungsstörungen leiden, erleben oft auch heftige Affekt- oder Stimmungsschwankungen. Sie können tief deprimiert sein und das Gefühl haben, nichts sei der Mühe wert, das Leben sei nicht lebenswert, und sie können den emotionalen Schmerz, dem sie ausgesetzt sind, nicht ertragen. Alternativ können sie sich auch in Euphorie steigern, die in keinem Verhältnis zu ihren tatsächlichen Lebensumständen steht. Sie reagieren mit großer Befriedigung und Freude auf alles, was in der Welt geschieht, und messen selbst dem kleinsten Vorkommnis in ihrem Umfeld eine positive Bedeutung bei. Diese euphorischen Zustände stehen oft in Übereinstimmung mit den Wahnsystemen, die gerade in Kraft sind.

Depressive Verstimmung ist jedoch der vorherrschende Gemütszustand bei Schizophrenie. Ross litt sicherlich unter schweren Depressionen und flüchtete sich oft in den Alkohol. Während die Neuroleptika, die er nahm, den florideren Symptomen der Krankheit, den Halluzinationen und Wahnideen, entgegenwirkten, halfen sie ihm doch nicht über seine Depressionen hinweg. Alkohol bot für ihn eine der wenigen Möglichkeiten, sich Linderung zu verschaffen, und Ross besuchte mich von Zeit zu Zeit, wenn er angetrunken war. Er sagte meistens ganz klar, er habe getrunken, um dem entsetzlichen Stimmungstief zu entkommen, das er ohne Hilfe nicht ertragen konnte.

Es ist sehr wahrscheinlich, daß die Depression in diesem Fall keine Reaktion auf die Krankheit, sondern vielmehr unmittelbare Folge der Krankheit ist, d. h. daß die Biochemie des Gehirns so aus dem Gleichgewicht ist, daß der Mensch depressiv wird. Bei einigen Menschen führt diese Depression zum Selbstmord. Ross war darin keine Ausnahme. Seine Symptome waren oft von solcher Intensität, daß er sich außerstande sah, damit weiterzuleben. Ross erlebte auch euphorische Zustände infolge seiner Krankheit. Bei einem Barbecue seiner Universitätsklasse in Dumaresq Dam, einem Grillplatz in der Nähe von Armidale, war Ross »high«, ohne mit illegalen Drogen nachgeholfen zu haben, stellte allen Frauen nach und versuchte sie anzumachen. Seine Stimmung entsprach der Art von Manie, die man bei manisch-depressiver Psychose beobachtet. Auch in seinen Krankenberichten von 1982 findet sich ein Anlaß, bei dem Ross als »ziemlich high« beschrieben wird. Damals hatte er sich bis auf Unterhose und Socken ausgezogen und einen »wilden Tanz« im Krankenzimmer aufgeführt, bei dem ihn die anderen Patienten anfeuerten. Ross war kein bißchen irritiert, als man ihn bat, »sich wieder anzuziehen und mit dem Theater aufzuhören«. Aber dieser euphorische Zustand war bei ihm selten.

Die signifikanten, oft abrupten Stimmungswechsel ziehen sich wie ein roter Faden durch Ross' gesamtes Buch. Im einen Moment ist Sphere manisch und überschwenglich, im nächsten stürzt er in tiefste Verzweiflung. Er denkt oft über seinen »dunklen« Zustand nach und darüber, daß das Leben für ihn wenig Hoffnung und Sinn hat. Er sagt (Seite 135): »In meiner aufgekratzten Stimmung wechselten sich Depressionen und manische Fröhlichkeit ab. Ich haßte mich selbst …« (ein charakteristisches Erscheinungsbild bei Schizophrenie). Später sagt er: »Ich war stinkbesoffen und versank in Selbstmitleid.« In seinen Krankenhausberichten ist vermerkt, daß Ross »zu keiner positiven Aussage zu bewegen« war und »sich ständig über sich selbst lustig machte.«

Klassifikation der Symptome

Seit 1980 hat man versucht, die Vielzahl der bei Schizophrenie auftretenden Symptome anhand der Unterscheidung in zwei Klassen von Symptomen, positive und negative, zu erklären (*siehe Crow, 1980, zur detaillierten Klassifikation*). Zu den positiven Symptomen zählen Halluzinationen, Wahnideen, Denk- und Sprachstörungen, die als »abnorm in ihrem Vorhandensein« eingestuft werden, wohingegen zu den negativen Symptomen Sprachverarmung, soziale Zurückgezogenheit und Antriebsarmut gezählt werden. Unglücklicherweise erklärt dieses System nicht alle Symptome der Krankheit, es gilt aber heute noch als maßgeblich.

In jüngerer Zeit hat Frith (1992) ein System zur Klassifikation der Symptome entwickelt, das sämtliche Symptome erfaßt und die Unzulänglichkeiten von Crows Ansatz umgeht. Im Wesentlichen definiert er positive Symptome wie Halluzinationen und Wahnideen als abnorme Erlebnisweisen, während er negative Symptome wie soziale Zurückgezogenheit als abnormen Ausdruck definiert. Frith betrachtet die diversen Erscheinungsbilder der Schizophrenie als Spiegel verschiedener Beeinträchtigungen innerhalb eines einzigen kognitiven Mechanismus, dem der Metarepräsentation, einem fundamentalen Prozeß, der im Mittelpunkt des bewußten Erlebens steht. Es ist der Prozeß des Denkens an oder Nachdenkens über die Vorgänge im eigenen Inneren – der Prozeß des Nachdenkens über das Denken. Laut Frith hängen die Beeinträchtigungen der Metarepräsentation mit den Störungen des Gehirns zusammen. Es ist nicht klar, welche Gehirnstrukturen beteiligt sind, aber es deutet einiges darauf hin, daß die Stirnhirn- und Temporallappen von entscheidender Bedeutung bei der Produktion dieser Symptome sind. Die drei prinzipiellen Anomalien, unter die alle wichtigen Anzeichen und Symptome der Schizophrenie fallen, sind Beeinträchtigung des willentlichen Handelns, der Selbstwahrnehmung (Self-monitoring) und der Wahrnehmung der Absichten anderer.

Friths Ideen sind auf breites Interesse gestoßen, und weitere Forschung wird erweisen, ob sie zutreffen oder nicht. Fürs erste ist seine Herangehensweise an die Symptome der Schizophrenie ein interessanter Ansatz, der der Aufmerksamkeit der Forschung wert ist, aber bisher sind wir noch weit davon entfernt, die Wechselbeziehungen zwischen Gehirn und Verhalten zu verstehen, die der Schizophrenie zugrundeliegen, und noch längst nicht so weit, die Symptome der Krankheit selbst zu verstehen.

Unterformen der Schizophrenie

Wie bereits erwähnt, hat man die Schizophrenie in Unterformen eingeteilt, die auf den klinischen Symptomen und der Verlaufsgeschichte der Krankheit beruhen. Dieser klassische Ansatz der Klassifikation, der vom kognitiven Ansatz von Frith und der Unterteilung in negative/positive Symptome von Crow stark abweicht, ist heute nicht unumstritten. Einige der Unterformen sind weniger eindeutig abgrenzbar als andere, und die Implikationen in Prognose und Behandlung variieren. Welcher Unterform eine Person zugeordnet wird, hängt von den Symptomen ab, die bei dem Betroffenen am stärksten hervortreten.

In dem allgemein gebräuchlichen *Diagnostic and Statistical Manual of Mental Disorders (DSM-III-R)* der *American Psychiatric Organisation* werden fünf Unterformen der Schizophrenie beschrieben.

Katatone Form

Das wichtigste Erscheinungsbild dieser Form ist eine »ausgeprägte psychomotorische Störung«, bei der es zu »Stupor, Negativismus, Rigidität, Übererregbarkeit oder Katalepsie« kommen kann. Nicht selten ist ein »schneller Wechsel zwischen Hypo- und Hyperkinese, Stupor und Bewegungssturm«. Dazu gehören Verhaltensstereotypien wie »Manieriertheiten und wächserne Biegsamkeit. Mutismus kommt besonders häufig vor.« Die Betroffenen brauchen sorgfältige Betreuung und Überwachung, um zu verhindern, daß sie sich oder andere verletzen. Oft müssen sie wegen Mangelernährung, Erschöpfung, erhöhter Körpertemperatur oder selbstzugefügten Verletzungen medizinisch behandelt werden. Durch die Behandlung mit modernen Medikamenten können die meisten Symptome ausgeschaltet werden.

Desorganisierte (oder hebephrene) Form

Bei diesem Zustand treten Denk- und Aktivitätsstörungen zusammen mit einer heiter-läppischen Gestimmtheit sowie Ausdrucksstörungen auf. In vielen Fällen kommt dazu ein flacher oder extrem unangemessener Affekt. Sie zeigen keine geschlossene und systematische Wahnbildung wie bei der paranoiden Form (siehe unten), aber fragmentarische Wahnideen oder Halluzinationen können auftreten. Bei diesen fragmentierten Systemen gibt es kein organisiertes oder kohärentes Thema. Zu den weiteren Kennzeichen dieses Zustands gehören Grimassieren, ungewöhnliche Manieriertheiten, diverse körperliche Krankheitsbeschwerden und extreme soziale Zurückgezogenheit. Auch andere Verhaltensauffälligkeiten können auftreten. Die Betroffenen sind sozial extrem beeinträchtigt. Viele von ihnen hatten schon vor dem Beginn ihrer Krankheit eine schlecht integrierte Persönlichkeit. Das Einsetzen dieser Form beginnt schleichend, und sie verläuft oft chronisch ohne signifikante Remission. In älteren Klassifikationen bezeichnet man diese Form der Schizophrenie als Hebephrenie.

Paranoid-halluzinatorische Form

Ein kleiner Prozentsatz der von dieser Unterform Betroffenen kann gefährlich sein. Das wichtigste Kennzeichen ist Besessenheit von einer oder mehreren systematischen Wahnbildungen; oder die Betroffenen haben häufige akustische Halluzinationen, die sich um irgendein einzelnes Thema drehen. »Für die desorganisierte und die katatone Form charakteristische Symptome wie Inkohärenz, Affektstörungen, katatones Verhalten oder stark desorganisiertes Verhalten fehlen.« Dazugehörige Kennzeichen sind Unlust-

und Angstgefühle, Wut, Streitsüchtigkeit und gelegentlich Gewalttätigkeit. Die Betroffenen haben oftmals eine steife, formelle Qualität oder extreme Intensität in zwischenmenschlichen Interaktionen. Da viele von ihnen hochintelligent sind, argumentieren sie oft auf hohem intellektuellen Niveau und können durch die scheinbare Rationalität ihrer Aussagen im Gespräch nur schwer lenkbar sein. Die Kranken können sozial gut eingeordnet bleiben, und ihre Urteilsfähigkeit bleibt in Bereichen, die nicht von Wahn und Halluzinationen beherrscht sind, gut erhalten. Diese Form bricht in einem späteren Lebensalter aus als die anderen Schizophrenieformen; einige entwickeln sie erst mit Mitte Zwanzig. Es deutet vieles darauf hin, daß die Kapazität für unabhängiges Leben und Arbeiten bei dieser Form günstiger ist als bei anderen.

Ross wurde in seinen Krankenhausunterlagen als paranoider Schizophrener diagnostiziert. Es traf ganz gewiß auf ihn zu, daß er systematische Wahnbildung und Halluzinationen hatte, und er war sozial eingeordnet. Solange die Krankheit bei ihm nicht florid zutage trat, machte er auf andere einen sanftmütigen Eindruck, doch wenn er Episoden oder Ausbrüche von Gewalttätigkeit hatte, waren sie signifikant und konnten von anderen als Bedrohung für ihr Leben angesehen werden. Er ging mit schweren Gegenständen auf seinen Vater los, mit der ausdrücklichen Absicht, ihm schwere Verletzungen zuzufügen. Einmal griff er seine Mutter tätlich an, und es gab Berichte über andere Zwischenfälle mit einem Fahrkartenkontrolleur, einem Gefängnisaufseher und einem Bewährungshelfer. Als Junge alarmierte und verwirrte er seine Freunde oft mit uncharakteristischen Ausbrüchen aggressiven Verhaltens. 1982 wurde er in der Klinik als »leicht zu provozieren und aggressiv« beschrieben. Ein späterer Bericht aus dieser Zeit besagte, daß Ross »durch seine gewalttätige Verlaufsgeschichte nicht für die Aufnahme in die offene Wohngruppe geeignet« sei.

In seiner Geschichte zeigt Ross immer wieder Anzeichen von paranoidem Wahn, zum Beispiel »Die Gesellschaft plant meinen Tod ...« (Seite 50); »Ich muß immer noch meinen Verstand zerstören, sonst werden sie mich finden« (Seite 144); und an einigen Stellen läßt er sein Alter Ego Sphere seine paranoide Persönlichkeit kommentieren. Einige der Wahnideen sind drogenbedingt, aber zum größten Teil sind sie das Resultat seiner Psychose.

Undifferenzierte Form

Die Betroffenen haben prominente psychotische Symptome wie Wahnideen, Halluzinationen, Zerfahrenheit und Verwirrtheit und stark desorganisiertes Verhalten, das keiner der oben beschriebenen Unterformen zugeordnet werden kann.

Residuale Form

Diese letzte Unterform ist für Fälle reserviert, bei denen wenigstens eine schizophrene Episode aufgetreten ist, jedoch »das klinische Bild, das Anlaß zur Beurteilung oder Einweisung war, ohne ausgeprägte psychotische Symptome ist, obwohl weiterhin Anzeichen der Krankheit persistieren.« Die Betroffenen werden oft als emotional verflacht, sozial zurückgezogen und exzentrisch in ihrem Verhalten beschrieben. Außerdem kommen unlogisches Denken und leichte Lockerung der Assoziation vor. Manchmal treten Wahnideen oder Halluzinationen auf, aber diese sind nicht sehr ausgeprägt und normalerweise nicht von starkem Affekt begleitet. Der Verlauf dieser Unterform ist möglicherweise chronisch mit von Zeit zu Zeit auftretenden Exzerbationen. Gelegentlich werden sich die Betroffenen in Remission befinden.

Die oben beschriebene Unterteilung in Unterformen ist nicht unumstritten, und es sind schon mehrere andere Klassifikationsschemata vorgeschlagen worden. Das hier vorgestellte Klassifikationsschema ist allerdings das in westlichen Kreisen gebräuchlichste und erleichtert sicherlich den Austausch zwischen Kliniken und Labors, die an der Erforschung dieser Krankheit beteiligt sind. Von allen alternativen vorgeschlagenen Schemata ist es am wahrscheinlichsten, daß das Metarepräsentationsmodell von Frith das Modell der Unterteilung in Unterformen ablösen wird.

Insgesamt gesehen gibt es viele Symptome der Schizophrenie, und das komplexe Bild der Krankheit ist alles andere als eindeutig. Indem wir die gesamte Bandbreite der Symptome untersuchen und diese Information auf unsere existierende Kenntnis der Gehirnfunktion übertragen, wird es uns vielleicht möglich sein, ein klares Bild davon zu gewinnen, welche neuroanatomischen Substrate im Krankheitsprozeß eine Rolle spielen.

Wie bereits gesagt, scheint Schizophrenie eine biochemische oder neuroanatomische Störung zu sein; die Theorie, daß Schizophrenie durch soziale Bedingungen ausgelöst werde, mittlerweile überholt. Trotzdem muß man betonen, daß die Krankheit nicht in einem Vakuum auftritt. Zahlreiche Untersuchungen haben ergeben, daß das soziale Umfeld des Betroffenen starken Einfluß auf die Ausprägung der Krankheit hat, besonders darauf, ob Exazerbationen der Krankheit auftreten oder nicht. Das vorhandene Material zeigt, daß ein geeignetes soziales Umfeld die Ausprägung der Krankheit entscheidend reduzieren kann. In einigen chaotischen sozialen Umfeldern kann es zur Exazerbation der schizophrenen Symptome kommen.

Behandlung

Es sind viele in Frage kommende Behandlungen für Schizophrenie beschrieben worden, aber gegenwärtig ist die eindeutige Wahl Medikamentierung in Kombination mit sorgfältig geplanter sozialer Erziehung und Anleitung. Die Neuroleptika, die zur Zeit von Ross' Erkrankung zur Verfügung standen, Stelazin und Chlorpromazin, die immer noch viel verwendet werden, haben signifikante Effekte auf die positiven Symptome der Schizophrenie, also Halluzinationen und Wahnideen, ändern jedoch nichts an den negativen Symptomen und der depressiven Stimmung. Die Zusatzbehandlung mit Psychopharmaka wie z.B. Antidepressiva ist bei den älteren antipsychotischen Mitteln oft angezeigt, und viele Betroffene profitieren nach wie vor von einer Kombinationstherapie mit mehreren Medikamenten.

Unglücklicherweise haben viele der traditionellen Medikamente ein sehr breites Wirkungsspektrum – ein wenig so, als würde man mit Kanonen auf Spatzen schießen. Die Neuroleptika haben starke Nebenwirkungen, unter anderem tardive Dyskinesie (z.B. Lippenschnalzen und unwillkürliche Kaubewegungen), die sehr belastend für die Patienten und ihr Umfeld sind. In vielen Fällen werden die Nebenwirkungen chronisch und klingen nicht ab, sobald die Medikamente abgesetzt werden. Man kann zwar zusätzliche Medikamente wie Cogentinol verschreiben, um einige dieser Nebenwirkungen auszuschalten, aber das Problem der Mundtrockenheit et cetera bleibt bestehen. Einige der motorischen Symptome, die man den Nebenwirkungen der Medikamente zuschreibt, können auch bei Patienten auftreten, die niemals mit solchen Medikamenten behandelt wurden, besonders während sich die Krankheit entwickelt und chronisch wird. Die Literatur aus der Ära vor der Medikamentenbehandlung berichtet von vielen solchen Fällen. Der nächste Schritt muß nun sein, pharmakologische Interventionen zu finden, die zielgerichteter und spezifischer in ihrer Wirkung sind und die Patienten mit weniger Nebenwirkungen belasten. In jüngerer Zeit sind zwei neue, effektive Antipsychotika zur Behandlung der Schizophrenie entwickelt worden. Sie haben weit weniger Nebenwirkungen und werden besser vertragen als ältere Medikamente. Eins davon, Risperido, bekämpft besonders effektiv nicht nur die positiven, sondern auch die negativen Symptome der Schizophrenie. Das andere, Clozapin, hat sich als besonders wirkungsvoll bei Patienten, die auch auf andere Medikation gut ansprechen, wie auch bei therapieresistenten Langzeitpatienten, die auf andere Formen der Medikamententherapie nicht ansprechen, erwiesen. Diese neueren Medikamente können der großen Mehrheit der Schizophreniepatienten berechtigte Hoffnung machen, bei minimalen Nebenwirkungen von den Symptomen befreit zu werden.

Ross erhielt die Standardmedikation bei Schizophrenie. Stelazin und Chlorpromazin zum Beispiel, die in seinem Krankenblatt aufgeführt werden, werden oft Patienten mit psychotischen Symptomen verabreicht. Einige dieser Medikamente provozieren idiosynkratische Reaktionen, also wird der behandelnde Arzt die Medikation so lange ändern, bis er die richtige »Paßform« für den jeweiligen Patienten gefunden hat. Ross wurde sowohl mit Medikamenten gegen die floriden Symptome seiner Psychose wie mit Medikamenten gegen die gleichzeitig auftretenden Depressionen behandelt. Seine gleichzeitige Behandlung mit antipsychotischen und antidepressiven Medikamenten scheint angemessen gewesen zu sein, da psychologische Studien an Betroffenen mit paranoider Schizophrenie zeigen, daß Depressionen eine häufige Begleiterscheinung der Krankheit sind.

Ein immer wieder auftretendes Problem bei der Behandlung einer Schizophrenie ist, daß die Patienten ihre Medikamente absetzen, sobald sie sich besser fühlen, in der Irrmeinung, sie seien von der Krankheit geheilt, ohne sich klarzumachen, daß die Medikamente sie nur so lange von den Symptomen befreien, solange sie sie einnehmen. Die falsche Vorstellung, sie seien geheilt, beruht teilweise darauf, daß die Symptome noch einige Zeit nach dem Absetzen der Medikamente nicht wieder in florider Form auftreten. Wegen der Unterbrechung zwischen dem Absetzen der Medikamente und dem Wiederauftreten der Symptome ist die typisch menschliche Reaktion darauf der Schluß, die Medikamente hätten keinen Einfluß auf die Krankheit und seien daher verzichtbar. Es kann manchmal Wochen dauern, bis der psychotische Zustand wieder auftritt. Möglicherweise liegt das daran, daß es einige Zeit dauert, bis der Körper die Medikamente völlig abbaut, und daß die Krankheit in diesem Moment nicht aktiv ist.

Ein anderer Grund, warum Menschen die Medikamente absetzen, ist, daß die Nebenwirkungen als schlimmer als die Krankheit selbst empfunden werden. Diese können mit der Zeit und der Verstärkung der Dosis zunehmen, und weil die floriden Symptome unter der Wirkung der Medikamente abklingen, treten die Nebenwirkungen um so mehr in den Vordergrund.

Ross hatte beträchtliche Probleme mit den Nebenwirkungen seiner Medikamente. Er nahm stark zu, was ihm nicht gefiel, und klagte außerdem über Mundtrockenheit, Konzentrationsschwäche, Potenzprobleme und Antriebslosigkeit. Der andere Grund, aus dem er die Medikamente absetzte, war, daß sie ihm, obwohl sie seine psychotischen Symptome linderten, nicht aus seiner depressiven Stimmung heraushalfen, was ihn glauben ließ, sie seien wirkungslos. Außerdem hielt er sich für geheilt.

Zu spezifischer ausgerichteten Medikamenten überzugehen sollte uns helfen, die Symptome der Schizophrenie gezielter in Angriff zu nehmen, und ich glaube, daraus wird sich auch eine Reduzierung der Nebenwirkungen ergeben. Solche neuen Medikamente kommen auf den Markt. Allerdings sind Medikamente möglicherweise nur ein Teil der Lösung. Falls es neuronatomische Substrate gibt, die bei Schizophrenie, oder bei einigen Formen der Schizophrenie, eine Rolle spielen, so reichen unsere Kenntnisse nicht so weit, diese Substrate wieder in ein normales Gleichgewicht zu bringen. Wir sind weit davon entfernt zu verstehen, was auf diesem Gebiet vor sich geht, und es ist wenig wahrscheinlich, daß uns in näherer Zukunft Therapien zur Verfügung stehen werden, diese neuroanatomischen Strukturen zu normalisieren.

Wie vorher schon angedeutet, kann das soziale Umfeld der Betroffenen zur Exazerbation oder Reduktion des Ausdrucks von Symptomen beitragen. Es ist wichtig, daß ihre Familien und wichtige Bezugspersonen über alles, was die Krankheit verschlimmert, und über das, was zu ihrer Eindämmung beiträgt, informiert sind. Angemessene Anleitung und Beratung sind nötig, um den Betroffenen und ihren Familien zu helfen, mit den Symptomen umzugehen. In letzter Zeit hat sich gezeigt, daß einigen Betroffenen mit bestimmten Formen der Therapie sehr geholfen werden kann, aber in schweren Fällen ist es unwahrscheinlich, daß soziale Interventionen besonders effektiv darin sein können, dem Betroffenen zu helfen, mit der Krankheit fertigzuwerden.

Zusammenfassend kann man sagen, daß Schizophrenie eine Krankheit des Geistes ist, und nicht nur eine Reaktion auf soziale Umstände. Bei einer Geisteskrankheit werden Verhalten, Wahrnehmung, Affekt und Aktivität des Betroffenen von der Krankheit beeinflußt.

Richard Gates

Danksagungen

Wir haben vielen Menschen für ihre unschätzbare Mithilfe bei der Entstehung dieses Buchs zu danken.

Dank an die folgenden Freunde und Bekannten von Ross für ihre persönlichen Erinnerungen: Bernie, Jillian, Michelle, Dean Hartman, Ken Grey, Chris Stephens, Eve Kiernan und Joe Massingham. Wir danken besonders Ross' Familienmitgliedern, Wiliam, Kerry, Shane, Frank, Kerry Ann und Fiona Burke, Maryann Todman und Mrs. Nelly Johnson für ihre offenen Gespräche mit uns.

Außerdem gilt unser Dank folgenden Menschen, die uns den Zugang zu diversen Unterlagen ermöglichten: Bernard McNeir vom St. John of God Hospital, Richmond, New South Wales (NSW); Brad Miles, Noel White, Denise Credaro und Leanne Millard vom New South Wales Department of Corrective Services; Liang Soei vom Gefängnishospital in Long Bay; Terry Griffiths, Justizminister; David Edwards, Notar; Dr. Hansen und Dr. Tugwell. Vielen Dank auch an die folgenden: Armidale und New England Hospital, NSW; Gesundheitsamt von NSW; die Polizei von NSW; die University of New England, Armidale.

Die verschiedenen Songtexte in Ross' Buch zu identifizieren wäre uns unmöglich gewesen ohne die Hilfe von Jon Fitzgerald und anderer Mitarbeiter und Studenten der University of New England-Northern Rivers, sowie Brewster Everett und Morgan Tucker. Tony Young ließ uns in der Frage der »blue meanies« und »goldtops« von seinem Fachwissen profitieren, und Ned McCann klärte uns über Folidol auf.

Unser Dank geht auch an Ken Sherman, unseren Verleger, und unsere Lektorin Deb Brown für ihre harte Arbeit und ihr Vertrauen in den Erfolg dieses Buchs.

Konstantin Wecker
Schmerzvoll lebendig
Die Gedichte
1963 – 1997

KiWi 327
Originalausgabe

„Als wäre ein neuer Klabund vom Himmel gefallen."
Hanns Dieter Hüsch

Erstmals in einem Band versammelt sind die Gedichte Konstantin Weckers, von 1963 bis heute, veröffentlichte und unveröffentlichte.

KiWi Paperbacks
bei Kiepenheuer
& Witsch

»Born in the USA«
Junge amerikanische Autoren im dtv

»Romane sind wie Rockkonzerte. Entweder bringst du
die Leute zum Tanzen oder sie feuern dir Bierdosen
an den Kopf.«
T. C. Boyle

Matt Ruff
Fool on the Hill
Roman
dtv 11737
Ein Sommernachtstraum
für Freunde der Hobbits?
Eine Love-Story? All das
und noch viel mehr ist der
»Narr auf dem Hügel«.

T. C. Boyle
**Der Samurai von
Savannah**
Roman
dtv 12009
Als der japanische Matro-
se Hiro Tanaka irgendwo
vor der Küste Georgias
von Bord seines Frachters
springt, ahnt er nicht, was
ihm in Amerika blüht...

Jeffrey Eugenides
**Die Selbstmord-
Schwestern**
Roman
dtv 12041
Was geht vor im Innern
des Hauses Lisbon. Die
fünf Töchter führen ein
geheimnisvolles Dasein...

David Bowman
Let The Dog Drive
Roman · dtv 12049
Ein Tramper macht in der
Mojave-Wüste die Be-
kanntschaft einer rothaari-
gen Baseballfanatikerin...

Anna Shapiro
**Auf der anderen Seite
vom Bett**
Roman · dtv 12089
Manhattan, Downtown,
bevor die Monogamie
wieder modern wurde.

Binnie Kirshenbaum
**Kurzer Abriß meiner
Karriere als Ehebrecherin**
Roman · dtv 12135
Sie lügt, stiehlt und be-
gehrt andere Männer. Daß
sie ein reines Herz hat,
steht außer Zweifel.

Gwyneth Cravens
Herzmuster
Roman · dtv 12162
Angela wollte noch nie ein
Single in New York sein.
Und dann trifft sie Joe...